民族文字出版专项资金资助项目

藏族嘉言萃珍（藏汉对照绘图本）

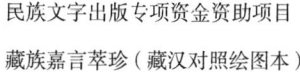

༄། །རྒྱལ་པོ་ལུགས་ཀྱི་བསྟན་བཅོས།

王侯美德论

米庞嘉措　著

仁增才郎　译

青海人民出版社

图书在版编目（CIP）数据

王侯美德论：绘图本：藏汉对照 /（清）米庞嘉措著；仁增才郎译 . -- 西宁：青海人民出版社，2019.11
（藏族嘉言萃珍）
ISBN 978-7-225-05882-5

Ⅰ . ①王… Ⅱ . ①米… ②仁… Ⅲ . ①藏族－格言－汇编－中国－藏、汉 Ⅳ . ① H214.3

中国版本图书馆 CIP 数据核字（2019）第 271306 号

藏族嘉言萃珍

王侯美德论（绘图本：藏汉对照）

（清）米庞嘉措　著

仁增才郎　译

出 版 人　樊原成
出版发行　青海人民出版社有限责任公司
西宁市五四西路 71 号　邮政编码：810023　电话：（0971）6143426（总编室）
发行热线　（0971）6143516 / 6137730
网　　址　http://www.qhrmcbs.com
印　　刷　青海雅丰彩色印刷有限责任公司
经　　销　新华书店
开　　本　890 mm × 1240 mm 1/32
印　　张　14.25
字　　数　270 千
版　　次　2020 年 4 月第 1 版　2020 年 4 月第 1 次印刷
书　　号　ISBN　978-7-225-05882-5
定　　价　48.00 元

༄། །རྒྱ་གར་སྐད་དུ། རཱ་ཛ་ནཱི་ཏི་ཤཱསྟྲ་བྷུ་མི་པཱ་ལ་སྱ་ཨ་ལངྐཱ་ར་ན་མ།
བོད་སྐད་དུ། རྒྱལ་པོ་ལུགས་ཀྱི་བསྟན་བཅོས་ས་གཞི་སྐྱོང་བའི་རྒྱན་ཞེས་བྱ་བ།

王侯治国护民庄严论

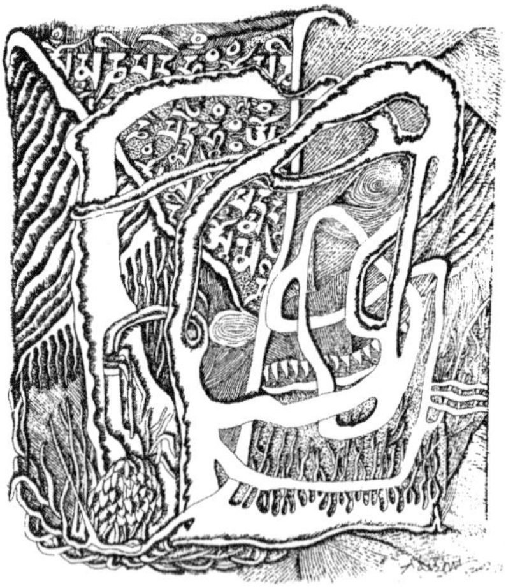

༄། །དཀར་ཆག

目 录

མཆོད་བརྗོད་སོགས།

礼赞文

བླ་མ་དང་མགོན་པོ་འཇམ་པའི་དབྱངས་ལ་ཕྱག་འཚལ་ལོ། །

叩拜上师及殊胜怙主文殊菩萨！

རྒྱལ་མཆོག་སྟོན་པ་ཚད་མའི་སྐྱེས་བུ་དང་། །
རྣམ་གྲོལ་འཇུག་ངོགས་བསྟན་པ་རིན་པོ་ཆེ། །
དེ་འཛིན་འཕགས་ཚོགས་འཇིག་རྟེན་རྒྱན་གྱུར་པ། །
དཀོན་མཆོག་གསུམ་ལ་གུས་པས་ཕྱག་འཚལ་ལོ། །

殊胜佛陀是究竟量者，现证解脱者为殊胜法，
众圣持此为世间装饰，虔诚叩拜殊胜佛法僧。

མཁའ་དང་མཉམ་པ་ཡེ་ཤེས་འོད་ཟེར་ཅན། །
འགྲོ་བའི་ཡིད་ཀྱི་མུན་པ་རྣམ་སེལ་བ། །
འཇམ་དཔལ་སྨྲ་བའི་ཉི་མ་གང་དེ་ཡིས། །
སྐྱེས་རྒུའི་བློ་གྲོས་པད་ཚལ་སྐྱོང་བར་མཛོད། །

犹如充满天际的慧光，驱除众生的心识黑暗，
文殊菩萨善说的太阳，犹如护持众生的莲苑。

རྒྱལ་དང་རྒྱལ་སྲས་འཕགས་པ་ཆེན་པོ་རྣམས། །
བསམ་བཞིན་སྐྱེ་རྒུའི་མགོན་དུ་ལེགས་བཞུགས་པ། །
ལྷ་དང་མི་ཡི་དབང་ཕྱུག་མཆོག་རྣམས་དང་། །
འཇིག་རྟེན་སྐྱོང་བའི་ཚོགས་ཀྱིས་ཤིས་པར་མཛོད། །

佛陀及诸位圣者菩萨，如愿化为众生的怙主，
天神人杰所有自在者，皆为世间王者呈瑞祥。

གང་འདིར་ཕན་དང་བདེ་བའི་ལེགས་ལམ་སྒོ། །
དམ་པ་རྣམས་ཀྱི་མཛད་པར་རག་ལས་ཕྱིར། །
མི་བདག་རྣམས་དང་མཁས་པ་དག་གིས་ཀྱང་། །
དོན་གཉིས་ཡིད་བཞིན་འགྲུབ་པར་བྱ་བའི་སླད། །

世间所有利乐善行道，皆同圣者善行相关联，
所有国王以及智慧者，均能实现利己利他业。

རྒྱལ་བ་མཆོག་དང་རྒྱལ་སྲས་ཆེ་རྣམས་དང་། །
མཁས་པའི་དབང་པོ་རྣམས་ཀྱི་བསྟན་བཅོས་ལས། །
སྙིང་པོ་བསྡུས་ཤིང་གོ་སླའི་ངག་གིས་ནི། །
གསལ་བར་ཕྱེ་སྟེ་བརྩེ་བས་བཤད་པར་བྱ། །

将从佛陀以及诸菩萨，殊胜智者著作论典中，
以慈悲心精选浓缩后，用简易的文字作明示。

རབ་ཏུ་བྱེད་པ་དང་པོ། བག་ཡོད་བྱེད་པ།

第一品　谨慎行事篇

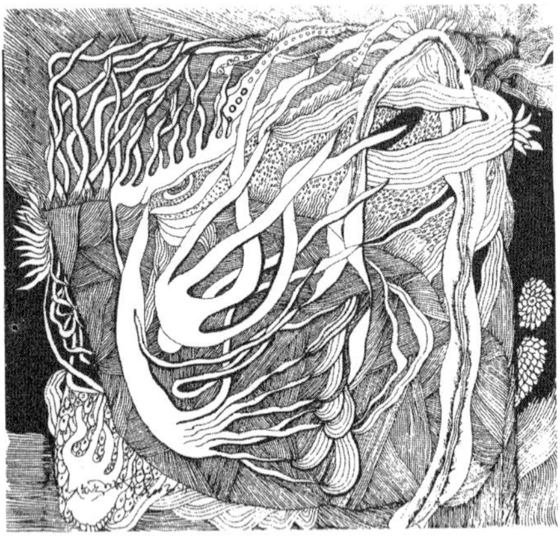

1

བློ་གྲོས་རབ་ཏུ་གསལ་གྱུར་ཅིང་། །	成就聪颖圣智慧，
ལུགས་ལས་མི་གཡོ་བརྟན་པ་དང་། །	奉行殊胜佛法规，
བརྩེ་བས་འཁོར་འབངས་མཉམ་པར་སྐྱོང་། །	平等慈爱待眷属，
བསོད་ནམས་རྒྱ་ཆེར་འདུ་བྱེད་པས། །	就能广积功德资。

2

ཉི་མ་ལྷུན་པོ་ས་གཞི་དང་། །	如同太阳和高山，
ཆུ་གཏེར་ལྟ་བུར་བསྟུགས་འོས་པའི། །	大地以及海洋般，
མི་བདག་གང་ན་གནས་པ་ནི། །	智慧国王居何处，
འཁོར་གྱི་སྐྱེ་བོ་ཉེར་འཚོའི་གཞི། །	众生生计有保障。

3

མི་ཤེས་སློབ་ཕྱིར་བླང་དོར་གནས། །	勤学所有取舍理，
འཆུག་མེད་ཁྲིམས་ཀྱིས་ལེགས་འཛིན་པའི། །	更能依法施政道，
ས་སྐྱོང་བཟང་ན་སྐྱེ་རྒུ་བདེ། །	国王贤良众生福，
ངན་ན་འཁོར་འབངས་སྡུག་བསྔལ་འཐོབ། །	君庸民众受磨难。

4

དེ་ཕྱིར་སྐྱེ་བོ་ཕལ་མོ་ཆེ།།	因此很多普通人，
ཀུན་ལས་རྒྱལ་པོ་གཉན་པའི་ཕྱིར།།	惧怕国王严厉相，
མི་དབང་རྣམས་ཀྱི་སྤྱོད་པ་ལས།།	诸王治理之差异，
ཕན་གནོད་འབྲས་བུ་རྒྱ་ཆེར་འབྱིན།།	呈现不同利弊果。

5

ཀུན་གྱིས་ལྟ་ཞིང་རྟོག་པའི་གནས།།	国王作为观想处，
ཡིན་ཕྱིར་རྒྱལ་པོ་རྒྱལ་རིགས་ཀྱི།།	民众自会细观察，
སྤྱོད་པ་བཟང་ངན་ཕྲ་མོ་ཡང་།།	即使出现小瑕疵，
འཇིག་རྟེན་ན་ནི་བརྗོད་ཅིང་དཔྱོད།།	也会引来诸评判。

6

ས་བདག་བློ་གྲོས་ལྡན་པ་རྣམས།།	如果国王有智慧，
ཡ་རབས་ལུགས་ལ་ཤིན་ཏུ་མོས།།	勤于奉行高尚行，
འོད་ཟེར་སྣང་དང་ལྡན་པ་ཡི།།	辉煌灿烂如太阳，
ཉི་མ་འཇིག་རྟེན་འདི་ན་མཛེས།།	成为世间庄严饰。

7

ཡ་རབས་དམ་པའི་ཚུལ་ལ་ནི། ། 若对高尚善良行，
མི་མོས་གནོད་པའི་སྤྱོད་པ་ཅན། ། 毫无兴趣喜恶行，
ཕལ་བ་ཡིན་ཡང་མི་མཛེས་ན། ། 即使凡夫也刺眼，
རྒྱལ་པོའི་རིགས་ལ་སྨོས་ཅི་དགོས། ། 何况出自王族中。

8

རིགས་ངན་སྐྱེ་བོའི་ཚོགས་རྣམས་དང་། ། 如果只和卑劣者，
ལྷན་ཅིག་སྤྱོད་པ་འདྲེས་གྱུར་ན། ། 同流合污滥行恶，
སུས་ཀྱང་བཀུར་བར་མི་འགྱུར་ཞིང་། ། 不仅不会获恭敬，
བརྙས་བཅོས་མི་སྙན་རྗོད་པར་བྱེད། ། 还遭欺侮和诽谤。

9

དབང་དང་འབྱོར་པ་ལྡན་པ་ཡི། ། 有权有势诸王族，
རྒྱལ་རིགས་ཕལ་ཆེར་བག་མེད་པས། ། 大多惯于放荡行，
སྨྱོས་པའི་གླང་ཆེན་བཞིན་དུ་འཁྱམས། ། 正如疯象到处奔，
དེ་ཡི་འཁོར་ཀྱང་དེ་འདྲར་གྱུར། ། 眷属也有同类相。

10

གཞན་ཡང་རྒྱལ་པོ་རྒྱལ་རིགས་ཀྱི། །
སྤྱོད་པ་བཟང་ངན་ཇི་འདྲ་བ། །
དེ་འདྲའི་ཚུལ་ལ་བལྟས་ནས་སུ། །
འབངས་རྣམས་དེ་དང་དེ་འདྲ་སྟེ། །

此外国王及王族，
所行善恶诸行为，
众眷纷纷效仿后，
践行相同善恶行。

11

རྒྱལ་པོ་ནོར་ལ་བརྐམས་གྱུར་ན། །
ནོར་གྱིས་རྒྱལ་ཁྲིམས་བསླུ་བར་རྩོམ། །
མི་བདག་གཡེམ་ལ་དགའ་གྱུར་ན། །
འཕྱོན་མའི་ཚོགས་རྣམས་མགོ་འཕང་མཐོ། །

如果国王贪钱财，
有人以财毁国法，
如果国王喜淫乐，
娼妓气焰很嚣张。

12

ཕྲ་མར་ཉན་ན་དབྱེན་གྱིས་གཏོར། །
བརྟག་དཔྱད་མི་ཤེས་རྫུན་གྱིས་བསླུ། །
ང་ཡོ་ཡང་ན་ཀུན་གྱིས་བསྐྱོད། །
ངོ་དགར་བསྟེ་ན་ཟོལ་ཚིག་སྨྲ། །

喜听谗言遭离间，
忽视明察遇骗局，
傲慢独断遭怂恿，
喜欢奉承遭伪颂。

13

དེ་དང་དེ་ལ་སོགས་པ་ཡི། །	如有上述诸行径，
མི་བདག་དེ་ལ་གང་གང་གིས། །	盛行见风使舵者，
བསླུ་བར་རུང་བའི་སྐབས་མཐོང་ན། །	若有机会设局时，
གཡོན་ཅན་ཚོགས་ཀྱིས་ཐབས་དེ་སེམས། །	就有设法欺骗者。

14

མི་རྣམས་རང་འདོད་སྣ་ཚོགས་ལ། །	民众各有自欲念，
རྒྱལ་པོ་ཀུན་གྱི་ཐུན་མོང་ཕྱིར། །	国王作为民众主，
རྒྱལ་པོས་བསམ་གཞིག་མ་བྱས་ན། །	如果不敏善观察，
ཐ་མར་རྒྱལ་སྲིད་འཇིག་པར་འགྱུར། །	必然导致毁国政。

15

ཆེན་པོའི་གོ་སར་གནས་པ་ལ། །	如果身在高位处，
སྐྱོན་ཀྱང་ཡོན་ཏན་ཡིན་ཚུལ་དུ། །	惯于撒谎诸恶眷，
འཁོར་ངན་རྣམས་ཀྱིས་ངོ་བསྟོད་སྨྲ། །	会把非理说成理，
དེ་ཕྱིར་སྐྱོན་ཡོན་ཤེས་པ་དཀའ། །	难得明辨是非者。

16

ལྷག་པར་རྩོད་ལྡན་སྙིགས་མའི་ཚེ། །
འཁོར་གྱི་ནང་ན་མ་རབས་མང་། །
སྐྱོན་ཡང་ཡོན་ཏན་ལྟར་མཐོང་ལ། །
རང་འདོད་ཆེ་ཞིང་རྒྱལ་པོ་བསླུ། །

特别是在浊恶世，
多数眷众显劣相，
总把过失当功德，
为牟私利骗国王。

17

ཆུས་དང་འཁོར་གྱི་བདེ་ཐབས་ལ། །
བསམ་གཞིག་བྱེད་པ་དཀོན་པའི་ཕྱིར། །
རྒྱལ་པོས་ལེགས་པར་དཔྱད་ནས་སུ། །
བདེན་པའི་ངག་ལས་གཞན་པ་དོར། །

谋划眷属利益的，
善良贤能很少见，
因此国王明察后，
听取真言舍妄语。

18

རྒྱལ་པོ་ནོར་གྱིས་མི་དབུལ་ཞིང་། །
འཁོར་གྱི་ངོ་བསྟོད་མི་ཐོས་མིན། །
ནོར་གྱིས་བསླུ་དང་ངོ་བསྟོད་དང་། །
ཐོལ་ཚིག་རྣམས་ལ་དགའ་མི་བྱ། །

国王不会因物穷，
同样不乏赞美词，
不应过分爱钱财，
以及阿谀奉承语。

19

རྒྱལ་རིགས་རྣམས་ཀྱིས་རྣམ་ཀུན་ཏུ།།	所有国王无例外，
འདི་ལྟར་བསམ་གཞིག་བཏང་བྱ་སྟེ།།	皆应深思如下理，
འཁོར་དུ་གཏོགས་པའི་སྐྱེ་རྒུ་འདིའི།།	所属众眷福与祸，
བདེ་སྡུག་བདག་ལ་རག་ལས་ཤིང་།།	根本原因在王道。

20

འདི་ཀུན་བདག་གིས་འཚོས་དགོས་ན།།	国王若想利众眷，
ཐོག་མར་བདག་གིས་རིགས་པ་དང་།།	首先明思具智否，
མི་རིགས་གང་ཡིན་མ་ཤེས་པར།།	未能断明法理前，
སྐྱེ་རྒུའི་བླང་དོར་བྱ་བ་ལ།།	不宜草率做决断。
རང་ཉིད་དབང་པོར་མི་འོས་པས།།	自知不具王者慧，
རྒྱལ་བ་མཆོག་དང་རྒྱལ་སྲས་ཀྱི།།	必须勤闻佛陀及，
རྒྱལ་པོ་ལུགས་ཀྱི་བསྟན་བཅོས་ལས།།	菩萨所造君规论，
ཇི་སྐད་གསུངས་པ་མཉན་པར་བྱ།།	就能获得善道慧。

21

ཐོས་པའི་དོན་ལ་རྩེ་གཅིག་ཏུ།།	潜心明析所闻义，
བརྟག་ནས་ཡིད་ཆེས་སྙེད་གྱུར་ཚེ།།	并在思中起信念，
བདག་ནི་སྐྱེ་རྒུ་སྐྱོང་བ་ཡི།།	同时护佑众眷属，
མགོན་དང་མིག་ཏུ་བསྟགས་པས་ན།།	必能获得圣王誉。

22

ཕལ་ལས་མཆོག་ཏུ་མ་གྱུར་ནའང་། །
དམན་དང་མཉམ་པ་ག་ལ་ཞེས། །
བདག་ལ་རྟོགས་ཤིང་བག་ཡོད་པའི། །
མི་བདག་དེ་ནི་དོན་དང་ལྡན། །

尽管属于平凡人，
焉能同流鄙劣行，
同时精进不逸心，
由此成就贤慧王。

23

ས་སྐྱོང་ཡོན་ཏན་ལྡན་གྱུར་ན། །
འཁོར་གྱི་སྐྱེ་བོའི་ཚོགས་རྣམས་ཀྱང་། །
རང་འདོད་མ་རབས་བྱ་བ་ལ། །
འཇུག་པའི་གོ་སྐབས་འགག་པར་འགྱུར། །

如果王者具功德，
因此其属众臣民，
没有随心所欲地，
为非作歹的机会。

24

ཡོན་ཏན་གང་ཡང་མི་འཚོལ་བར། །
རིགས་ཀྱི་ང་རྒྱལ་ཙམ་ཞིག་གིས། །
རང་གི་འཁོར་ལ་འཚེ་བ་ནི། །
རྒྱལ་རིགས་ཡིན་ཀྱང་ཐ་མར་ཉམས། །

不求学问及功德，
仅以家世起傲心，
迫害自己所属眷，
虽是王族也衰落。

25

རྒྱལ་པོའི་མངའ་ཐང་ཆེ་ཆུང་ནི། །
འཁོར་གྱི་དར་རྒུད་རྗེས་སུ་འགྲོ། །
དེ་ཕྱིར་འབངས་ཀྱི་བདེ་ཐབས་ལ། །
ལེགས་པར་གཞིག་པ་རྒྱལ་པོ་ཡིན། །

国王权势的强弱，
皆随眷属的盛衰，
因此敏于观察后，
造福民众为圣王。

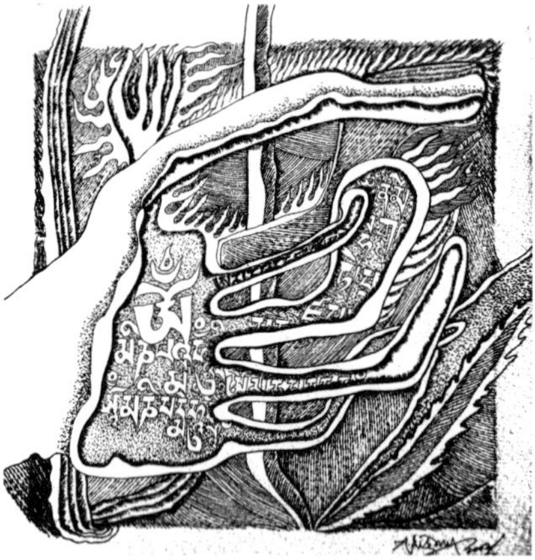

རབ་ཏུ་བྱེད་པ་གཉིས་པ། མི་བདག་མཁས་པ་བརྟག་པ།

第二品　观察贤王篇

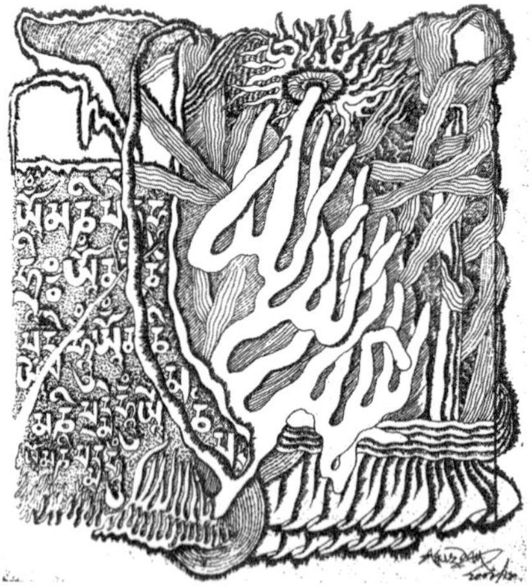

26

མི་ཡི་བདག་པོ་མཆོག་རྣམས་ཀྱིས། །
ལུགས་དང་ལུགས་མིན་ཤེས་པའི་སླད། །
སྣ་ཚོགས་བསྟན་བཅོས་བསླབ་བྱ་ཞིང་། །
ཡོན་ཏན་ཅན་ལ་བསྟེན་པར་བྱ། །

所有殊胜诸国王，
都为明辨是非道，
勤修各种治世典，
并且依靠有德者。

27

བསྟན་བཅོས་རྣམས་ལ་མ་བྱང་ན། །
བློ་གྲོས་ཆུང་ངུའི་ཤེས་པ་ཡིས། །
བླང་དོར་རྒྱ་ཆེན་མི་འབྱེད་པས། །
བཀའ་དང་དགོངས་འགྲེལ་བལྟ་བར་བྱ། །

若未精通诸经典，
仅靠肤浅之知识，
不能通达取舍道，
因此先修诸论疏。

28

ཡོན་ཏན་བསླབ་པའི་དུས་ཉིད་ན། །
ཆེ་ཚུགས་སྤངས་ཏེ་བླ་མ་བསྟེན། །
དམ་པ་རྣམས་ལ་བསྟེན་བྱས་ན། །
ཡོན་ཏན་དབྱར་གྱི་ཆུ་བཞིན་འཕེལ། །

求学任何知识时，
放弃傲慢依上师，
若能恭依圣贤士，
积累功德如夏潮。

29

མཐོང་དང་མ་མཐོང་ཡོན་ཏན་ནི།། 所有显隐诸功德，
ཀུན་གྱི་རྩ་བ་ཤེས་རབ་ཡིན།། 究竟根本在智慧，
ཤེས་རབ་མེད་ན་ཡུལ་འཁོར་ལ།། 无慧仅靠慈悲心，
བྱམས་པ་ཙམ་གྱིས་སྐྱོང་མི་ནུས།། 治国护民很困难。

30

ཤེས་རབ་ལྡན་པས་བརྩམས་བྱས་ན།། 如果具有真智慧，
མི་འགྲུབ་པ་ནི་གང་ཡང་མེད།། 无论何事能办成，
ཤེས་རབ་སྟོབས་ཀྱིས་སངས་རྒྱས་ཀྱང་།། 依靠智慧获佛果，
འགྲུབ་པར་ནུས་ན་གཞན་ལྟ་ཅི།། 其余凡事无例外。

31

ཤེས་རབ་རྒྱ་ཆེར་འཕེལ་བའི་སྒོ།། 广增智慧有方法，
ཐོས་པ་ཡིན་པ་དེ་ཡི་ཕྱིར།། 就是广闻与博学，
འབད་དེ་ཐོས་པ་མི་འཚོལ་བར།། 因此不勤闻善法，
མནོག་ཆུང་བྱ་བས་ཅི་ཞིག་བྱ།། 只靠忙碌没有用。

32

ཆོས་ནོར་འདོད་དང་ཐར་པ་ཡི། །
འབྱུང་གནས་ཆེན་པོ་རིག་པ་ཡིན། །
རིག་པ་སྦྱིན་པའི་གཞུང་བཟང་པོ། །
བྱིན་ཀྱང་མི་མཁོ་ཕྱུགས་མིན་ནམ། །

法财欲果四圆满，
本身源自纯粹慧，
虽然恩赐智慧典，
不用之人似家畜。

33

ཤེས་རབ་ལྡན་པ་གཅིག་པུས་ཀྱང་། །
སྟོབས་ལྡན་དགྲ་ཚོགས་ཕམ་པར་ནུས། །
འོད་ཟེར་མཆོག་ཏུ་འཕགས་པ་ཡི། །
ཉི་མས་སྐར་ཚོགས་མནན་པ་བཞིན། །

虽然慧者为个体，
也能制伏众强敌，
真如灿烂之太阳，
使诸星辰变暗淡。

34

ཤེས་རབ་མེད་ན་འབྱོར་པ་སོགས། །
ཡོད་ཀྱང་དགྲ་ཡི་གསོས་སུ་འགྲོ། །
སྟོབས་དང་ལྡན་ཡང་གཞན་དབང་འགྱུར། །
ལྕགས་ཀྱུས་གླང་ཆེན་བཀོལ་བ་འདྲ། །

庸人虽然拥财富，
终究会被敌享用，
虽有势力遭他役，
如象能被铁钩驯。

35

གང་ཞིག་མཁས་པར་འདོད་པ་ན།།
ཉི་མ་རེ་ལ་ཚིག་རེ་ཟུང་།།
ཆ་ཡིས་བསགས་པར་གྱུར་པ་ན།།
ཟླ་བ་ཡར་ངོ་བཞིན་དུ་འཕེལ།།

若想成为智慧者，
每日勤记一偈颂，
日积月累勤积累，
增智就如上弦月。

36

མ་བསླབས་ཁ་རོག་འདུག་པ་ལ།།
ལོ་བརྒྱ་སོང་ཡང་བཟང་སྐྱིད་མེད།།
མཁས་པའི་སྤྱོད་ཡུལ་འཐོབ་འདོད་ན།།
བརྩོན་པས་དཀའ་བ་དང་དུ་ལོངས།།

怠慢学习享闲暇，
存活百年亦无用，
若要获得纯粹慧，
只有步入勤学路。

37

བརྩོན་པ་མེད་ན་ཡོན་ཏན་མེད།།
ཡོན་ཏན་མེད་ན་དཔལ་འབྱོར་ལ།།
རེ་སྨུག་བྱེད་པ་འབྲས་མེད་དེ།།
དགུན་གྱི་ལྗོན་ཤིང་ཇི་བཞིན་ནོ།།

若不精进无学问，
无学问者只向往，
荣华富贵变徒劳，
犹如寒冬之枯木。

38

གལ་ཏེ་ཡོན་ཏན་ཡོད་གྱུར་ན།།
རེ་ཞིག་རྒུད་པར་གྱུར་ཀྱང་བླ།།
མི་རིང་བདེ་བའི་འབྲས་འབྱིན་ཏེ།།
དཔྱིད་ཀའི་ལྗོན་ཤིང་བཟང་པོ་བཞིན།།

若是具有智慧者，
尽管暂时受损失，
不久便享安乐果，
犹如暖春之宝树。

39

རྒྱལ་པོ་རང་གི་ཡུལ་ན་རྗེ།།
ཡོན་ཏན་ལྡན་པ་ཡུལ་གཞན་བཀུར།།
རྒྱལ་སྲིད་ལས་ཀྱང་དོན་ཆེ་བའི།།
ཡོན་ཏན་རང་གིས་ལེན་པས་ཆོག །

国王境内受拥戴，
智者异乡亦受敬，
智慧更胜国王位，
故修智慧为妙策。

40

ཡོན་ཏན་བླང་བས་ཆོག་བཞིན་དུ།།
རང་ལ་ཡོན་ཏན་མི་སྦྱོར་ཞིང་།།
ཡོན་ཏན་ཅན་ལ་འཁུ་བ་རྣམས།།
ཀྱེ་མ་ལས་ཀྱི་མཐུ་ཡིས་བཅོམ།།

所有知识学可得，
然而不愿求学者，
反而仇恨勤学者，
此人必遭恶业毁。

41

ཤེས་རབ་རྩལ་དང་བྲལ་བ་ཡི།།
སྐྱེ་བོ་མང་དུ་ཚོགས་ན་ཡང་།།
སེང་གེས་གླང་ཆེན་ཁྱུ་བཞིན་དུ།།
བློ་ལྡན་གཅིག་གིས་ཚོམ་ལ་འབེབས།།

缺乏智慧能力者，
聚集再多难胜敌，
如同猛狮毁象群，
智者能降所有人。

42

ཕ་རོལ་སྟོབས་དང་ལྡན་གྱུར་ཀྱང་།།
བློ་དང་ལྡན་ན་བཀོལ་དུ་བཏུབ།།
འཐབ་ཚེ་མཁའ་ལྡིང་རྒྱལ་ན་ཡང་།།
ཐ་མར་ཁྱབ་འཇུག་བཞོན་པར་བྱས།།

尽管敌众又强势，
若有智慧能降伏，
大鹏虽获战时胜，
难逃遍入天骑命。

43

ཤེས་རབ་རྩལ་དང་ལྡན་པ་ཡིས།།
ས་རྣམས་མ་ལུས་སྐྱོང་བྱེད་པའི།།
རྒྱལ་པོ་གཅིག་ཕུ་ཁོ་ནས་ཀྱང་།།
ནོར་འཛིན་མཐའ་དག་བདག་གིར་ནུས།།

如果具备智慧力，
就能保护其国境，
即使国王孤一人，
也能统治其国土。

44

ཤེས་རབ་མར་མེ་ཐོགས་གྱུར་ན།། 若能持有智慧灯，
རྒུད་པའི་མུན་པ་དེར་མི་གནས།། 则无促衰之阴暗，
གཙུག་ལག་ཤེས་པའི་བློ་གྲོས་ཅན།། 通达经论智慧者，
ཉི་མ་བཞིན་དུ་འཇིག་རྟེན་རྒྱན།། 犹如世间庄严日。

45

ཆོས་དང་སྲིད་ཀྱི་ལེགས་ཚོགས་ཀུན།། 所有政教之善果，
ཤེས་རབ་སྟོབས་ལ་རག་ལས་ཕྱིར།། 最终依靠智慧力，
ཐོག་མར་ཤེས་རབ་མིག་བསྒྲུབས་ཏེ།། 因此首先求智慧，
དེ་ནས་གང་འདོད་བསྒྲུབ་པར་བྱ།། 然后逐办所有事。

46

བྱ་བ་མིན་དང་བྱ་བའི་གནས།། 难以辨别是非者，
མི་ཤེས་པ་ཡིས་དོན་ཆུང་ཏུ།། 缺乏智慧再努力，
འབད་པས་བསྒྲུབས་ཀྱང་འགྲུབ་དཀའ་ན།། 也难完成微小事，
དོན་ཆེན་འགྲུབ་པ་ལྟ་ཅི་སྨོས།། 何况办理重大事。

47

ཕལ་པས་སྒྲུབ་པར་མི་ནུས་པ།། 庸人难以完成者，
ཤེས་རབ་ལྡན་པས་ཐབས་ཀྱིས་འགྲུབ།། 智者依靠妙法成，
གང་པོས་མ་ཐུལ་གཅེར་བུའི་ཚོགས།། 富楼那未降裸众，
འཇམ་དཔལ་ཤེས་རབ་ལྡན་པས་བརྟུལ།། 文殊用智能降伏。

48

ཤེས་རབ་རྒྱ་ཆེར་འཕེལ་བ་ན།། 若能增进殊胜智，
བྱ་བ་ཀུན་ལ་ཐོགས་རྡུགས་མེད།། 所有事情均无阻，
དམུས་ལོང་སྟོང་གིས་བགྲོད་དཀའ་བའི།། 数千盲人难行道，
ལམ་རྣམས་མིག་ལྡན་གཅིག་གིས་གཅོད།། 明眼个体就能过。

49

ཤེས་རབ་ལྡན་པའི་ངག་ཙམ་གྱིས།། 智者仅用一句话，
ཕལ་པ་རྣམས་ཀྱིས་དོན་ཆེན་འགྲུབ།། 亦能办成诸大事，
རྒྱལ་པོ་མེ་ལོང་གདོང་ཞེས་པའི།། 镜面国王所言词，
ཚིག་ལས་གཞན་དག་བདེ་བ་ཐོབ།། 能使众生得安乐。

50

མཁས་པ་ལེགས་བཤད་ཀྱིས་མི་ངོམས། །　　智者不厌积智慧，
དམ་པ་ཡོན་ཏན་གྱིས་མི་ངོམས། །　　贤者不厌积功德，
རྒྱ་མཚོ་ཆུ་ཡིས་ངོམས་པ་མེད། །　　大海不厌积江河，
བྱིས་པ་འདོད་ཡོན་གྱིས་མི་ངོམས། །　　凡夫不厌于贪欲。

51

སྐྱོན་དང་ཡོན་ཏན་འདྲེས་པ་དང་། །　　如果功过相交错，
དུས་དང་དུས་མ་ཡིན་པ་དང་། །　　时与非时相交融，
མཁས་དང་མི་མཁས་ཁྱད་པར་སོགས། །　　智和愚者之差异，
མཁས་པས་འབྱེད་ཀྱི་བླུན་པོས་མིན། །　　只有智者能明辨。

52

བསྟན་བཅོས་ཟབ་མོའི་དོན་དང་ནི། །　　遇到经典甚深义，
གལ་ཆེན་གནད་ཀྱི་བྱ་བ་ལ། །　　或遇原则性问题，
སྦྱར་ཚེ་མཁས་བླུན་ཁྱད་པར་རྟོགས། །　　能够明辨智愚别，
ལྟར་སྣང་མཁས་དང་བླུན་པོ་མཉམ། །　　外相二者皆相同。

53

མཁས་པས་སྐྱོན་སེལ་ཡོན་ཏན་སྒྲུབ། །
བླུན་པོས་སྐྱོན་སྒྲུབ་ཡོན་ཏན་སྤོང་། །
བླུན་པོས་མཁས་ལ་འཕྱ་བྱེད་ཀྱང་། །
མཁས་པས་བླུན་ལ་སྙིང་རྗེ་སྐྱེ། །

智者弃过积功德，
愚者弃德趋恶行，
愚者虽然讥智者，
智者却以慈相待。

54

བླུན་པོ་ཇི་ལྟར་འབྱོར་གྱུར་ཀྱང་། །
སྨྱིག་མ་འབྲུ་ཆགས་བཞིན་དུ་འཛད། །
མཁས་པ་ཇི་ལྟར་རྒུད་གྱུར་ཀྱང་། །
ས་བོན་གྲུང་པོ་བཞིན་དུ་འཕེལ། །

不管愚者多富裕，
竹出穗子瞬间失，
智者不管多惨败，
犹如良种必增收。

55

མཁས་པ་ཡོན་ཏན་ལྡན་པ་རྣམས། །
ལེགས་བཤད་བྱིས་པ་ལས་ཀྱང་ལེན། །
བླུན་པོ་རང་མཐོང་ཆེ་བ་རྣམས། །
མཁས་པ་བྱུང་ཚེ་གཞན་དུ་བྱོལ། །

具有殊胜智慧者，
孩提嘴中亦获理，
自我膨胀型愚者，
遇见智者就溜走。

56

ལེགས་པར་བཤད་པས་མི་མགུ་ཞིང་། །	不愿聆听正良言，
ཟབ་དོན་ཐོས་ན་མི་ཉན་ལ། །	宣说精要又不听，
དོན་ཆུང་གནས་ལ་ཆེར་བརྩོན་པ། །	只在琐事中发力，
བླུན་པོ་རྣམས་ཀྱི་རྟགས་ཡིན་ནོ། །	就是愚者的特征。

57

ཕན་པའི་གདམས་པ་ཆུད་གསོན་ཅིང་། །	随意糟蹋教诲语，
དམ་པ་མིན་ལ་ལྷག་པར་དད། །	特别崇拜狡诈者，
དམ་པའི་སྐྱེ་བོར་ཡིད་འཁྲུ་བ། །	尤其憎恨善智者，
འདི་ཡང་བླུན་པོར་མཚོན་པའི་སྒོ། །	正是愚者之特征。

58

བདེན་པར་སྨྲས་ན་ཡིད་མི་ཆེས། །	若说真话难相信，
གྱ་གྱུར་ཁྲིད་ན་དེ་རྗེས་འབྲངས། །	诈语引诱紧跟随，
ངོ་བསྟོད་ཙམ་གྱིས་མགུ་བྱེད་པ། །	听到赞扬就兴奋，
འདི་འདྲ་རྨོངས་པ་རྣམས་ཀྱི་རྟགས། །	也是愚者之特征。

59

མཐོང་མ་ཐག་ཏུ་ཡིད་རྟོན་བྱེད།།
གང་སྨྲས་པ་ལ་བདེན་པར་འཛིན།།
གང་བྱུང་ལས་ལ་ནན་གྱིས་འཇུག།
འདི་ཡང་བླུན་པོར་མཚོན་པའི་བརྡ།།

初交生者起信赖，
道听途说皆当真，
无论何事都参与，
也是愚者之特征。

60

མི་འགྲུབ་བྱ་བར་ཁས་ལེན་བྱེད།།
མ་བརྟག་གང་ཐོས་དེ་བཞིན་སྨྲ།།
མ་ཤེས་དོན་ཡང་གྲུ་ཆོམ་སྒྲོགས།།
འདིས་ཀྱང་བླུན་པོར་ཤེས་པར་བྱེད།།

喜欢承诺难事情，
不思人云自也云，
喜欢瞎说未知义，
这些也是愚者相。

61

མ་དྲིས་རང་གི་ཡོན་ཏན་སྨྲ།།
རྒྱུ་མཚན་མེད་པར་གཞན་ལ་འཚེ།།
བརྙས་ཐབས་བྱེད་ཅིང་རང་མཐོང་ཆེ།།
འདི་འདྲ་གང་བྱུང་བླུན་པོ་ཡིན།།

不问也夸自功德，
无缘无故害他人，
自高自大辱他人，
这些也是愚者相。

62

བླུན་པོའི་རྟགས་ལ་ཚད་མེད་ཀྱང་། །	愚者呈相虽无数，
འདི་ལས་མཚོན་ཏེ་མཁས་རྣམས་ཀྱིས། །	依其特征来辨别，
བླུན་པོའི་རང་བཞིན་ཤེས་སླ་ཞིང་། །	智者不仅知其相，
དེ་ལས་གང་ལྡོག་མཁས་པར་ཤེས། །	亦知如何择取舍。

63

བླུན་པོ་ང་རྒྱལ་ཆེ་བ་དང་། །	如果能够远离开，
རྒྱལ་པོ་ངན་དང་ཆུང་མ་ངན། །	傲臣昏君与劣妻，
ཡུལ་ངན་རྣམས་ནི་སྤངས་བྱས་ན། །	以及恶劣之环境，
རང་ཉིད་བདེ་བ་འཐོབ་པར་འགྱུར། །	方能获得诸安乐。

64

མཁས་པ་དུལ་ཞིང་བརྟན་པ་དང་། །	如果能够依贤良，
རྒྱལ་པོ་བཟང་དང་མཛའ་བཟང་དང་། །	明君贤友善良妻，
ཡུལ་བཟང་རྣམས་ལ་བརྟེན་བྱས་ན། །	以及聚富之宝地，
བདག་ཉིད་དགའ་བ་འཕེལ་བར་འགྱུར། །	就能获得诸喜乐。

65

དེ་ཕྱིར་མཁས་དང་བླུན་པོ་ཡི། །
སྐྱོན་དང་ཡོན་ཏན་ཤེས་བྱས་ནས། །
རྒྱལ་པོ་ལུགས་ལ་མཁས་པ་ཡིས། །
མཁས་པའི་ཡོན་ཏན་བླང་བར་བྱ། །

因此明辨愚者过，
以及智者之功德，
若是精通君规者，
理能吸取其功德。

66

འཇིག་རྟེན་སྒྱུ་རྩལ་རིག་པ་དང་། །
ཁྱད་པར་རྒྱལ་པོ་ལུགས་ཀྱི་གཞུང་། །
བཟོ་དང་གསོ་བ་སྒྲ་ཚད་དང་། །
ནང་དོན་རིག་པའི་གཞུང་ལུགས་བསླབ། །

必修世间诸技艺，
尤其君主法规论，
工巧医方声明学，
因明内明诸典籍。

67

རྩིས་རིག་སྙན་ངག་སྡེབ་སྦྱོར་སོགས། །
བསླབ་པར་བྱ་བ་གང་ལ་ཡང་། །
རྒྱལ་རིགས་མཁས་པས་མི་སློབ་མེད། །
མཁས་པ་རྒྱལ་པོའི་རྒྱན་གྱི་མཆོག །

数学诗学声律等，
学问不管属何类，
明君贤主无不学，
智慧造就诸明君。

68

ཁྱད་པར་རྒྱལ་བའི་བཀའ་དང་ནི། །
དགོངས་འགྲེལ་རྣམས་ཀྱི་དོན་བསླབས་ན། །
ཤེས་པར་བྱ་བའི་གནས་རྣམས་ལ། །
འཇིགས་པ་མེད་པའི་སྤོབས་པ་འཐོབ། །

若能勤学诸佛语，
及其论疏精要义，
则能明辨所学处，
也能获得无畏慧。

69

དེ་ལྟར་རྒྱལ་པོ་བློ་གྲོས་མཆོག་ལྡན་པ། །
ས་ཡི་སྟེང་ན་མཚུངས་མེད་རྒྱན་གྱུར་ཏེ། །
ས་སྟེང་མུན་པ་མཐའ་དག་འཇོམས་བྱེད་པའི། །
ཉི་མ་ལས་ཀྱང་མཆོག་ཏུ་འདི་འཕགས་སོ། །

如果君王具有殊胜慧，
就能成为世间最庄严，
太阳虽消除世间黑暗，
明君要比太阳更庄严。

70

ཉིན་མོར་བྱེད་པས་གཞོམ་པར་མ་ནུས་པའི། །
སྐྱེ་རྒུའི་ནང་གི་མུན་པ་མ་ལུས་པ། །
མི་བདག་ཉི་མའི་སྣང་བས་མངོན་སེལ་ཕྱིར། །
ས་སྐྱོང་དེ་ལ་ངོ་མཚར་འབྱུམ་དང་ལྡན། །

太阳之光未能消除者，
众生内心所染之痴暗，
明君智慧之光能消除，
因此明君功德更殊胜。

71

ས་འོག་ས་སྟེང་ས་བླའི་འཇིག་རྟེན་གྱི།། 善道恶道所有世界中，
བློ་ལྡན་ཡིད་ཀྱི་པད་ཚལ་ཇེ་སྐྱེད་པ།། 智者智慧犹如莲花般，
མི་དབང་མཁས་པའི་ཉི་མ་དེ་དང་གཉེན།། 贤明君主以及其眷属，
དེ་ཕྱིར་ས་གསུམ་དཔལ་དུ་ཤར་བའོ།། 能够使得三地呈吉祥。

རབ་ཏུ་བྱེད་པ་གསུམ་པ། སྤྱོད་པ་བརྟག་པ།

第三品　观察行为篇

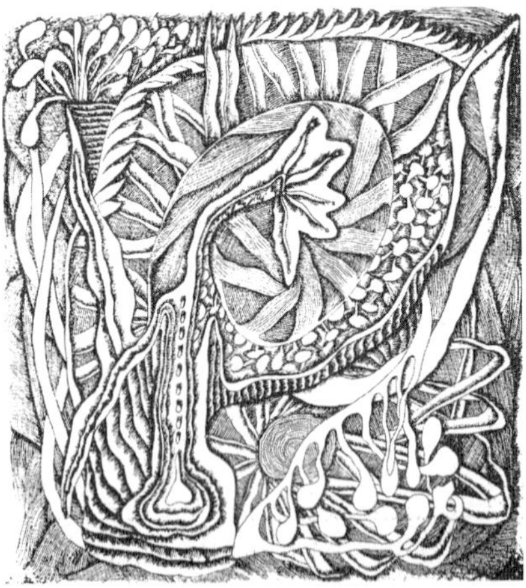

72

མི་བདག་རྣམས་ཀྱི་སྤྱོད་ལམ་ནི།།
ཤིན་ཏུ་བརྟགས་ཏེ་བསྒྲིམ་པར་བྱ།།
གང་ཕྱིར་མ་བརྟགས་སྤྱོད་པ་ཕལ།།
ཆུང་ཡང་གྲགས་པ་ཉམས་པའི་རྒྱུ།།

所有国王之行动，
必经详察及慎行，
未察之事虽微小，
亦能葬送其荣誉。

73

ས་སྐྱོང་རང་གི་གནས་ཁང་དུ།།
ནོར་བུ་བཞིན་དུ་སྦ་བར་བྱ།།
རྒྱལ་པོ་ཁྲི་དང་མི་འབྲལ་ཞེས།།
འཇིག་རྟེན་གྲགས་པ་དོན་དང་ལྡན།།

明君应当在王室，
如同宝珠需隐藏，
正如世间之俗话，
国王不应离王座。

74

མ་མཐོང་རྒྱང་ནས་རྗེ་འགྱུར་ལ།།
མཐོང་ཐོས་མང་ན་ཕལ་དང་འདྲ།།
རྒྱལ་ཁབ་དང་ནི་རྒྱལ་པོའི་རྒྱུས།།
གཞན་གྱིས་ཤེས་པར་མི་བྱའོ།།

深居简出获敬畏，
反复见闻如凡人，
明君私事及国事，
世人皆知是忌讳。

75

རྒྱལ་པོ་ལམ་དུ་འགྲོ་བ་ན།།
དཔུང་དང་བཅས་ཏེ་ཆེ་རྟགས་ཀྱིས།།
རྒྱལ་མཚན་བཞིན་དུ་ཕྱར་ཏེ་འགྲོ།།
དུས་མིན་འཁྱམས་པ་ནམ་ཡང་མིན།།

如果国王要外出，
偕同师众显威风，
正如胜幢需簇拥，
非时游荡是忌讳。

76

ང་རྒྱལ་མེད་ཀྱང་རྒྱལ་རིགས་རྣམས།།
ཆེ་བའི་རྟགས་དང་འབྲལ་མི་བྱ།།
ཆེ་བ་སྤངས་ནས་ཕལ་བ་བཞིན།།
རྒྱུ་བ་མངའ་ཐང་ཉམས་པའི་རྟགས།།

尽管王族无傲慢，
也要保持威严相，
若失庄严如凡人，
必显失去国威相。

77

ཕྱི་ནས་ཆེ་བའི་སྤྱོད་ལམ་གྱིས།།
མེ་དང་འདྲ་བར་བཟོད་དཀའ་ཡང་།།
དྲུང་དུ་ཕྱིན་ན་ཞུན་མར་བཞིན།།
དུལ་བའི་སྤྱོད་ལམ་མཁས་པས་སྤྱད།།

尽管外表极威风，
犹如烈火难对视，
接近犹如融酥油，
智者常持温和行。

78

བླ་མ་དགེ་སྦྱོང་བྲམ་ཟེ་སོགས། །	国王如果能供奉，
བཀུར་འོས་རྣམས་ལ་ཆེས་འདུད་ཅིང་། །	上师沙门婆罗门，
རིགས་ཀྱི་རྒན་རབས་བཀུར་བྱས་ན། །	以及王族之长老，
རྒྱལ་རིགས་རང་ཉིད་ཆེ་བ་འཐོབ། །	自然获得威庄严。

79

མི་འོས་སྐྱེ་བོའི་ཆེ་ཐབས་དང་། །	如果小人妄自傲，
འོས་པའི་ཆེ་ཚུགས་ཞོར་བ་གཉིས། །	以及大人自尊严，
སྐྱེ་བོ་ཁྲེལ་བའི་རྒྱུ་རུ་མཚུངས། །	二者容易受鄙视，
དེ་སླད་འོས་ཞིང་རིགས་པར་སྤྱོད། །	因此君当行中道。

80

སེམས་ཀྱིས་བག་ཡོད་བྱས་གྱུར་ན། །	如果自心守法规，
ལུས་དང་ངག་གི་སྤྱོད་པ་ལ། །	身和口之诸行为，
བཅོས་སུ་མི་བཏུབ་གང་ཡང་མེད། །	均无不能纠正者，
དེ་བས་དུས་སུ་བག་ཡོད་བྱ། །	尤其适时谨慎行。

81

གང་ཞིག་སྔོན་ཆད་བག་མེད་ཀྱང་།།
ཕྱིས་ནས་བག་དང་ལྡན་གྱུར་ན།།
སྤྲིན་བྲལ་ཟླ་བ་ལྟར་གྱུར་ཏེ།།
དགའ་བོ་མཐོང་ལྡན་ལ་སོགས་བཞིན།།

往昔虽有放荡行，
现今改过依法行，
其行如同离云月，
也如难陀具见等。

82

སྐྱེ་བོའི་ཆ་ལུགས་ལྟས་དག་ལས།།
ཕྱི་ནས་འབྱུང་འགྱུར་བཟང་ངན་མངོན།།
དེ་བས་གནའ་བོ་ཡ་རབས་ཀྱི།།
ལུགས་སྲོལ་དག་ལས་འདའ་མི་བྱ།།

依据言行装束等，
能够断定贤与劣，
因此古来诸贤者，
不会违背好习俗。

83

ནང་ན་ཡོན་ཏན་ཀུན་ལྡན་ཡང་།།
ཆ་ལུགས་ངན་ན་ཀུན་གྱིས་བརྙས།།
དེ་ཕྱིར་འབྱོར་པའི་འོས་དང་བསྟུན།།
ཆས་རྒྱན་ཡ་རབས་ལུགས་སུ་བྱ།།

尽管具备诸功德，
装束奇异遭欺凌，
因此依据己财力，
着装礼仪随贤良。

84

ནོར་མེད་རྒྱན་དཀའ་ཆེ་བ་དང་། །
འབྱོར་ལྡན་ཧྲུལ་པོའི་ཆས་ཞུགས་པ། །
གཉིས་ཀ་འཛིག་རྟེན་བཞད་གད་རྒྱུ། །
དེ་ཕྱིར་རྒྱན་ཆས་འཚམ་པར་སྤྱོད། །

拮据之人扮富豪，
富裕之人着破衣，
二者易遭世人讥，
因此衣饰重适宜。

85

རྒྱན་ཆས་བཟང་པོས་བརྒྱན་པ་ཡི། །
འཁོར་ནི་གཙོ་བོའི་ཆེ་རྟགས་འགྱུར། །
རྟ་ལ་རྒྱན་གྱིས་བརྒྱན་པ་ནི། །
བདག་པོ་ཉིད་ལ་མཛེས་པ་བཞིན། །

眷属服饰能得体，
方可显示君优秀，
正如良马配美饰，
能为主人增光彩。

86

སྣ་ཚོགས་སྐད་དུ་གཏམ་སྨྲས་ཀྱང་། །
ཀླ་ཀློ་མགུ་བར་མི་འགྱུར་ལ། །
ཀླ་ཀློ་རང་གི་སྐད་སྨྲས་ན། །
དེ་ཉིད་མགུ་བར་འགྱུར་བ་བཞིན། །

尽管能说多种语，
野人不会起喜悦，
如果只说野人语，
方可令其生欢喜。

87

བསམ་པ་ཆུང་ངུའི་འཇིག་རྟེན་རྣམས།།
ནང་གི་ཡོན་ཏན་མི་ཤེས་པས།།
ཕྱི་ཚུལ་བཟང་པོ་འཇིག་རྟེན་དང་།།
མཐུན་པར་བྱས་ན་འཇིག་རྟེན་མགུ།།

庸人狭隘世界里，
不求内在殊胜德，
如果外表能随俗，
方能赢得众人悦。

88

དེ་ཕྱིར་སེམས་དཔའ་མཆོག་རྣམས་ལ།།
འཕྱོར་པོའི་འདུ་ཤེས་མི་མངའ་ཡང་།།
འཇིག་རྟེན་ཡིད་རབ་དྲང་བའི་ཕྱིར།།
ཡ་མཚན་ཆ་ལུགས་སྟོན་པར་མཛད།།

因此诸位大菩萨，
虽无刻意示装饰，
为了引导世间人，
也会身着精美装。

89

བློ་ལྡན་གོ་འཕང་མཐོ་གྱུར་པ།།
དེ་ལྟ་དེ་ལྟར་སྤྱོད་པ་བཟང་།།
ནོར་བུ་རྒྱལ་མཚན་རྩེར་མཆོད་ན།།
དགོས་རྒྱུ་ཡིད་བཞིན་སྩོལ་བར་བྱེད།།

如果智者获高位，
行为举止更高尚，
如用宝石供幢顶，
如愿获得诸如意。

90

མ་རབས་མཐོ་བའི་སར་བཞག་ན།།
སྤྱོད་ངན་ཇེ་བས་ཇེ་མང་འཕེལ།།
ཐེའུ་རང་སྦུག་གི་ལྷར་བསྟེན་ན།།
འཁུ་ལྡོག་ཆོ་འཕྲུལ་ཇེ་ཆེར་འགྲོ།།

如果卑者得高位，
为非作歹更猖狂，
如果供奉独脚鬼，
仇恨嫉妒日益盛。

91

ཀུན་སྤྱོད་ངན་པའི་སྐྱེ་བོ་རྣམས།།
འཁོར་དུ་བསྡུ་བར་མི་བྱ་སྟེ།།
འཁོར་གཡོག་ངན་པའི་སྐྱོན་དག་གིས།།
རྒྱལ་པོ་ལ་ཡང་འཕྱར་ཀ་གཏོང་།།

举止行为恶劣者，
不应招收为眷属，
恶劣眷仆之罪过，
或使君主遭责骂。

92

འཁོར་བཟང་སྤྱོད་པ་བཟང་མཐོང་ནས།།
སྐྱེ་རྒུ་ཀུན་ཀྱང་དགའ་བ་སྐྱེད།།
དེ་ཕྱིར་ཡ་རབས་སྤྱོད་པ་ཅན།།
ཁོ་ན་འཁོར་དུ་བསྡུ་བར་བྱ།།

若见贤眷善行为，
诸众也会起欢喜，
因此只选行善者，
作为自己之眷属。

93

དུས་ཀྱི་དགའ་སྟོན་མ་གཏོགས་པ།།	除非欢度庆典外，
རྒྱུན་ཆགས་རྩེད་མོས་གཡེངས་གྱུར་ན།།	时常放逸诸游戏，
ཕལ་བ་ཡིན་ཡང་དོན་ཉམས་ན།།	虽是凡人也失事，
ཆེ་བའི་རིགས་ལ་སྨོས་ཅི་དགོས།།	何况君主谋国是。

94

ཆང་གིས་སེམས་འཆལ་བག་མེད་སྐྱེ།།	豪饮放逸起淫心，
དེས་ནི་བླང་དོར་སྤྱོད་པ་ཉམས།།	颠倒所有取舍行，
རང་བློ་མུན་པར་བྱས་པ་ལ།།	心智痴迷于阴暗，
བླུན་པོ་རྣམས་ཀྱིས་བདེ་བར་བསྒོམ།།	愚人视此为安乐。

95

ཉིན་གྱི་དུས་སུའང་ཕྱོགས་ཀུན་ཏུ།།	如果白天四处行，
ས་བདག་རྒྱལ་བ་མི་མཛེས་ན།།	身为国王不庄严，
མཚན་མོའི་དུས་སུ་འབྱུང་པོ་བཞིན།།	夜间犹如野鬼般，
ཀུན་ཏུ་འཁྱམས་པ་ལྟ་ཅི་སྨོས།།	到处游荡何须说。

96

ཉིན་རེ་བཞིན་ཡང་དྲན་ཤེས་ཀྱིས། །　　时常本该铭记者，
བསླབ་དང་བརླབས་སྒོམ་ཅི་ནུས་བྱ། །　　极力勤学与修持，
འབངས་ཀྱི་སྐྱེ་བོའི་དོན་ལ་བརྟག །　　明察民众诸利益，
ལེ་ལོ་བྱས་ན་དོན་ཀུན་འཆོར། །　　如果懒政皆毁尽。

97

སྡིག་པའི་གྲོགས་པོ་བསྟེན་གྱུར་ན། །　　时常依靠诸恶友，
སྡོང་པོ་སྲིན་གྱིས་ཟོས་པ་ལྟར། །　　犹如树根为虫蚀，
ལེགས་ཚོགས་འགྲིབ་ཅིང་ཉེས་པ་འཕེལ། །　　颓废善因增罪业，
སྐྱོན་ཀུན་རྩ་བ་གྲོགས་ངན་ཡིན། །　　诸多祸根在恶友。

98

འདུས་པའི་ཚོགས་ལ་ལྟ་བ་སོགས། །　　观看众人聚会等，
འཕྱུར་གཡེང་ཆེ་ན་སྡོད་མི་ཚུགས། །　　放荡不羁不稳重，
ཤིང་བལ་རླུང་གིས་བསྐྱོད་འདྲ་བའི། །　　犹如柳絮随风飘，
རྒྱལ་རིགས་སྤྱོད་པ་ཇི་ལྟར་མཛེས། །　　君主此行岂庄严？

99

དེ་ཕྱིར་མགོན་པོ་ཀླུ་སྒྲུབ་ཀྱིས།།	因此龙树圣怙主，
རྒྱན་པོ་འཕྱེད་དང་འདུས་ལ་ལྟ།།	通过劝诫亲友书，
ལེ་ལོ་དང་ནི་སྡིག་གྲོགས་བསྟེན།།	宣说赌博逛集会，
ཆང་འཐུང་མཚན་མོར་རྒྱུ་བ་ནི།།	懒惰依恶沉迷酒，
གྲགས་པ་ཉམས་པའི་རྒྱུ་དྲུག་ཅེས།།	夜间游荡行淫事，
བཤེས་པའི་སྤྲིངས་ཡིག་དག་ལས་གསུངས།།	构成六种损誉因。

100

དེ་དག་རྣམས་ཀྱིས་མཚོན་ནས་སུ།།	上述案例均表明，
ཆོས་མིན་བྱ་བ་ཀུན་ཀྱང་སྤང་།།	应除所有非法事，
བྱ་བ་མིན་དང་བྱ་འོས་པ།།	有关理与非理事，
གང་ལ་ཞུགས་ཀྱང་གོམས་ནས་འཕེལ།།	常持久修增功过，
དེ་བས་དྲན་ཤེས་བག་ཡོད་ཀྱིས།།	因此智醒不放逸，
རང་རྒྱུད་འཆོས་ན་བཟང་པོར་འགྱུར།།	自续化良成就善。

101

སྤྱོད་པ་བག་དང་ལྡན་པ་ལ།།	如果国王谨慎行，
མཐའ་དག་སྐྱེ་བོས་བཀུར་འགྱུར་ཞིང་།།	自然博得众敬仰，
བག་མེད་རྣམས་ཀྱང་དེ་མཐོང་ཚེ།།	狂者看到其庄严，
འཇིགས་བཅས་ཟིལ་གྱིས་གནོན་པར་འགྱུར།།	也会畏惧并臣服。

102

འདོད་པ་ཕུང་ཀྲོལ་ཀུན་གྱི་རྒྱུ། །
རྒྱལ་བས་ཀིམ་པའི་འབྲས་འདྲ་གསུང་། །
འདོད་ལ་ཞེན་པ་མ་ལོག་ཀྱང་། །
ཧ་ཅང་འདོད་ཆེན་ཉིད་མི་བྱ། །

诸祸之根是贪婪，
佛说其如木别果，
虽然不能断除贪，
也要控制其膨胀。

103

ཚངས་པར་སྤྱོད་པའམ་དགེ་བསྙེན་གྱི། །
ཁྲིམས་ལྡན་རྒྱལ་པོ་འཇིག་རྟེན་ན། །
རྒྱུ་སྐར་དབུས་སུ་ཟླ་བ་བཞིན། །
སྐྱེ་བོའི་ཀུན་དགའ་འཕེལ་བར་བྱེད། །

持有梵行居士戒，
国王立于世间中，
犹如群星中明月，
众生见之起欢心。

104

རྒྱལ་རིགས་རང་གི་ཆུང་མ་ལས། །
གཞན་ལ་ལོག་པར་གཡེམ་གྱུར་ན། །
ཚེ་འདིར་གྲགས་པ་ངན་པ་དང་། །
ཕྱི་མར་ངན་སོང་ལྟུང་བར་འགྱུར། །

王族除非自家妃，
若与她人行邪淫，
不仅今世毁声誉，
来世也入恶趣中。

105

འདོད་པའི་ལྕགས་ཀྱུས་ཟིན་པ་ན།།	若为贪欲所缚住，
རྒྱལ་རིགས་ཡིན་ཀྱང་གཞན་དབང་འགྲོ།།	就是国王也被动，
གླང་ཆེན་ལུས་སྟོབས་ལྡན་ན་འང་།།	大象虽有强壮身，
མཆིལ་པས་བཏབ་ཚོ་བྲན་བཞིན་བྱེད།།	上了铁钩成奴仆。

106

འདོད་པ་རྣམས་ནི་ཆེར་བསྐྱེན་ན།།	如果贪欲遭膨胀，
ཕྱིར་ཞིང་རྩྭ་ལ་མེ་བཞིན་འཕེལ།།	犹如干草遇火焰，
དེ་ཡིས་དཔལ་དང་གྲགས་པ་ཉམས།།	它能毁德毁声誉，
དེ་ཕྱིར་ཚོག་ཤེས་བྱས་ན་བདེ།།	因此知足则安乐。

107

ས་སྟེང་འདོད་པའི་ལོངས་སྤྱོད་ཀུན།།	虽然世间所有物，
སྐྱེ་བོ་གཅིག་ལ་བདོག་གྱུར་ཀྱང་།།	皆为一人所拥有，
ཚོམས་པ་མེད་པར་སླར་ཡང་བརྐམ།།	仍不满足复生贪，
དེ་བས་འདོད་ལ་ཚོག་ཤེས་བྱ།།	因此知足为明智。

108

ཚོག་ཤེས་ལྡན་ན་འབྱོར་པའི་མཆོག །
རན་ཚོད་ཟིན་ན་བྱ་བའི་རབ། །
བྱ་བ་སྙོམས་ན་ཕྱི་ཐག་རིང་། །
ཕན་སེམས་ཆེ་ན་རྗེ་བོའི་ཕུལ། །

知足就是胜财富，
分寸成就殊胜行，
常持中庸情谊长，
具备大慈君之魂。

109

དེ་བས་བག་ཡོད་སེམས་ཀྱིས་སྲུ། །
སྤྱོད་ལམ་ཀུན་ཏུ་མཛེས་བྱ་སྟེ། །
སངས་རྒྱས་ཀྱིས་ཀྱང་གདུལ་བྱ་ཕལ། །
སྤྱོད་ལམ་གྱིས་ནི་འདུལ་བར་མཛད། །

故需谨慎不放逸，
所有举止持戒心，
佛陀也以善威仪，
调伏多数所化众。

110

གཉའ་ཤིང་གང་ཅམ་ལྟ་བྱུས་ནས། །
གོམ་པ་སྙོམས་ཤིང་དལ་བུས་འདོར། །
འགྲོ་ན་ལེགས་པར་མཛེས་པ་ནི། །
འཁོར་དུ་གླང་པོའི་དབང་པོ་བཞིན། །

如负木轭之耕牛，
步伐缓慢且稳重，
国王行走显庄严，
眷属群中如象王。

111

སྟན་ལ་གཡོ་མེད་དྲང་པོར་འདུག།	端庄坐在宝座上，
བག་ཕེབས་དལ་བུའི་སྤྱོད་ལམ་ཅན།།	举止庄重又文雅，
འདུག་ན་གསེར་གྱི་རི་བཞིན་དུ།།	坐相定如金山王，
བརྟན་པར་གྱུར་ན་ཀུན་ཏུ་མཛེས།།	如此更显极庄严。

112

ཟས་ཀྱི་ཚོད་ཟིན་རྒྱུག་ཁྱིལ་ཉུང་།།	适量饮食不乱逛，
སྔ་བར་ལྡང་ཞིང་གོས་ཚགས་བཅོས།།	衣装整齐晨早起，
དུས་སུ་རན་པར་སྨྲ་བ་ཡི།།	只谈恰逢时机言，
མི་བདག་དེ་ནི་བདེ་བ་ལྡན།།	如此国王具安乐。

113

ཁྱི་ར་བ་དང་རི་དྭགས་གཉེར།།	圈养宠物出猎行，
སྨད་འཚོང་སྤྱད་དང་འཁོར་མེད་པར།།	招集娼妓独自在，
དགོན་པའི་ནགས་སུ་རྒྱུ་བ་རྣམས།།	深山老林中闲游，
རྒྱལ་པོས་ནམ་ཡང་མི་བྱའོ།།	皆为王者之大忌。

114

དོན་མེད་ཆུ་ཆེན་བརྒལ་བ་དང་། །
སྦྲུལ་གདུག་གཅན་གཟན་སོགས་དང་རྩེ། །
མི་བསྲུན་རྟ་ལ་ཞོན་པ་སོགས། །
བྱས་ན་རང་ཉིད་ཉམས་པ་སྲིད། །

莫名其妙渡大河，
喜欢玩弄蛇与兽，
乘骑野马乱狂奔，
都是自我毁灭行。

115

དེ་བས་རྒྱལ་པོ་རྒྱལ་རིགས་ཀྱིས། །
ལུས་དང་སྤྱོད་ལམ་མཐའ་དག་ནི། །
བཀའ་དང་བསྟན་བཅོས་ལས་གསུངས་བཞིན། །
ལེགས་པར་བསྒྲིམས་ཏེ་བསྲུང་བར་བྱ། །

因此国王及诸君，
所有举止和言谈，
应当恪守佛典中，
所说之法谨慎行。

116

མཐོང་བ་ཙམ་གྱིས་དགའ་བ་རབ་སྐྱེད་པའི། །
རྒྱུ་སྐར་བདག་པོ་འཆི་མེད་ལམ་ན་གནས། །
སྐྱེ་རྒུའི་མིག་གི་ཡུལ་དུ་མངོན་མཛེས་པའི། །
ས་ཡི་བདག་པོ་ས་སྟེང་འདིར་ནི་རྒྱུ། །

仅仅见面就能生欢喜，
正如满月装饰太空般，
所有众生眼中殊胜者，
当属装饰大地之国王。

117

འཁོར་ཚོགས་རྒྱ་སྐར་དབུས་ན་མཛོན་མཐོ་ཞིང་།།
ལུགས་བཟང་ལྷ་ལམ་ཡངས་པོར་གནས་བཞིན་དུ།།
ཡ་རབས་སྤྱོད་པ་བཟང་པོའི་འོད་བཟང་ཅན།།
ས་ཡི་བདག་པོ་ཟླ་བ་རྒྱས་པ་འདིས།།
ས་ཀླའི་ལྷ་རྣམས་དགའ་བ་སྐྱེད་ནུས་ན།།
ས་སྟེང་མི་ཡི་འགྲོ་བ་སྨོས་ཅི་དགོས།།
དེ་ཕྱིར་ས་བདག་སྤྱོད་པ་བཟང་པོ་རྣམས།།
གང་དུ་བཞུགས་པའི་ཡུལ་དེར་བཀྲ་ཤིས་འཕེལ།།

正如群星众多臣民中，
占据善法统摄之中心，
具备殊胜品德之国王，
犹如满月般永放光彩，
若能赢得诸神之欢喜，
怎能不引起俗世敬仰，
因此力行善法之国王，
身在何处都能增吉祥。

རབ་ཏུ་བྱེད་པ་བཞི་པ། བདག་དང་གཞན་གྱི་ངག་བརྟག་པ།

第四品 观察言语篇

118

འཇིག་རྟེན་འཇུག་ལྡོག་བྱ་བ་རྣམས།།
ངག་གི་ལམ་ནས་ཤེས་བྱེད་ཕྱིར།།
སྨྲ་བའི་ཚིག་རྣམས་གང་ལའང་།།
སྐྱོན་ཡོན་བསམས་ཏེ་སྨྲ་བར་བྱ།།

世间所有取与舍，
皆依言谈能获知，
因此无论谈何事，
细思其中功与过。

119

རེས་འགའ་མ་སྨྲས་དོན་མི་འགྲུབ།།
རེས་འགའ་མི་སྨྲ་དོན་དག་བསྒྲུབ།།
སྨྲ་དང་མི་སྨྲ་མ་ཤེས་ན།།
སྨྲ་འཆལ་འགྱུར་ཏེ་ཉེས་པ་མང་།།

有时不言不成事，
有时默言能办事，
如果不辨言与否，
信口开河引来祸。

120

ཚིག་བདེན་པ་ནི་ཡོན་ཏན་མཆོག།
དེ་ཕྱིར་རྒྱལ་རིགས་བདེན་པར་སྨྲ།།
བདེན་པར་སྨྲ་རྣམས་བསྟོད་བྱ་ཞིང་།།
རྫུན་སྨྲ་སྨད་ཅིང་སྤང་བར་བྱ།།

敢说真话是功德，
因此国王要讲真，
应该颂扬真实语，
谴责并弃妄诈语。

121

གསང་བར་འོས་པ་མ་བཤད་ཀྱང་། །　保密之事虽未说，
དགོས་པའི་དབང་གིས་འགལ་བ་མེད། །　若有必要也无妨，
དེ་མིན་ཐ་མལ་གཏམ་དག་ནི། །　除非不是庸俗语，
ཅུང་ཟད་རྫུན་ཀྱང་ཐ་ཤལ་རྟགས། །　言谈之事必真实。

122

སྐྱེ་བོ་མཁས་ཤིང་དྲང་བ་ལ། །　对于慧忠双全者，
དྲང་པོར་སྨྲས་ན་མགུ་འགྱུར་ཏེ། །　直言不讳就满意，
བླུན་ཅིང་གྱ་གྱུར་སྤྱོད་རྣམས་ལ། །　对于既愚又奸者，
ཇི་བཞིན་བཤད་ཀྱང་དགོས་པ་ཆུང་། །　没有必要讲真话。

123

བྱམས་ལྟོས་ཅན་གྱི་སྐྱེ་བོ་ལ། །　对于大慈大悲者，
འཁྲུག་བཤད་མི་བསྲེ་དྲང་པོར་བཤད། །　切勿玩诈讲真话，
ཁ་ནས་ཅི་འབྱུང་ཚོད་ཉུལ་ལ། །　如果详察每句话，
དྲང་པོར་མི་བཤད་ཅི་འོས་བརྗོད། །　终究只有讲真话。

124

ཕན་གནོད་མེད་པའི་གཏམ་རྣམས་ལས། །
དོན་ཆེན་ཡོད་ལ་བརྟགས་པའི་ལས། །
དུས་མིན་པར་ནི་ཁར་དབྱུང་ན། །
ཀུན་གྱིས་ཐོས་ཤིང་དོན་མི་འགྲུབ། །

通过诸无利害语，
遇到大事需斟酌，
不看时机乱说话，
众人皆知事无成。

125

ཤིན་ཏུ་གསང་བར་འོས་པ་ནི། །
རང་ལས་གཞན་པ་སུ་ལའང་མིན། །
མཛའ་བས་མཛའ་བར་ཚིག་སྤེལ་ནས། །
ཐ་མ་རྒྱལ་ཁམས་ཁྱབ་པར་འགྱུར། །

非常需要保密的，
必须密藏在自心，
朋友复传其朋友，
最终传遍全世界。

126

ཇི་ལྟར་མཛའ་བར་གྱུར་ཀྱང་ནི། །
དགོས་མེད་གསང་ཚིག་སྨྲ་མི་བྱ། །
གསང་ཚིག་བུད་མེད་ལ་སྨྲས་པས། །
སྐྱེ་བོ་ཕལ་ཆེར་ཉམས་ལ་ལྟོས། །

即便关系再密切，
没有必要泄秘密，
因向女人泄秘密，
大多男人难逃败。

127

ཚིག་ཀུན་མི་སྨྲ་གསང་མི་དགོས།།	保密并非不言语，
ཐམས་ཅད་བཤད་པར་བྱ་བའང་མིན།།	口无遮拦非理性，
དུས་ལ་བབ་ནས་གྲོས་བྱེད་ཚེ།།	巧遇时机商讨时，
ཆེ་ཐབས་མི་བྱ་གནད་དོན་བརྗོད།།	切莫大言谈问题。

128

བསྟོད་པས་འཇིག་རྟེན་མགུ་འགྱུར་ཏེ།།	赞美世人皆欢喜，
ཕ་རོལ་དུའང་རང་ཉིད་བདེ།།	即便来世也安乐，
དེ་བས་གཞན་གྱི་ཡོན་ཏན་ལ།།	因此对待他功德，
འཁྲུ་བར་མི་བྱ་བསྟོད་པར་བྱ།།	切莫怀恨应赞美。

129

གཞན་ལ་བསྟོད་པ་བྱས་གྱུར་ན།།	如果时常赞他人，
རང་ཉིད་གཞན་གྱིས་བསྟོད་པར་བྱེད།།	自己也获他人赞，
གཞན་ལ་ཇི་ཙམ་སྨད་བྱས་པ།།	正如诋毁其他人，
དེ་ཙམ་རང་ཉིད་གཞན་གྱིས་སྨད།།	自己也遭他人谤。

130

བསོད་ཆུང་ཕྲག་དོག་ལྡན་པ་རྣམས། །
གཞན་ལ་སྨད་པ་འབབ་ཞིག་བྱེད། །
དེ་ཡིས་གཞན་ལ་མི་གནོད་ལ། །
རང་གི་གྲགས་པ་བརླག་པར་འགྱུར། །

福浅嫉妒心强者，
只会诽谤其他人，
但此无奈他人利，
只能毁坏己荣誉。

131

བློ་དང་བསོད་ནམས་ལྡན་པ་ཡིས། །
གཞན་གྱི་ཡོན་ཏན་ཆུང་ངུ་ལའང་། །
སྙན་པར་སྨྲ་ཞིང་ལེགས་པར་བརྗོད། །
དེ་ཡིས་རང་ཉིད་སྙན་གྲགས་འཐོབ། །

智慧福德兼具者，
看见他人微功德，
也以美言来赞扬，
由此能够获美名。

132

བསྟོད་བསྔགས་འཇིག་རྟེན་རྒྱན་ཡིན་ཀྱང་། །
བླུན་པོ་ང་རྒྱལ་ཅན་ལ་དུག །
རྫུན་དང་འདྲེས་པའི་ཟོལ་ཚིག་གིས། །
སུ་ལ་ཡང་ནི་བསྟོད་མི་བྱ། །

赞美虽为世间宝，
若是愚傲者如毒，
勿以藏诈虚伪语，
佯作赞美任何人。

133

དངོས་སུ་བསྟོད་ཅིང་ལྐོག་ཏུ་སྨད།། 当面赞美暗诋毁，
ལྕེ་གཉིས་སྦྲུལ་དང་མཚུངས་པ་ཡི།། 两面三刀如毒蛇，
སྐྱེ་བོ་ངན་པ་ཅིར་མི་རུང་།། 低劣之人无益处，
དོན་ལྡན་སྨྲ་བ་འཇིག་རྟེན་རྒྱན།། 敢言真话最殊胜。

134

སྦྱིན་སོགས་ཕན་པ་རྒྱ་ཆེ་ཡང་།། 施等虽然广饶益，
ཚིག་རྩུབ་སྨྲས་ན་གཞན་ཡིད་ལྡོག། 粗言恶口遭人嫌，
མ་བྱིན་མ་ཕན་མ་བསྐྱངས་ཀྱང་།། 虽然未施未护利，
སྙན་པར་སྨྲ་བས་འཇིག་རྟེན་སྡུད།། 依靠妙言摄世人。

135

མ་བཏབ་གནད་དུ་ཟུག་པའི་མཚོན།། 不发亦中的武器，
མ་འཐུང་ཁོང་དུ་སོང་བའི་སྨན།། 不饮沁人肺腑药，
མ་ཟོས་ཡིད་འཕྲོག་སྦྲང་རྩིའི་རོ།། 不尝醉人蜂蜜味，
ཚིག་གི་ཁྱད་པར་རྣམས་ལ་ཡོད།། 良言均具此特点。

136

དགྲ་དང་གཉེན་དུ་གྱུར་པ་ཕལ། ।	产生亲怨之原因，
བྱ་བ་གཞན་ལས་བྱུང་བ་ཉུང་། ।	很少涉及其他事，
ཚིག་ལས་བྱུང་བ་ཤིན་ཏུ་མང་། ।	多由语言所导致，
དེ་ཕྱིར་ཚིག་རྣམས་བརྟགས་ཏེ་སྨྲ། ।	因此深思后出言。

137

དུས་སུ་མ་བབ་པ་ཡི་གཏམ། ।	不合时宜鲁莽语，
གང་སྨྲ་དེ་ལ་ཀུན་གྱིས་བརྙས། ।	随意出口遭众辱，
དུས་སུ་བབ་ཅིང་འཐད་པ་ཡི། ।	既合时机又接纳，
ངག་ཚིག་བཟང་པོས་རང་གཞན་ཕན། ।	善言妙语利自他。

138

ཆར་གྱི་རྒྱུན་ཆེན་ཕབ་ན་ཡང་། ।	若降倾盆大雨时，
སྣོད་ཆུང་ནང་དུ་ཇི་ལྟར་ཆུད། ।	小小容器岂能容，
བློ་རྒྱུད་དམན་ལ་གདམས་བྱས་ཀྱང་། ।	好言教诫恶劣者，
ཕན་པ་རྒྱ་ཆེར་འབྱུང་མི་སྲིད། ।	无法获得好效果。

139

བློ་བཟང་དམ་པའི་སྐྱེས་བུ་ལ།།
ཟུར་ཙམ་སྨྲས་ཀྱང་ཕན་པ་ཆེ།།
ཕན་ཚིག་སྨན་དང་འདྲ་བ་དེ།།
བཤད་དང་ཉན་པར་བྱེད་པའང་དཀོན།།

对于善良贤惠者，
旁敲侧击大有益，
犹如妙药之忠言，
说与听者均罕见。

140

དབྱེ་ཕྱིར་ཕྲ་མའི་ངག་རྣམས་ནི།།
སྨྲ་བ་ལྟ་ཅི་མཉན་མི་བྱ།།
གལ་ཏེ་མཉན་པར་འོས་པ་ལའང་།།
བརྟགས་ཤིང་ངེས་པའི་བར་དུ་བསྒྲུག།

挑拨离间之语言，
不该出口亦不听，
如果需要听闻时，
必须详察到实证。

141

ཚིག་རྩུབ་མང་ན་འཁོར་རྣམས་འབྱེར།།
རྫུན་གྱིས་རང་གཞན་ཐམས་ཅད་ཕུང་།།
འཁྱལ་བའི་ངག་གིས་དོན་ཉམས་སྐྱུད།།
དེ་ཕྱིར་དེ་དག་སྤང་བར་བྱ།།

恶言粗语众眷离，
欺诈妄言毁自他，
淫秽脏语致事败，
因此该弃以上言。

142

འདི་ལས་བརྩམས་ཏེ་ངག་རྣམས་ལ། །	因此所有言语中,
སྐྱོན་དང་ཡོན་ཏན་རབ་མང་པོ། །	潜在各种功过语,
སོ་སོར་ཤེས་པར་བྱས་ནས་སུ། །	详察各自利弊后,
སྨྲ་དང་མི་སྨྲ་ཤེས་པར་བྱ། །	当守说与不说界。

143

རྒྱལ་ཁམས་ཆེ་ལ་བཟང་ངན་གྱི། །	任何泱泱大国中,
སྐྱེ་བོ་སྣ་ཚོགས་ཡོད་པའི་ཕྱིར། །	均有各种善恶人,
གླེན་ཞིང་མི་བསྲུན་གྱུར་རྣམས་ལ། །	若属愚等野蛮人,
ཕན་པའི་ཚིག་གིས་གདུལ་དཀའ་ཡང་། །	善言良语难调伏,
རྒྱལ་ཁྲིམས་དྲང་པོའི་ཐིག་བཏབ་ནས། །	国法必须以公正,
འདི་ལས་འགལ་བར་གྱུར་རྣམས་ལ། །	裁判诸多违法者,
ཆད་པ་འདི་ལྟར་འབྱུང་ངོ་ཞེས། །	明列各种犯法事,
རྣ་བའི་ཡུལ་དུ་ཐོས་པར་བསྒྲག །	时常将其广宣说。

144

ཅི་ནས་བཅོས་སུ་མེད་རྣམས་ལ། །	对于顽固不化者,
འོས་པའི་ཆད་པ་མ་བཅད་ན། །	如果不施相应刑,
མི་བསྲུན་འཕེལ་བས་རྒྱལ་ཁམས་འཇིག །	暴徒增多毁国政,
དེ་བས་དང་པོར་སྐྲུས་བཞིན་བྱ། །	因此有法严执行。

145

འཁོར་འབངས་གང་ཕན་སྐྱོང་བ་སོགས། །	详辨臣之利与害，
རྒྱལ་པོའི་ཆུས་ལ་ཕན་པའི་མི། །	对于有利国事者，
གང་ཡིན་ཤེས་ནས་དེ་དག་ལ། །	详察实证功德后，
ཕན་པའི་ཚིག་གིས་བསྔགས་པར་བྱ། །	应以善言来赞扬。

146

ལས་བྱེད་དཔོན་དུ་བསྐོས་གྱུར་ཀྱང་། །	尽管已经封为官，
རང་འདོད་ཁོ་ནས་ཕྱོགས་བཟུང་ན། །	如果出现自私行，
དེ་ལ་གནད་ཀྱི་མཚང་བརྗོལ་ཏེ། །	应该击中其要害，
ཕྱིན་ཆད་ལས་འདི་བཟློག་ཅེས་བསྒོ། །	告诫从此断其行。

147

རྒྱལ་རིགས་ཆོས་དང་ལྡན་པ་རྣམས། །	所有奉行佛法者，
འཁོར་ལ་བུ་བཞིན་བྱམས་པའི་ཕྱིར། །	慈爱眷属如独子，
དང་པོར་འཇམ་པོས་བསྒོ་བ་ལས། །	首先亲切教诲之，
ཐོག་མ་ཁོ་ནར་ཚར་གཅོད་མིན། །	而非最初就惩罚。

148

དེ་ལྟར་བྱས་ན་སྐྱེ་བོ་ཕལ། ।	如此善行就能够，
ལོག་པའི་ལམ་ནས་བཟློག་ཀྱང་སྲིད། ।	挽救步入歧途者，
ཅིས་ཀྱང་བཟློག་པར་མ་གྱུར་ནའང་། ।	虽有无法挽救者，
བདག་པོར་འཁུ་བའི་བློ་མི་འབྱུང་། ।	不会产生怨恨意。

149

ཡ་རབས་རྣམས་ལ་བསྟོད་བྱ་ཞིང་། ।	应赞所有高尚者，
མ་རབས་རྣམས་ཀྱི་མགོ་འཕང་སྨད། ।	同样谴责卑劣者，
དེ་ལྟར་ལེགས་ཉེས་ཤན་འབྱེད་པའི། ।	明辨贤劣之君主，
མི་བདག་གང་ན་ཡོད་པ་དེར། ।	无论身居在何处。
སྐྱེ་བོ་ཡ་རབས་དགའ་འགྱུར་ཞིང་། ।	高尚贤士生欢喜，
མ་རབས་རྣམས་ཀྱང་བག་ཡོད་འགྱུར། ।	卑鄙小人亦谨慎，
ལྡོག་ན་མ་རབས་སྐྱེ་བོ་ཡིས། ।	否则卑鄙下流者，
ས་སྟེང་གང་གྱུར་ཆུས་སྲིད་བརླག ।	遍地泛滥毁国政。

150

མི་ཡིས་དབང་པོས་ལེགས་བརྟགས་ནས། ।	国王详细观察后，
སྨྲས་པའི་ཚིག་ལས་འགྱུར་མི་བྱ། ।	所说之言不宜变，
རྒྱལ་པོའི་སྨྲ་བ་ལན་གཅིག་ཅེས། ।	世间众人皆声称，
འཇིག་རྟེན་ན་ནི་ཡོངས་སུ་གྲགས། ।	国王所说无戏言。

151

སྔོན་བྱོན་ཆོས་ལྡན་རྒྱལ་རྣམས་ཀྱིས། །　历代贤明诸国王，
བཀའ་ལས་གང་བྱུང་དེ་མི་བཟློག །　不会随意改王法，
བཀའ་ཁྲིམས་ལེགས་བཅད་སླར་འགྱུར་ན། །　如果定后又更改，
བཀའ་ལ་རྩིས་ཐང་ཆུང་བར་འགྱུར། །　该法不会受重视。

152

སྨྲ་བའི་ངག་ལ་མཁས་པ་ཡི། །　精通言辞之国王，
མི་བདག་དེ་ནི་འཇིག་རྟེན་ན། །　犹如璀璨之太阳，
ཉི་མ་བཞིན་དུ་གསལ་གྱུར་ཏེ། །　光芒照耀在世间，
དགོས་པའི་དོན་ཀུན་འགྲུབ་པར་འགྱུར། །　成就所有之愿望。

153

མངོན་ཤེས་མེད་པའི་སྐྱེ་བོ་ཡིས། །　毫无神通之凡夫，
འཇིག་རྟེན་ལེགས་ཉེས་རྣམ་པ་ཀུན། །　若要辨明是与非，
ངག་ཚིག་ལ་བརྟེན་རྟོགས་པའི་ཕྱིར། །　只能依辞做判断，
སྨྲས་པའི་ངག་ལ་ལེགས་པར་བརྟག །　因此慎察诸言辞。

154

སྐྱེ་བོ་འདུ་ཤེས་སྣ་ཚོགས་པས། །
བརྗོད་པའི་ཚིག་ཀྱང་སྣ་ཚོགས་སྨྲ། །
ཕལ་ཆེར་བསམ་པ་དཀར་ན་ཡང་། །
བློ་མི་གསལ་བས་གང་བྱུང་སྨྲ། །

世人想法不一致，
所言之辞也不同，
多数心地虽善良，
心智不清故乱言。

155

གཡོན་ཅན་རྣམས་ཀྱིས་རང་འདོད་དོན། །
འགྲུབ་པར་བྱ་ཕྱིར་སླུ་ཚིག་སྦྱོར། །
ཕལ་ཆེར་ཕྲག་དོག་གྱ་གྱུ་ཡིས། །
གཞན་ལ་གནོད་པ་འབའ་ཞིག་སྨྲ། །

狡诈之徒为私立，
绞尽脑汁编谎言，
大多习惯嫉妒者，
口中只有伤人语。

156

ལྷག་པར་སྙིགས་མའི་དུས་འདི་ན། །
གཞི་མེད་རྫུན་གྱིས་རྒྱལ་ཁམས་ཕུང་། །
དེ་ཕྱིར་སུ་དང་གང་གིས་ཀྱང་། །
སྨྲས་ཚད་རྗེས་སུ་མི་འབྲང་ལ། །
སྨྲས་ཚད་རྫུན་དུ་འང་མི་གཟུང་བར། །
བདེན་ནམ་རྫུན་པ་གང་ཡིན་པ། །
མ་གསལ་བར་དུ་ཡིད་ལ་བཞག །
གསལ་བར་གྱུར་ནས་དོན་ལ་འཇུག །

尤其现今浊世中，
谎言妄语毁国风，
因此无论任何人，
不宜跟风诸碎语，
不宜所言视作妄，
辨明其为真假前，
必须牢记在心中，
辨明之后做决断。

157

འབངས་ཀྱི་བདེ་སྡུག་ཞུ་ཚིག་རྣམས།།
བཤད་ཚུལ་མཁས་དང་མི་མཁས་དང་།།
རྒྱབ་སྐྱོར་མགོ་འདྲེན་བཟང་ངན་གྱི།།
ཚིག་གི་གཡམ་ལ་མི་རྒྱུག་པར།།
བདེན་རྫུན་མཐའ་ལ་བསྐྱལ་ཏེ་དཔྱད།།
དེ་ཡིས་འབངས་ཀྱི་ལེགས་ཉེས་དང་།།
ཞུ་བྱེད་བློན་གྱི་ངང་ཚུལ་ཤེས།།
རང་ཉིད་ཁྲིམས་ལ་མཁས་པར་འགྱུར།།

民众所诉苦乐事，
尽管言辞有巧拙，
以及有无靠山等，
言辞不宜随言辞。
察明究竟真假后，
依此判断民众及，
进谏诸臣之秉性，
自然精通诸律法。

158

བླང་དོར་གནད་ལ་ཕན་པ་ཡི།།
མ་ཤེས་གསར་དུ་སྟོན་བྱེད་ཚིག །
སྨྱོན་པའི་ངག་ལས་བྱུང་ཡང་རུང་།།
རང་དོན་ཤེས་པས་དེ་ཉིད་བཟུང་།།

如果涉及利弊事，
有利取舍之言辞，
虽然出自疯人口，
具慧明君宜接纳。

159

གང་ཞིག་དེ་བཞིན་བཟུང་བ་ན།།
འཕྲལ་ཡུན་གནོད་པར་འགྱུར་བའི་ངག །
བླ་མའི་གསུང་ལས་བྱུང་ན་ཡང་།།
སྤང་བར་བྱ་ན་གཞན་ལྟ་ཅི།།

如果紧随他人言，
造成暂时究竟害，
尽管出自上师口，
该舍何况其他言。

160

ཡུལ་གྱི་བདེ་སྡུག་སྐྱོན་ཡོན་རྣམས། །
ཕལ་ཆེར་དོན་མེད་ངག་ལས་གསལ། །
བདེན་པའི་མི་ལ་དྲི་ཞིང་དཔྱད། །
དོན་མེད་ངག་ལས་དོན་རྟོགས་མང་། །

域内苦乐功过事，
可从闲言中得知，
明询暗查诚实人，
通过碎语获大义。

161

དེ་ཕྱིར་རྒྱལ་རིགས་མཁས་པ་རྣམས། །
སུ་ལའང་གཏམ་གྱི་དྲི་རྨེད་དག །
འགོག་པའི་ཆེ་ཐབས་མི་སྦྱོར་བར། །
དུས་སུ་འདྲི་བ་མཁས་པའི་གནད། །

因此诸位贤明君，
不宜堵塞诸言路，
随时盘问诸言路，
适机查问显智者。

162

ཁྱེད་ལ་བསྟོད་དོ་སྨད་དོ་ཞེས། །
ནང་མིས་རྟོག་པ་སྣ་ཚོགས་ངག །
མི་འདྲི་མི་རྨེད་བཏང་སྙོམས་བཞག །
དོན་ལྡན་ཡིན་ན་དྲི་བར་བྱ། །

说是赞美及诽谤，
属下所持诸意见，
不必在意持中庸，
若是真实需探究。

163

སྨྲས་པའི་ཚིག་ལས་སྐྱེ་བོ་ཡི།། 通过所有听闻辞，
ནང་གི་བསམ་པ་ཕལ་ཆེར་ཤེས།། 智者能解其中义，
དེ་ལས་བྱ་དང་མི་བྱ་བ།། 因此如何办理事，
འགའ་ཞིག་ཁོང་དུ་ཆུད་པར་འགྱུར།། 也能掌握其分寸。

164

རང་ཉིད་སྨྲ་བའི་ཚུལ་ལ་ལེགས་མཁས་ཤིང་།། 自己精通言辞及表达，
གཞན་གྱིས་སྨྲས་ལ་རིགས་དང་མི་རིགས་རྟོགས།། 亦通他人理与非理者，
སྨྲ་བའི་ངག་ལ་ཚུལ་བཞིན་ལེགས་འཇུག་པ།། 若能恰如其分出言辞，
ངག་གི་དཔལ་མོ་ལྟ་བུར་གྲགས་པ་འཐོབ།། 就能获得妙音般美名。

165

གཟུགས་མེད་གྱུར་ཀྱང་གཞན་ཡིད་འཕྲོག་བྱེད་ལ།། 变为无形也能动人心，
གཏོང་བ་མེད་ཀྱང་རྣམ་མང་སྐྱེ་རྒུ་སྡུད།། 无施无舍也能集众士，
འོད་མེད་གྱུར་ཀྱང་ནང་གི་མུན་སེལ་བའི།། 无光也能除去心中暗，
སྨྲ་བ་བཟང་པོ་ངོ་མཚར་རྣམ་མང་ལྡན།། 善言良语成就诸奇迹。

166

མི་བདག་སྨྲ་ལ་མཁས་པ་འཇིག་རྟེན་ན།། 擅长言辞之君在人间，
ཉི་མ་ལས་ཀྱང་ཤིན་ཏུ་འོད་གསལ་ཞིང་།། 比起太阳更能显光芒，
སྐྱེ་རྒུའི་ཡིད་ཀྱི་མུན་པ་རྣམ་བསལ་ནས།། 如果解除众生心中暗，
དགའ་སྟོན་པདྨའི་ཚལ་ཆེན་རྒྱས་པར་བྱེད།། 能够开启莲苑般宴席。

རབ་ཏུ་བྱེད་པ་ལྔ་པ། འཁོར་གྱི་སྐྱེ་བོ་བརྟག་པ།

第五品　观察眷属篇

167

མི་ཡི་བདག་པོས་རང་གི་ཡུལ།། 作为治国安邦者，
བདེ་བར་བསྲུང་བར་བྱ་བའི་ཕྱིར།། 为了境安民幸福，
ཡ་རབས་ཚུལ་ལ་གནས་རྣམས་ལ།། 对于贤达高尚者，
ཇི་ལྟར་འོས་པའི་གོ་འཕང་སྦྱིན།། 应当授予合理位。

168

དམ་པ་དཔོན་དུ་བསྐོས་གྱུར་ན།། 若封贤良为高官，
རང་གི་འབངས་ལ་ལྷག་པར་བྱམས།། 更加慈爱其民众，
ཚུལ་དེས་རང་གི་ཆུས་སྲིད་བརྟན།། 如此也能稳国政，
མང་པོས་བཀུར་བའི་རྒྱལ་པོ་བཞིན།། 犹如古之众敬王。

169

མ་རབས་མཐོ་སར་བཞག་གྱུར་ན།། 若将劣者升高位，
རང་གི་རིས་ལ་ལྷག་པར་འཚེ།། 更加残害其民众，
ཐ་མ་རང་ཉིད་བརླག་འགྱུར་ཏེ།། 最终甚至毁自己，
པགས་པ་སྔོན་པོའི་ཝ་བཞིན་ནོ།། 如同蓝色狐狸般。

170

བློ་ཁོག་ཡངས་ཤིང་ཕྱི་མཐར་བལྟ།།
བླང་དོར་ཚུལ་བཞིན་དཔྱོད་ལ་མཁས།།
རང་འདོད་ཆུང་ཞིང་འབངས་ལ་སེམས།།
དེ་འདྲ་གང་ཡིན་བློན་པོར་འོས།།

心胸宽广有远见，
善察取舍明事理，
私欲甚小爱民众，
此人能够当宰相。

171

རིགས་བཟང་ངོ་ཚ་ཁྲེལ་ཡོད་ཀྱིས།།
ལུས་ཚུགས་སྲུང་ཞིང་ཆོས་ལ་དགར།།
ཡིད་མཐུན་ཡ་རབས་སྤྱོད་པ་ཅན།།
རྒྱལ་རིགས་རྣམས་ཀྱི་བཙུན་མོར་འོས།།

种姓高贵且知耻，
坚守贞洁爱佛法，
品行高尚又合意，
理应迎娶为王妃。

172

སྤྱོད་པ་བཟང་ཞིང་བསྒོ་བ་ཉན།།
འཆལ་གཏམ་སྲུང་ཞིང་རྗེ་ལ་བརྩེ།།
བདེན་པར་སྨྲ་བའི་སྐྱེ་བོ་རྣམས།།
ནང་མི་མདུན་ན་འདོན་ལ་དབང་།།

品行端庄听吩咐，
力戒闲言敬君主，
说话诚恳且守规，
可作身边之近侍。

173

བརྡ་སྤྲོད་གཞུང་ལ་མ་སྦྱོངས་ཤིང་།།	精通文法诸论典，
སྙན་ངག་ལ་སོགས་རིག་བྱེད་ཤེས།།	娴熟诗韵等学问，
ཡིག་གཟུགས་འབྲི་ལ་ལེགས་མཁས་པ།།	并且擅长书法者，
སྒྲུག་འཛིན་དྲུང་ཡིག་པ་རུ་བཤད།།	便可选作为秘书。

174

ལུགས་བཞིན་གཏོང་ལ་མི་འཇུངས་ཤིང་།།	既爱布施亦不吝，
ནོར་རྫས་དོན་མེད་ཆུད་མི་གཟན།།	也不浪费钱财物，
དུས་ལ་སྒྲིམ་ཞིང་བློ་ལྡན་པ།།	聪明伶俐有智慧，
མཛོད་འཛིན་ཕྱུག་ཚད་བྱ་བར་འཐད།།	应作财物掌管者。

175

ཁྲིམས་ལ་མཁས་ཤིང་ཕྱོགས་ལྷུང་མེད།།	精通法典不偏袒，
དྲང་ཞིང་བརྟག་དཔྱད་གཟོབ་པ་དང་།།	处事公正慎审察，
རྒྱུ་འབྲས་བླང་དོར་ཚུལ་བཞིན་སེམས།།	注重因果取舍理，
དེ་འདྲས་ཞལ་ལྕེ་བཅད་ན་ལེགས།།	可作法官断案件。

176

སྙིང་སྟོབས་ཆེ་ཞིང་ཞེ་གནག་ལ།། 气场宏大有胆略，
ཕ་རོལ་གནོན་པའི་སྒྱུ་ཐབས་ཤེས།། 精通降伏敌之术，
སེམས་བརྟན་འགྱུར་འགྱུར་མེད་པ་རྣམས།། 意志坚定不动摇，
དམག་དཔོན་དག་གི་གོ་སར་དབང་།། 最为合适当大将。

177

བློ་གྲོས་རྒྱ་ཆེ་བསམ་པ་དཀར།། 智慧广大心底善，
བསོད་ནམས་རྒྱས་ཤིང་རླུང་རྟ་དར།། 运气亨通福德广，
ལྷ་དང་སྲུང་མ་འཁོར་གྱུར་པ།། 获得本尊等加持，
གང་ཡིན་གྲོས་བྱེད་གྲོགས་སུ་འོས།། 可做共事之良友。

178

བསླབ་ལྡན་མང་ཐོས་རྣལ་འབྱོར་ཅན།། 具戒多闻瑜伽士，
ཆོས་ཀྱི་བྱ་བར་གཅིག་ཏུ་གཞོལ།། 专心致志行佛法，
ཁྲིམས་ཀྱི་ཞུ་སྐྱ་མི་བྱེད་པ།། 从不参政议国是，
དེ་འདྲ་ཡོངས་འཛིན་བླ་མར་བྱ།། 可以作为王者师。

179

རྒྱལ་པོའི་ཕོ་བྲང་དག་ཏུ་ནི། །
རྩིས་རིག་རྣམས་ལ་མཁས་པ་དང་། །
གསོ་དཔྱད་ཚུལ་བཞིན་ཤེས་པ་སོགས། །
གཙུག་ལག་མཁས་རྣམས་རྒྱུན་དུ་བཞག །

王宫需要各种人，
比如精通历算者，
以及医术精湛者，
总之通达论典者。

180

སྒོ་པ་དང་ནི་ཉུག་རུམ་པ། །
བང་མི་བྲན་དང་ལས་བྱེད་སོགས། །
སོ་སོའི་མཚན་ཉིད་ཇི་ལྟ་བུར། །
བཤད་པ་བཞིན་དུ་བཞག་པར་བྱ། །

门卫以及诸宦官，
信使仆人执事者，
依照各自之职能，
分配相应之职位。

181

གང་ན་རྒྱུ་འབྲས་མི་བསྙོལ་ཞིང་། །
སྐྱེ་ལ་སྙོམས་པའི་སེམས་ཡོད་པ། །
དེ་འདྲ་དཔོན་དུ་བསྐོས་གྱུར་ན། །
གྲོང་ངམ་གྲོང་ཁྱེར་དག་ཏུ་བདེ། །

严守因果不乱律，
待人富有平等心，
如此之人封为官，
大城小镇皆安宁。

182

འདི་དག་རྣམས་ལས་བཟློག་པ་ལ།། 如果违背上所述，
གང་བྱུང་གོ་ས་སྐྱེར་གྱུར་ན།། 任意封官赐地位，
སོ་སོའི་ལས་དོན་མི་འགྲུབ་ཅིང་།། 不仅不能办成事，
རྒྱལ་སྲིད་དམའ་བའི་རྒྱུ་རུ་འགྲོ།། 反成国政之灾难。

183

དེ་ཕྱིར་མི་བདག་མཁས་པ་ཡིས།། 因此若是贤明主，
ཡོན་ཏན་དག་གི་གོ་རིམ་བཞིན།། 依照能力之层次，
མི་ལ་གོ་འཕང་སོ་སོར་སྦྱིན།། 分别授予相应位，
སྐྱེས་དབང་གོ་ས་སྐྱེར་མི་བྱ།། 随意赐官是大忌。

184

ནད་ལ་གཏོང་བའི་སྨན་བཞིན་དུ།། 犹如对症再下药，
སོ་སོའི་རང་སྐལ་ཡོན་ཏན་གནད།། 明辨各自特长后，
ཇི་ལྟར་ཚང་བས་དོན་འགྲུབ་ཀྱི།། 委以重任办成事，
ཐམས་ཅད་འགྲུབ་པའི་མི་དེ་དཀོན།། 尽善尽美者稀有。

185

སྙིགས་མའི་དུས་ཀྱི་རྒྱལ་རིགས་རྣམས།།	浊世时代诸君主，
རང་བློ་གང་ལ་འཐད་པའི་མིས།།	跟随自己合意者，
ཅི་བྱེད་ཁ་ལོ་བསྒྱུར་ནས་སུ།།	所办之事团团转，
ཐ་མར་རང་གཞན་འགྱོད་པར་སྒྱུར།།	最终只有生悔心。

186

ས་སྐྱོང་བློ་དང་ལྡན་པ་རྣམས།།	具有智慧之国王，
རྟག་ཏུ་རང་དབང་ཡོད་བྱས་ནས།།	时常自己拿主意，
གཞན་ངོའི་དབང་དུ་མི་གཏང་ཡང་།།	虽然不买他人账，
གཞན་དག་མགུ་བར་བྱེད་ལ་མཁས།།	也能赢得他人喜。

187

ལུས་ཀྱི་རྒྱན་དང་བྲན་གྱི་ཚོགས།།	庄严衣饰及随员，
ཇི་ལྟར་འོས་པའི་གནས་སུ་བཞག །	恰当安排最为妙，
མངགས་པའི་ཕོ་ཉ་བཟོ་ཡི་སྤྱད།།	派遣信使用工具，
ཇི་ལྟར་འཚམས་པའི་ལས་ལ་སྦྱར།།	恰如其分最为妙。

188

མི་ཡི་བདག་པོའི་ལས་བྱེད་རྣམས།། 如果国王选官吏，
གང་ཡང་རུང་བས་མི་ཚོག་གི། 不可草率委重任，
ཟོ་ལས་གསེར་ལྟར་བཀྲབས་ནས་སུ།། 犹如沙中淘真金，
ཡོན་ཏན་ལྡན་པ་གཞག་པར་བྱ།། 具有功德方可用。

189

བརྒྱ་སྟོང་ནང་ནས་རེས་འགའ་ཙམ།། 成百上千人中间，
ཡོན་ཏན་ཆེ་ལྡན་འབྱུང་ན་ཡང་།། 只有少数功德者，
ཁྲོན་སྦལ་གྱིས་ནི་རྒྱ་མཚོ་བཞིན།། 犹如井蛙不见海，
མི་རྣམས་ཕལ་གྱིས་དེ་མི་ཤེས།། 常人难懂此道理。

190

བྱ་བའམ་སྐྱེས་བུའི་བཟང་ངན་ནི།། 好坏事及善恶人，
མངོན་དུ་གྱུར་ཚེ་སུས་ཀྱང་ཤེས།། 事后人人皆知晓，
ས་བོན་ལ་ནི་ནུས་པ་བཞིན།། 犹如种子之能量，
སྔ་ནས་ཤེས་ན་མཁས་པ་ཡིན།། 预先知晓显智慧。

191

ཅང་ཤེས་རྟ་དང་སྐྱེས་བུ་མཆོག །
ཕལ་བའི་ཚུལ་དང་སྦྱར་མི་རུང་། །
སྐྱེ་བོ་ངན་དང་སྲིན་མོའི་གཟུགས། །
ཡ་མཚན་གནས་སུ་འཛིན་མི་རུང་། །

千里马及殊胜士，
不宜视为普通者，
阴险恶人再漂亮，
不宜视为稀有者。

192

བློ་ལྡན་གཙུག་ལག་ཤེས་པ་དང་། །
བསོད་ནམས་ཆེ་ཞིང་ཡ་རབས་རྣམས། །
ཡུལ་གྱི་རྒྱན་དུ་གྱུར་པས་ན། །
དེ་ལ་རྒྱལ་པོ་དགའ་བར་བྱ། །

具有智慧通经论，
福德广大品行高，
成就国家之栋梁，
国王爱惜此类臣。

193

ཡ་རབས་ཡོན་ཏན་ཅན་ལ་དགའ། །
མ་རབས་རྐུ་ཁྲམ་རྫོན་པར་དགའ། །
ཆགས་ཅན་སྨད་འཚོང་མ་ལ་དགའ། །
འཇུངས་པ་ཟས་དང་ནོར་ལ་དགའ། །

贤者喜欢有德者，
恶人喜欢盗诈者，
色鬼喜欢淫荡者，
贪者喜欢敛财食。

194

སྙིགས་མའི་དུས་ཀྱི་རྒྱལ་རིགས་ཕལ། ।	浊世时代诸庸王，
བཟང་པོ་བྱེད་ལ་རྗེས་འཛིན་མེད། ।	不会关照行善者，
ངན་བྱེད་ཚར་གཅོད་མེད་གྱུར་ཚེ། ।	亦不惩罚作恶者，
བཟང་པོ་རྣམས་ཀྱང་ཡི་ཆད་འགྱུར། ।	善良贤士皆失望。

195

གང་ན་མི་བདག་བཟང་པོ་ཡིས། ।	所有贤明诸国王，
བཟང་བྱེད་རྣམས་ལ་ཐུགས་བརྩེ་ན། ।	如果慈爱行善者，
བཟང་པོའི་ཕྱོགས་རྣམས་སྤྲོ་འགྱུར་ཞིང་། ।	善良贤士起欢喜，
ངན་པ་འང་བཟང་པོའི་ཕྱོགས་སུ་གཞོལ། ।	作恶之人亦变善。

196

གང་ན་མི་བདག་ངན་པ་ཡིས། ।	所有昏庸诸国王，
ངན་པ་རྣམས་ལ་རྗེས་བརྩེ་ན། ।	如果偏爱作恶者，
ངན་པའི་ཕྱོགས་རྣམས་སྤྲོ་འགྱུར་ཞིང་། ।	恶劣鼠辈起欢喜，
བཟང་པོའང་ངན་པའི་ཕྱོགས་སུ་གཞོལ། ।	善良之人亦变恶。

197

ལས་ཀྱི་དབང་གིས་རྒྱལ་པོས་གཞན།།
བརྩེ་བའི་གནས་སུ་གྱུར་ན་ཡང་།།
ཇི་ལྟར་འོས་པར་དགའ་བྱ་ཡི།།
མི་འོས་དབང་གཏད་ཅི་ལ་བྱ།།

缘于业力使国王，
纵然偏爱某些人，
应以理性爱他人，
不宜非理授权力。

198

ནང་མི་འཁོར་གྱི་སྐྱེ་བོ་ཡིས།།
མི་རིགས་བྱ་བ་བྱེད་ན་ཡང་།།
ཤིན་ཏུ་ཚར་གཅོད་མི་བྱ་སྟེ།།
འཇམ་པོའི་ཐབས་ཀྱིས་རྒྱང་དུ་འདོར།།

如果内部近眷属，
尽管做出非理事，
不宜当即严惩处，
缓和之计驱远处。

199

ཉེ་བའི་འཁོར་དུ་གྱུར་རྣམས་ལ།།
རྒྱུ་མཚན་ཆུང་ངུས་ཁྲོ་མི་བྱ།།
འཁོར་རྣམས་བུ་བཞིན་ལེགས་བསྐྱངས་ན།།
ཀུན་གྱིས་རྒྱལ་པོ་ཕ་བཞིན་སེམས།།

对于诸位亲眷属，
勿因小事动大怒，
如果爱民如爱子，
民众也应视如父。

200

བློན་དང་ལས་བྱེད་མི་རྣམས་ལ། །
རྟག་ཏུ་བརྩེ་བས་བསྐྱང་བྱ་སྟེ། །
གང་ཕྱིར་རྒྱལ་པོའི་བདེ་སྡུག་ནི། །
འཁོར་གྱི་སྐྱེ་བོའི་ལག་ན་གནས། །

对于大臣及官吏，
理当以慈来呵护，
因为国王苦与乐，
都是依靠众眷属。

201

ལས་བྱེད་རྣམས་ལ་ཅི་འོས་པའི། །
ཟ་ཐང་དང་ནི་ལེགས་པའི་ལས། །
བསྒྲུབས་པའི་དགའ་སྟོན་གནང་སྦྱིན་རྣམས། །
རྒྱལ་པོས་དགག་པར་མི་བྱའོ། །

对于所有臣和吏，
应得合理之薪资，
以及承办善事宴，
国王不宜多干涉。

202

ལེགས་བྱས་བརྗེད་པར་མི་བྱ་བར། །
དྲིན་དུ་གཟོ་ཞིང་བསྔགས་པ་བརྗོད། །
འཁོར་ལ་བྱམས་པས་སྙོམས་ཁྱབ་ན། །
འཁོར་རྣམས་འདུ་ཞིང་དོན་ཀུན་འགྲུབ། །

不可忘记诸恩德，
感恩图报常赞美，
如果平等待眷属，
眷属云集成诸事。

203

འཁོར་རྣམས་ཀྱིས་ཀྱང་རྒྱལ་པོ་ལ།། 所有眷属亦理当，
བུ་གཅིག་བཞིན་དུ་བརྩེ་བྱ་སྟེ།། 爱戴国王如独子，
འཁོར་གྱི་ཆེ་བ་གང་ཐོབ་པ།། 眷属所获之幸福，
རྒྱལ་པོ་ཉིད་ཀྱི་དཔལ་ལས་བྱུང་།། 究竟源泉是君德。

204

རྒྱལ་རིགས་མི་སྡུག་གྱུར་ན་ཡང་།། 尽管王族出暴君，
འཁོར་གྱིས་རྒྱལ་པོ་ཇི་ནུས་བསྲུང་།། 眷属理应尽力护，
མིག་ལ་ནད་ནི་བྱུང་གྱུར་ཀྱང་།། 犹如眼中出疾病，
བཅོས་པར་བྱ་ཡི་འབྱིན་མི་རིགས།། 理应治疗不剜眼。

205

བློན་དང་ཞལ་ལྕེ་གཅོད་རྣམས་ཀྱིས།། 所有大臣及法官，
ལེགས་ཉེས་ཚུལ་བཞིན་ཧྲིང་གཅོད་བྱ།། 应以法理辨善恶，
གཉེན་གྱི་ངོ་དང་གསུག་འབུལ་ལ།། 如果讲情受贿赂，
ཕྱུ་ན་རྒྱལ་ཁམས་བརླག་པར་འགྱུར།། 最终国家遭灾难。

206

རྒྱལ་པོའི་ཆུས་ལ་མི་ལྟ་བའི། །	不顾国王决策者，
རང་འདོད་ཆེ་དེ་བློན་ཡིན་ན། །	牟私利者为重臣，
རྐུ་དང་རྔོན་པ་སྨད་འཚོང་མ། །	盗贼猎人和娼妓，
བློན་གྱི་གོ་སར་ཅིས་མི་དབང་། །	岂不成为官和吏。

207

རང་འདོད་མེད་པར་རྒྱལ་ཁམས་ལ། །	不牟私利报效国，
ལྟ་ཞིང་སྙོམས་པ་བློན་པོ་ཡིན། །	平等待人为良臣，
རྒྱལ་ཁམས་བདེ་བའི་ཐབས་བྱས་ན། །	如果尽力于国安，
རང་དོན་ཕུན་ཚོགས་ཞར་ལ་འབྱུང་། །	私利自然会圆满。

208

གང་ན་ཚུལ་དང་མཐུན་པ་ཡི། །	如理如法办事臣，
བློན་པོ་རིན་ཆེན་གཅིག་ཡོད་ཀྱང་། །	尽管只有一个人，
རྒྱལ་པོའི་ཆུས་ལ་ཕན་པས་ན། །	若能成就国王政，
རྒྱལ་ཁམས་དེ་ན་དེ་ཉིད་བཙུན། །	国中其位很显耀。

209

མི་ལ་བཟང་ངན་སྣ་ཚོགས་ཀྱི། ।	形形色色善恶人，
སྐྱོན་ཡོན་ཁོང་ན་གནས་གྱུར་པ། ।	优劣秉性藏腹中，
ཁ་ནས་བཤད་པ་ཅི་འདྲ་ཡང་། ।	而且言谈不存异，
ལག་གི་བྱ་བས་ངེས་པར་རྟོགས། ।	故必详察所做事。

210

དེ་ཕྱིར་རྒྱལ་པོ་རྒྱལ་རིགས་ཀྱི། ।	因此国王在王族，
ལས་བྱེད་བློན་དུ་འོས་མི་འོས། ।	所任大臣适与否，
ཡོངས་སུ་བརྟགས་ནས་འབྱེད་བྱ་ཡི། ।	全面观察后定夺，
གང་བྱུང་བྱས་ན་རྒྱལ་སྲིད་དམའ། ।	草率任命毁国政。

211

དེ་ལྟར་ཤེས་ནས་རྒྱལ་པོ་ཡིས། ।	懂得上述道理后，
བཟང་པོ་རྣམས་ལ་དབང་གཏད་ཅིང་། ।	国王授权于贤士，
ངན་པ་རྣམས་ལ་དབང་མི་བསྐུར། ।	不为恶者授权力，
རྒྱལ་ཁམས་བདེ་འདོད་དེ་ལྟར་བྱ། ।	国政安稳必如此。

212

རྒྱལ་པོ་རབ་ཏུ་གྱུར་པ་རྣམས།།
ཆོས་ལ་སེམས་པ་གཙོ་བོར་བྱེད།།
རྒྱལ་ཁམས་བདེ་བའི་ཐབས་ལ་བརྩོན།།
དེ་ཡིས་རྒྱལ་སྲིད་ཡར་ཟླ་བཞིན།།

向来诸位贤明王，
均会虔诚行佛法，
且行治国安邦策，
其政如同上弦月。

213

རྒྱལ་པོ་འབྲིང་དུ་གྱུར་པ་རྣམས།།
མངའ་ཐང་རྒྱས་པའི་ཐབས་ལ་སེམས།།
རང་གི་སྡེ་རིས་ལེགས་པར་སྐྱོང་།།
དེ་ཡིས་རྒྱལ་སྲིད་ཡུན་དུ་བརྟན།།

所有中等诸国王，
特别重视兴国势，
善护自己近眷民，
依此国政能稳固。

214

རྒྱལ་པོ་ཐ་མར་གྱུར་པ་རྣམས།།
འབངས་ལ་མི་སེམས་ནོར་ལ་སེམས།།
རྩ་བ་ཉམས་པའི་ཤིང་བཞིན་དུ།།
དེ་ཡིས་རྒྱལ་སྲིད་མྱུར་དུ་འཛིག།

所有昏庸诸国王，
不思民利敛钱财，
犹如大树烂根基，
如此国政迅速灭。

215

འབངས་ལ་ཆད་པས་མནར་བ་ཡི། ། 利用暴力处罚之，
ནོར་གྱིས་རྒྱལ་པོ་བརྫན་བྱས་པས། ། 所获钱财供国王，
མི་བདག་ངན་པ་མགུ་འགྱུར་ཏེ། ། 昏庸国王起欢喜，
ཀྱེ་མ་སྙིགས་མའི་བློ་གྲོས་མཚར། ། 浊世见识如此浅。

216

མི་ལ་ཆོས་ནི་གཙོ་བོ་སྟེ། ། 人类极需弘扬法，
ཆོས་ཀྱིས་འདི་ཕྱི་ཀུན་ཏུ་ཕན། ། 佛法利益现后世，
དེ་འོག་མངའ་ཐང་སྙན་གྲགས་གཙོ། ། 其次权势荣誉重，
དེ་ཡིས་ཚེ་འདིར་དཔལ་དང་ལྡན། ། 如此今生享安乐。

217

དེ་གཉིས་གཙོ་བོར་མི་བྱེད་པར། ། 不肯重视佛与誉，
ནོར་ལ་བལྟས་ནས་ཁྲིམས་འཁྲུགས་པ། ། 贪图财富乱法者，
སྐྱེ་རྒུའི་དབང་པོར་མི་འོས་པས། ། 不仅不宜任国王，
ཆེན་པོའི་གོ་སར་མི་དབང་ངོ་། ། 也不宜授予高位。

218

དེ་སྲིད་རྒྱལ་པོའམ་བློན་པོའམ།།	无论国王或大臣，
གྲོང་གི་རྗེ་བོ་ཡིན་ཀྱང་རུང་།།	或为地方之土官，
འོས་ཤིང་དབང་བའི་ནོར་སྣང་གི།	只应接受合理财，
གནས་མིན་ནོར་ལ་བསམ་མི་བྱ།།	不义之财不可图。

219

མི་ལས་ཆེ་བའི་གོ་ས་ནི།།	人类显赫之高位，
རིན་ཆེན་གསེར་གྱིས་ཉོས་ནའང་དཀོན།།	就是黄金也难买，
ཆེན་པོའི་གོ་སར་བཞག་པ་གང་།།	获得显赫高位者，
དེ་ཉིད་རྒྱལ་པོའི་བདག་རྐྱེན་ཡིན།།	都是国王所恩赐。

220

བཀྲེན་པ་རྣམས་ལ་ཟས་གཙོ་སྟེ།།	对于饥者重食物，
འབྱོར་ལྡན་རྣམས་ལ་རིན་ཆེན་གཙོ།།	对于富者重宝物，
ཡ་རབས་རྣམས་ལ་གོ་འཕང་གཙོ།།	对于贤士重品位，
དེ་ཕྱིར་གོ་ས་དེ་སྲུང་གི།	各自维护己喜好。

221

གོ་ས་ཐོབ་ནས་ཕ་རོལ་ལ། །	获得巨大权位后，
ཇི་ལྟར་ཕན་པར་འགྱུར་སྙམ་དུ། །	就要思维利他业，
སྦྱིན་པའི་བསམ་པ་བསྐྱེད་བྱ་ཡི། །	理应生起布施心，
འཕྲོག་པའི་བསམ་པ་བསྐྱེད་མི་བྱ། །	切记萌生掠夺意。

222

གོ་འཕང་མཐོན་པོར་གནས་རྣམས་ཀྱིས། །	所有身处高位者，
ཕ་རོལ་ཚུལ་བཞིན་བསྐྱངས་བྱས་ན། །	如果以理护他人，
ཟས་ནོར་མ་བསྡུས་ངང་གིས་འདུ། །	不敛财富自然来，
ནོར་མེད་གྱུར་ནའང་གོ་འཕང་བརྟན། །	即便无财位亦稳。

223

དེས་ན་ཆེན་པོའི་གོ་ས་ལ། །	因此位高权重者，
གནས་པ་རྣམས་ཀྱིས་ཚུལ་བཞིན་དུ། །	理应依据诸理法，
རྒྱལ་པོའི་ཆུས་དང་རྒྱལ་ཁམས་ལ། །	全心全意为国政，
ཕན་པ་འབའ་ཞིག་བསམ་པར་བྱ། །	尽心尽力做贡献。

224

ལུགས་བཞིན་བྱེད་པའི་ས་སྐྱོང་ལ། །
དེ་ཡི་ཉེ་དུའི་ཚོགས་རྣམས་ཀྱིས། །
སྣ་ཚོགས་བསམ་པའི་ཕྱོགས་བཟུང་བའི། །
གནས་མིན་ངོ་ཆེན་ཞུ་མི་བྱ། །

如理如法治国者，
所属所有众臣民，
若有各种是非心，
非理说情属忌讳。

225

གལ་ཏེ་ཕ་མའམ་བླ་མས་ཀྱང་། །
མི་འོས་པ་ཡི་ཞུ་སྐྱོར་ན། །
རྒྱལ་པོས་དེ་ལ་གནད་བགྲོལ་ཏེ། །
ཁྲིམས་འགལ་བྱ་བ་སྐབས་མི་དབྱེ། །

即使上师或父母，
提出违法之要求，
国王应该明利害，
不为违法开先例。

226

ཁྲིམས་དང་ལུགས་ལས་མི་འགལ་བའི། །
ཕན་པ་གང་དང་ཅི་ཡིས་ཀྱང་། །
གཉེན་དང་འཁོར་གྱི་སྐྱེ་བོ་ཡི། །
བསམ་པ་ཡོངས་སུ་རྫོགས་པར་བྱ། །

如果合法合理地，
所办利益他者事，
能够满足臣民及，
眷属等的所有愿。

227

རྒྱལ་པོའི་གྲོས་སུ་གཏོགས་རྣམས་ཀྱིས། །	参与国是协商者，
རང་འདོད་ཕྱོགས་ཞེན་མི་སྨྲ་བར། །	偏袒私利是忌讳，
བཟང་ངན་བླང་དོར་བྱ་བའི་གནད། །	若能如理做取舍，
གང་ཤེས་ཚུལ་བཞིན་ཞུ་བར་བྱ། །	直言不讳献计策。

228

རྒྱལ་པོས་བླ་མར་བཟུང་རྣམས་ཀྱིས། །	若被尊奉为国师，
རྒྱལ་པོ་དེ་ཉིད་ཚེ་འདི་དང་། །	不仅思其今世事，
ཁྱད་པར་འཇིག་རྟེན་གཞན་དག་ཏུ། །	还为王者之来世，
བདེ་བའི་ཐབས་ལ་ཡང་དག་བསམ། །	预求安乐之方法。

229

ཆོས་མིན་བྱས་ན་མི་རིགས་ཞེས། །	国王若有非法行，
རྒྱལ་པོ་ལ་ནི་བཞེན་བསྐུལ་གདབ། །	理应告知其弊端，
ཆོས་དང་མཐུན་པའི་བྱ་བ་ལ། །	如果合理又合法，
ཇི་ལྟར་ནུས་པར་དགོད་པར་བྱ། །	竭尽全力去完成。

230

སྲོག་ལ་བབ་པའི་ཆད་ལས་སོགས། །
ལུགས་དང་མི་འགལ་འགའ་ཞིག་ལས། །
འཇིག་རྟེན་ཁྲིམས་ཀྱི་བྱ་བ་ལ། །
ངོ་ཚེན་བླ་མས་གསུང་མི་བྱ། །

除非判处死刑等，
极少特殊惩罚外，
一般世俗执法事，
上师不宜托他情。

231

བླ་མ་ཤིན་ཏུ་གཉན་པའི་ཕྱིར། །
བཀའ་ལས་བཟློག་པར་མི་རིགས་པས། །
ཞུ་བ་མང་ན་རྒྱལ་པོས་ཀྱང་། །
བགྱི་བར་དཀའ་བ་དག་ཏུ་འགྱུར། །

因为上师很严厉，
不宜违背其教言，
如果多次提要求，
即使国王也为难。

232

དེ་ཕྱིར་བླ་མས་རྒྱལ་པོ་བསྲུང་། །
རྒྱལ་པོས་བླ་མ་བསྲུངས་བགྱིས་ན། །
ཚེ་འདིར་ཐུགས་མཐུན་བཀྲ་ཤིས་ལ། །
ཕྱི་མའི་དུས་ན་བདེ་བར་འགྱུར། །

因此上师护国王，
国王亦能敬上师，
今世和睦现吉祥，
来世也能享安乐。

233

གང་ལ་རྒྱལ་པོ་ཐུགས་བརྩེ་བ། །	国王慈爱任何人，
དེ་ཡིས་རྒྱལ་པོ་དེ་ཉིད་ལ། །	必然赢得该人敬，
གང་ཕན་འབའ་ཞིག་བསྒྲུབ་བྱ་སྟེ། །	如果促成他人愿，
བདག་ལ་ཐུགས་ནི་བརྩེའོ་ཞེས། །	皆言获自王之恩。

234

རང་དོན་སྣ་ཚོགས་ཞུ་སྒྲོར་གྱིས། །	如果有人以私利，
རྒྱལ་པོ་གནས་མིན་སྒྲོར་བྱེད་པ། །	招致国王行非理，
དེ་འདྲ་ཁྲེལ་མེད་ཡིན་པའི་ཕྱིར། །	必定属于无耻者，
རྒྱལ་པོས་ཤེས་ནས་དོར་བར་བྱ། །	国王明断后舍弃。

235

འཁོར་དང་བཅས་ཏེ་རྒྱུད་དག་པ། །	国王诸臣及眷属，
བཟང་པོའི་གསེར་དང་མཚུངས་རྣམས་ཀྱིས། །	若是纯金般优种，
སྐྱེ་རྒུ་སྐྱོང་བའི་ཐབས་བསྟན་པའི། །	应为保护众生利，
ལུགས་ཀྱི་བསྟན་བཅོས་བརྟག་པར་བྱ། །	勤修佛教法规论。

236

དེ་ལྟར་རྒྱལ་རིགས་བསོད་ནམས་ལྡན་པ་ཡིས། ।	如果王为福德俱全者，
བློ་གྲོས་སྟོབས་ཀྱིས་སྐྱེ་བོ་ལེགས་བརྟགས་ནས། ।	通过智慧明察诸眷属，
ཡོན་ཏན་ལྡན་པའི་འཁོར་གྱིས་ལེགས་མཛེས་པ། ।	具有具德眷属之维护，
སྣ་ལའི་ཤིང་ཆེན་བཞིན་དུ་མངོན་པར་མཐོ། ।	如同芸香树般高耸立。

237

འཁོར་བཟང་དག་དང་ངེས་པར་ལྡན་གྱུར་ན། ।	如果拥有贤良之眷属，
དམན་པའི་མི་ཡང་རྒྱལ་རིགས་ཆེ་དང་མཉམ། ।	尽管卑微也能胜重任，
རྒྱལ་པོ་བཟང་ཞིང་འཁོར་ཡང་བཟང་གྱུར་ན། ।	如果国王眷属皆善慧，
ཡངས་པའི་ས་ཆེན་དཔུང་བས་འཛིན་པར་ནུས། ।	既能护国也能利民众。

238

རྒྱལ་པོ་གཅིག་པུས་ས་རྣམས་མཐའ་དག་གི ।	仅仅依靠国王一个人，
སྐྱེ་རྒུའི་ལེགས་ཉེས་གཏན་ལ་དབབ་པར་དཀའ། ।	很难断定国内之是非，
འཁོར་ཚོགས་བཟང་པོ་འཁོར་དུ་བསྡུས་བྱས་ན། ।	若招贤臣良将为眷属，
འཁོར་གྱི་དཀྱིལ་འཁོར་ཀུན་ཏུ་དགེ་བར་འགྱུར། ।	则以君臣之德呈吉祥。

239

མི་ཡི་བདག་པོས་འཁོར་རྣམས་ལེགས་བསྐྱང་ཞིང་། ། 国王善于护持其民众，
འཁོར་གྱི་སྐྱེ་རྒུས་རྗེ་ལ་མངོན་མཆོད་པ། ། 民众也会拥戴其国王，
དེ་དང་ལྷན་ཅིག་བདེ་དང་སྐྱིད་པ་ཡིས། ། 与此同时能使全国家，
རྒྱལ་ཁམས་ཕྱུར་བུར་གང་བ་བཞིན་དུ་འགྱུར། ། 充满吉祥幸福和安乐。

རབ་ཏུ་བྱེད་པ་དྲུག་པ། བདེན་སྨྲ་ལུང་བསྟན་པའི་མདོ་ལས་གསུངས་པ་རྒྱལ་པོའི་ཚུལ་གྱི་ལེའུའི་དོན་བཤད་པ།

第六品　阐释出自《真言授记经》之《王侯美德论》

240

ཐབས་ཀྱི་རྣམ་འཕྲུལ་བསྟན་པའི་མདོར། །	《方便幻化经》中说，
བྱང་སེམས་བདག་ཉིད་ཆེན་པོ་གང་། །	主尊菩提薄伽梵，
མུ་སྟེགས་འདུལ་བའི་གཟུགས་བཟུང་བ། །	现身降伏外道相，
བདེན་པར་སྨྲ་བའི་སྐྱེས་བུ་ལ། །	同是明示真谛者。
མི་བདག་གཏུམ་པོ་རབ་སྣང་གིས། །	犹如古代猛光王，
རྒྱལ་པོ་རྣམས་ཀྱིས་སྐྱེ་རྒུ་ནི། །	曾向佛陀求法时，
ཇི་ལྟར་བསྐྱང་བར་བྱ་ཞེས་སུ། །	提出如何护臣民，
དྲིས་ཤིང་བསྟན་པའི་དོན་རྣམས་ནི། །	所问所示成典籍，
གསལ་བར་འདི་རུ་བརྗོད་བྱ་ན། །	在此为其做明示，
མི་བདག་རྣམས་ཀྱིས་གུས་པས་ཉོན། །	国王等应恭听之。

241

སྐྱེ་རྒུ་ཞེས་ནི་བྱ་བ་ཡང་། །	所有称作众生者，
ཕུང་པོ་ལྔ་སྤེ་འདི་ལ་གཉིས། །	五蕴所聚可分二，
སྐྱེ་བ་བཞིས་བསྡུས་སེམས་ཅན་དང་། །	四生所摄诸有情，
འབྱུང་ལྔས་བསྡུས་པ་སྣོད་ཀྱི་ཁམས། །	五大所摄器世界。

242

སྐྱོང་ཚུལ་རང་རང་ལས་དང་ནི།།
སྐྱེ་རྒྱུའི་བདག་པོས་སྐྱོང་བ་གཉིས།།
དང་པོ་སྒྲ་མི་སྙན་པ་དང་།།
བསྐལ་པ་དང་པོའི་མི་རྣམས་བཞིན།།

护持众生有二法，
通过业力得护持，
初如俱卢洲众生，
以及初劫之人类。

243

ལོངས་སྤྱོད་དག་གིས་མི་ཕོངས་ལ།།
ཕན་ཚུན་འཚེ་དང་རྩོད་པ་མེད།།
གཞན་ཡང་བསྐལ་བཟང་དུས་ཀྱི་མི།།
ཕ་མ་བཀུར་ཞིང་དགེ་ཆོས་སྤྱོད།།
རྒྱལ་པོར་གདགས་པ་མེད་ན་ཡང་།།
རང་རང་ལས་ཀྱིས་བདེ་བར་སྐྱོང་།།

财富具足无贫穷，
相互无害无争斗，
贤劫时代人类行，
孝敬父母行善法，
虽未出现诸国王，
依靠自己享安乐。

244

གཉིས་པ་དེ་རྣམས་མ་གཏོགས་གཞན།།	除此两种护持外，
སྐྱོང་ལ་སྐྱེ་རྒུའི་བདག་ཅེས་བྱ།།	称为众生护持者，
འདི་ལ་འཁོར་ལོས་སྒྱུར་བ་དང་།།	又可分为转轮王，
རྒྱལ་པོ་ཆེ་དང་ཁམས་ཀྱི་རྒྱལ།།	大国王及诸侯等，
རྒྱལ་ཕྲན་བཞི་ལས་འཁོར་སྒྱུར་ནི།།	比起四小转轮王，
ཚེ་ལོ་བརྒྱད་ཁྲི་ཡན་ཆད་འབྱུང་།།	人寿八万时出现。
མི་བདག་གསེར་གྱི་འཁོར་ལོ་ཅན།།	其中主尊金轮王，
ཀུན་གྱི་སྤྱི་ནས་དབང་བསྐུར་བ།།	灌顶赐予诸众生，
མཐའ་འམ་གླིང་བཞི་ལས་རྒྱལ་ཞིང་།།	降伏周边四大洲，
དགེ་བཅུའི་ཆོས་ཀྱི་ལམ་ལ་ནི།།	治国秉持十善法，
རང་ཉིད་གནས་ཕྱིར་ཆོས་དང་ལྡན།།	永固江山行正法，
གཞན་ཡང་དེར་འགོད་ཆོས་ཀྱི་རྒྱལ།།	亦引他王成善王。

245

ཕྱོགས་ལས་རྒྱལ་བྱེད་འཁོར་ལོ་དང་།།	能降诸方之轮宝，
བཞོན་མཆོག་ངོ་མཚར་གླང་པོ་ཆེ།།	殊胜坐骑白象宝，
རྩེ་དགའི་མཆོག་གྱུར་བཙུན་མོ་དང་།།	殊胜嬉乐嫔妃宝，
སྣང་བྱེད་ཡོ་བྱད་མཆོག་ནོར་བུ།།	照明妙具胜珠宝，
ལོངས་སྤྱོད་མཆོག་ལྡན་ཁྱིམ་བདག་དང་།།	资财富足施主宝，
དཔའ་མཛངས་བདེ་བྱེད་བློན་པོ་མཆོག།	智勇双全大臣宝，
ཤུལ་ལམ་བདེར་བགྲོད་རྟ་མཆོག་སྟེ།།	顺利行程骏马宝，
རིན་ཆེན་སྣ་བདུན་དག་དང་ལྡན།།	具备以上七种宝。

246

ས་རྣམས་མཐའ་དག་ཀུན་ནས་སུ།།	世间所有土和地，
རང་གི་རིས་སུ་ཕབ་འགྱུར་ཏེ།།	将入本国图册时，
ཇི་ལྟར་ཞེ་ན་ཕྱིར་རྒོལ་བས།།	如果出现反驳者，
གནོད་མེད་སྨོ་བ་མེད་པར་ནི།།	无害亦不经反省，
ནན་གྱིས་བགྱི་བས་འཚེ་བ་མེད།།	提出要求无害处。
མཚོན་གྱིས་འཚེ་དང་ཆད་པ་ཡིས།།	如果无兵亦无罚，
མནར་བ་དག་ནི་མེད་བཞིན་དུ།།	不会造成有害事，
མི་རིགས་གསུམ་སྤང་ཆོས་མཐུན་གྱིས།།	消除三非依法治，
ཕྱོགས་སུ་མ་ལྷུང་སྙོམས་པས་སོ།།	应不偏袒平等护。

247

གང་ཞིག་གླིང་བཞིར་གནས་པ་ཡི། །　所有居于四大洲，
རྒྱལ་པོ་རྒྱལ་ཕྲན་ཇི་སྙེད་པས། །　不论大国及诸侯，
འཁོར་ལོས་སྒྱུར་བའི་རྒྱལ་པོ་དེར། །　均向转轮王禀报，
བདག་གནས་འབྱོར་པ་དང་ལྡན་པ། །　我国所有之财富，
སྐྱེ་བོའི་ཚོགས་ཀྱིས་གང་བ་འདི། །　加之成千上万众，
བཞེས་ལ་བདག་ཅག་སྐྱོང་མཛོད་དང་། །　予以接纳及护持，
བདག་ཅག་ལྷ་ཉིད་ཞབས་འབྲིང་དུ། །　我等不仅随您行，
མཆི་བར་འཚལ་ཞེས་འདུད་པར་བྱེད། །　忠心耿耿作顶礼。

248

འཁོར་སྒྱུར་དེ་ཡིས་དེ་ཀུན་ལ། །　转轮之王亦告众，
རང་རང་མངའ་རིས་གཏོགས་པ་རྣམས། །　各自守护自国统，
ཆོས་དང་མཐུན་སྐྱོང་མི་མཐུན་མིན། །　依法治国禁非法，
ཆོས་མིན་སྤྱོད་ལ་མ་དགའ་བར། །　切勿随意非法行，
འཁོར་ཀུན་སྙོམས་པར་སྐྱོང་གྱིས་དང་། །　平等护持众臣民，
ཁྱོད་ཀྱང་བདག་གི་ཞབས་འབྲིང་དུ། །　我将开恩汝等人，
འགྱུར་ཞེས་གནང་བ་སྦྱིན་པར་བྱེད། །　可以列为吾随从。

249

དེ་ལས་གཞན་པའི་རྒྱལ་པོ་རྣམས།།	除此之外诸国王，
རང་གི་རིགས་ལ་དབང་བའམ།།	自有继承种姓权，
བསོད་ནམས་སྟོབས་ཀྱིས་གང་ཐོབ་པའི།།	或因福德获王位，
མངའ་ཡུལ་དེ་ལ་དབང་སྒྱུར་རོ།།	成为彼域统治者。

250

རྒྱལ་པོ་རྣམས་ནི་ཅི་ཞིག་ལ།།	为何地域诸侯王，
གནས་ནས་སྐྱེ་རྒུ་སྐྱོང་ཞེ་ན།།	称作众生护持者，
འཁོར་ལོས་སྒྱུར་བ་མ་གཏོགས་གཞན།།	殊胜转轮王之外，
བསྟན་བཅོས་ལ་ནི་གནས་ནས་སུ།།	所以依据佛典者，
སྐྱེ་རྒུ་སྐྱོང་བར་བྱེད་པ་སྟེ།།	可为地域护持者，
ཅི་ཡི་ཕྱིར་ན་འཇིག་རྟེན་དུ།།	如果提起究竟故，
འཁོར་ལོས་སྒྱུར་བ་བྱུང་བའི་ཚེ།།	自从出现转轮王，
མི་རིགས་པ་གསུམ་མེད་ཕྱིར་རོ།།	世间消除三种非。

251

མི་རིགས་གསུམ་ཞེས་གང་ཞེ་ན།།	何谓三种非理性，
མི་དགེ་བཅུ་ལ་མངོན་དགའ་བ།།	极其喜欢十恶业，
ཆོས་མིན་གྱི་ནི་ཆགས་པ་ཡིན།།	非法行为因贪心，
རང་གི་འབྱོར་པས་ཆོག་མི་ཤེས།།	独谋私财不知足，
མི་རིགས་པ་ཡི་འདོད་ཆེན་ཉིད།།	毫无理性的贪欲，

ལོག་པའི་བསྟན་བཅོས་ལ་བསྟེན་པ།།	信仰邪恶之典籍，
ལོག་པའི་ཆོས་ཀྱིས་འཁོར་བ་ཞེས།།	均为非理行邪法，
དེ་ལྟར་དེ་གསུམ་སྤྱོད་པ་ཡི།།	如是信奉三非者，
སེམས་ཅན་དེ་དུས་མ་མཆིས་པས།།	该时还无此众生，
དེ་ཀུན་འཁོར་ལོས་སྒྱུར་བ་དེའི།།	因为该时转轮王，
རང་གི་ཆོས་ཀྱི་ཆེ་བས་ནི།།	通常自身依佛故，
རྒྱལ་པོའི་སེམས་དང་བཀའ་ལས་ནི།།	其民以及眷属中，
འདའ་བ་སུ་ཡང་མི་འབྱུང་ལ།།	不曾有违其法者，
རྒྱལ་པོའི་བྱ་བར་ཚེགས་མེད་པར།།	因此轮王无须勤，
ཀུན་ཀྱང་མཐུན་པར་གནས་པའི་ཕྱིར།།	也能满足众人愿，
བསྟན་བཅོས་དག་ལ་མི་ལྟོས་སོ།།	由此不需阅典籍。

252

གང་ཚེ་ཆོས་མིན་ཆགས་པ་སོགས།།	如果非法贪欲等，
སེམས་ཅན་རྣམས་ལ་ལྡན་པའི་ཚེ།།	所有众生皆持有，
རྒྱལ་པོ་རྣམས་ཀྱི་སེམས་ལ་ནི།།	将其嵌入王者心，
བཞག་ཅིང་ཕན་པར་བྱ་བའི་སླད།།	并为萌生利他愿，
ཐུགས་བརྩེ་མཁྱེན་པར་ལྡན་པ་ཡི།།	具有智悲兼具之，
དྲང་སྲོང་ཆེན་པོ་རྣམས་ཀྱིས་ནི།།	知行合一修法者，
ལུགས་དང་ལུགས་མིན་ཤེས་པའི་ཕྱིར།།	为利辨别是与非，
རྒྱལ་པོའི་ལུགས་ཀྱི་བསྟན་བཅོས་བྱེད།།	著作《王侯美德论》。

253

སྐྱེ་རྒྱུ་སྐྱོང་བར་བྱེད་པ་ཡི།།
བསྟན་བཅོས་དེ་ཡང་གང་ཞེ་ན།།
མི་རིགས་པ་ཡི་ཆགས་པ་དང་།།
སྡང་དང་རྨོངས་པའི་གཉེན་པོ་རུ།།
མ་ཆགས་མ་སྡང་རྨོངས་མེད་དེ།།
གཉེན་པོ་གསུམ་གྱི་རང་བཞིན་དང་།།
རབ་དབྱེ་ཕན་ཡོན་གསུམ་དུ་སྟོན།།
གཉེན་པོ་གསུམ་གྱི་ཀུན་སློང་ནི།།
བག་ཡོད་པ་དང་སྙིང་རྗེ་ཡིན།།

若问何者为护众，
所造《王侯美德论》，
首先对治非理欲，
以及嗔心及痴心，
也即消除贪嗔痴，
宣说三种对治法，
及其三者之功德，
三种对治之等起，
就是慈悲不放逸。

254

བག་ཡོད་ཅེས་པ་གང་ཞེ་ན།།
མི་དབང་དེས་ནི་འདི་སྙམ་དུ།།
ལོངས་སྤྱོད་མི་རྟག་སྤྲིན་ལྟར་གཡོ།།
བདག་ཀྱང་འཆི་བར་འགྱུར་སྙམ་དུ།།
དྲན་པ་ཉེ་བར་བཞག་ནས་སུ།།
འདོད་པའི་ཉེས་དམིགས་ཤེས་བྱེད་ཅིང་།།
ངེས་འབྱུང་བཅལ་བའི་ཚུལ་གྱིས་ནི།།
ལོངས་སྤྱོད་དག་ལ་སྤྱོད་བྱེད་ཅིང་།།
དབང་ཕྱུག་དམ་པས་དབང་བགྱིད་དོ།།

如何做到不放逸，
国王时常如是想，
财富无常如浮云，
人身终将会死亡。
时常保持清醒智，
明辨贪欲之罪孽，
并以出离之心态，
利用所有财和物，
严格依法来治国。

255

སྙིང་རྗེའི་སེམས་སུ་བྱ་བ་ནི།།	所谓大慈大悲心，
མ་ཐོབ་ལོངས་སྤྱོད་ཀྱིས་མི་འཚོ།།	不求未获之财物，
ཐོབ་ལའང་དུས་མིན་གྱིས་མི་འཚོ།།	非时之财亦不用，
དུས་ལ་བབ་པར་གྱུར་ཀྱང་ནི།།	尽管恰逢适合时。
དབུལ་ལ་གནོད་པས་མི་འཚོ་ཞིང་།།	若害贫者亦不用，
མུ་གེས་འཚེ་ན་གཞན་སྐྱོབ་བྱེད།།	遭遇灾荒要救济，
ཆོམ་རྐུན་གྱིས་ནི་འཕྲོག་པ་དགག།	严惩盗匪之抢劫，
ཕན་ཚུན་གནོད་ཚེ་ཕན་གདགས་ཤིང་།།	相互有害求互利，
དབུལ་དང་མགོན་མེད་རྣམས་ལ་སྦྱིན།།	赈济贫困无助者，
མི་བསྲུན་པ་ལ་ཡང་དག་པའི།།	针对蛮横凶残者，
ཆད་པས་གཅོད་པར་བྱེད་པ་དེས།།	施以正法严惩治，
སྐྱེ་རྒུ་སྐྱོང་བར་བྱ་བའོ།།	就此可称护众生。

256

མི་བསྲུན་པ་ལ་ཆད་པ་ཡིས།།	依靠法理惩罚等，
ཇི་ལྟར་གཅོད་པར་བྱ་ཞེ་ན།།	制裁蛮横凶残事，
ཡང་དག་དུས་བབ་དོན་ལྡན་དང་།།	抓住时机且有意，
འཇམ་ཞིང་བྱམས་པ་ལྔ་ལྡན་པའི།།	温雅并具五种慈，
མི་ཡི་བདག་པོས་ཆད་པ་གཅོད།།	此乃国王治理法。

257

དང་པོ་ཕ་རོལ་གཡོན་ལ་གནས།།
ཆད་པའི་འོས་སུ་གྱུར་པ་སྟེ།།
ཉེས་མེད་ཆད་པས་བཅད་གྱུར་ན།།
ཤིན་ཏུ་ཕྱིན་ཅི་ལོག་ཏུ་འགྱུར།།

第一依靠诸法理，
惩罚妄言蛊惑者，
如果处罚无辜者，
适得其反无意义。

258

གཉིས་པ་ཆད་པ་གཅོད་པ་ཡི།།
མཐུ་མཆིས་གྱུར་ན་ཉེས་པ་དང་།།
བསྟུན་ཏེ་ཇི་ལྟར་འོས་པར་སྦྱར།།
བཟློག་ན་དུས་སུ་མ་བབ་འགྱུར།།

第二惩罚恶人时，
恩威并施兼顾之，
实际危害做处罚，
否则罪罚不相称。

259

གསུམ་པ་ཇི་ལྟར་ཁས་བླངས་པའི།།
དོན་ལ་གནས་པར་བྱ་བ་ལས།།
གང་བྱུང་བྱས་ན་ཁྲིམས་ཀྱི་ལུགས།།
འདས་ནས་དོན་དང་མི་ལྡན་འགྱུར།

第三依据承认之，
实际罪行来断案，
随心所欲做判决，
会失法律之公正。

260

བཞི་པ་སྐྱོན་བརྗོད་ཙམ་གྱིས་ནི།།　第四仅仅靠批评，
མི་འགྲུབ་ཚད་པས་གཅད་འོས་ནའང་།།　毫无收敛作用者，
བསད་དང་དབང་པོ་འཕྱིན་པ་དང་།།　虽然理应做处罚，
ཡན་ལག་ཉིང་ལག་གཏུབ་མི་བྱ།།　不宜夺命断肢刑。

261

སྙིང་རྗེས་བཅིངས་དང་བརྩོན་འཇུག་དང་།།　以慈关于牢狱中，
བརྡེག་དང་བསྡིག་དང་གནོད་སྦྱོར་དང་།།　鞭打恐吓行惩罚，
གནས་ནས་དབྱུང་དང་ནོར་འཕྲོག་སོགས།།　驱逐罚没财产等，
ཇི་ལྟར་འཚམ་པར་སྦྱར་བར་བྱ།།　应当依法做决断。

262

དེ་ལས་འདས་པར་བརླང་བྱས་ན།།　如果过分行暴力，
ཧ་ཅང་བརླང་པ་ཆེ་འགྱུར་ཏེ།།　将会成为粗暴行。
རྒྱལ་པོ་སྐྱེ་རྒུ་སྐྱོང་ཡིན་པས།།　国王本为护众者，
མི་བསྲུན་བཀུམ་པར་བྱས་གྱུར་ན།།　如果屠杀蛮横者，
ཁོང་ཁྲོའི་སེམས་ཀྱིས་དུས་བྱས་ནས།།　随着彼等愤怒心，
ངན་སོང་དག་ཏུ་ཕལ་ཆེར་འགྲོ།།　死后堕入恶趣中，
ཡུན་རིང་སྐྱེ་བ་རྣམས་སུ་ཡང་།།　会于久远轮回中，
ཤ་འཁོན་རྗེས་སུ་འབྲེལ་བར་འགྱུར།།　易结不解仇恨缘。

263

དབང་པོ་ཡན་ལག་བྲལ་གྱུར་ན། ། 如以断肢致残疾，
ཕྱིར་ཞིང་བཅོས་སུ་མི་རུང་ལ། ། 永远不能复原貌，
དེ་ལས་གཞན་པ་བཅིང་བརྡེག་སོགས། ། 因此绑缚殴打等，
བཅོས་སུ་རུང་ཕྱིར་བྱ་བར་བཤད། ། 施以能够复原刑。

264

གལ་ཏེ་མི་བསྲུན་དག་ལ་ཡང་། ། 若对粗暴恶行者，
སྙིང་རྗེའི་སེམས་ཀྱིས་མ་བསྲུངས་ན། ། 不以慈悲来护持，
སྐྱེ་རྒུ་སྐྱོང་བའི་བྱ་བ་ནི། ། 那么护众之事业，
རྒྱལ་པོས་རྫོགས་པར་མ་བྱས་སོ། ། 国王未能做圆满。

265

ལྔ་པ་ཇི་ལྟར་མི་བསྲུན་ལ། ། 第五如何以慈悲，
སྙིང་རྗེས་བརྣང་པར་བྱ་ཞེ་ན། ། 惩罚粗暴行恶者，
དཔེར་ན་བུ་ནི་མི་བསྲུན་པར། ། 如同独子犯法理，
ཉེས་པ་བཟློག་སླད་ཕ་ཡིས་ནི། ། 为了阻止造罪业，
གསོད་པར་བྱེད་པ་མ་ཡིན་པའི། ། 不会夺取其性命，
རྡེག་དང་ཐིགས་སོགས་བྱེད་པ་བཞིན། ། 依靠殴打等矫正，
གནོད་སེམས་མེད་པའི་གདུལ་ཐབས་ལ། ། 没有害心之惩罚，
ཉེས་པ་ཡོད་པ་མ་ཡིན་ནོ། ། 自然不会有罪过。

266

དེ་ལས་ཆད་པས་གཅད་འོས་པའི། །	理应依法惩罚之，
མི་བསྲུན་པ་ནི་རྣམ་ལྔ་སྟེ། །	蛮横恶人有五种，
རྒྱལ་པོ་ལ་ནི་གནོད་པ་དང་། །	犹如损害王法者，
ཕན་ཚུན་གཅིག་གིས་གཅིག་ལ་གནོད། །	无理相互伤害者，
རྒྱལ་པོའི་བཀའ་ལ་མི་ཉན་དང་། །	不听国王教言者，
ལོག་པར་འཚོ་བས་འཚོ་བ་དང་། །	依靠邪恶生活者，
ལོག་པར་ཞུགས་པར་གྱུར་རྣམས་ཏེ། །	步入邪道者等人，
འཇིག་རྟེན་མི་བདེ་འཕེལ་བྱེད་པའོ། །	搅得世间不安宁。

267

དང་པོ་རྒྱལ་པོའི་སྲོག་དང་ནི། །	比如谋害国王命，
བཙུན་མོ་ནོར་སོགས་བརླག་བྱེད་དང་། །	侮辱王妃毁财产，
ཕྱར་ཀ་གཏོང་དང་གསང་མི་ཐུབ། །	出言不逊不守密，
ལ་སོགས་གནོད་པར་བྱེད་པ་རྣམས། །	以上造成祸患者，
ཉེས་དང་བསྟུན་ལ་སྨད་ནས་སུ། །	根据罪情应处之，
སྐྱོན་བརྗོད་པ་དང་ནོར་འཕྲོག་དང་། །	批评没收财产及，
བཅིང་དང་བསྐྲད་པ་ལ་སོགས་པས། །	捆绑驱逐等处罚，
ཕྱིན་ཆད་གནོད་པ་མེད་པར་བྱ། །	做到此后无祸患。

268

པན་ཚུན་གཅིག་ལ་གཅིག་གནོད་པ།།	若是相互谋害者，
སྤྱོ་དང་བསྡིག་དང་གནོད་པ་དང་།།	应以斥责恐吓之，
བརྡེག་དང་བཙོན་དུ་བཟུང་སོགས་ཀྱི།།	殴打关入牢房等，
ཆད་པས་ལས་དེ་དགག་པར་བྱ།།	惩罚能够断恶行。

269

རང་གི་མངའ་ཡུལ་གནས་ན་ཡང་།།	尽管居于国境内，
རྒྱལ་པོའི་བཀའ་ལ་མི་ཉན་རྣམས།།	如果不听国王令，
ཟིལ་གྱིས་མནན་ནས་དབང་བསྒྱུར་ལ།།	武力令其服从者，
རང་རང་སྡེ་རིས་ལས་མི་བསྐྱོད།།	不宜逐出其国境。

270

རང་གི་རིས་ནས་མ་བསྐྱོད་པས།།	只因未被驱出境，
རྒྱལ་པོར་དྲིན་དུ་གཟོ་སེམས་སྐྱེ།།	对王生起报恩心，
འཇིགས་པས་བཀའ་ཉན་ཀུན་གྱིས་འདུད།།	畏惧王法众人服，
གྲགས་པར་འགྱུར་ཞིང་བསོད་ནམས་འཐོབ།།	国王扬名获福德。

271

བྱ་བ་ཤན་པ་སྨད་འཚོང་སོགས།།	对于屠夫娼妓等，
སྡོམ་མེད་སྡིག་རྒྱུན་འཛིན་པ་ཡིས།།	不守戒律持恶业，
ལོག་པས་འཚོ་བར་གྱུར་རྣམས་ལ།།	依靠邪恶生活者，
ཕྱིན་ཆད་འདི་འདྲ་མ་བྱེད་ཅིག།	让其以后不再犯，
བྱས་ན་ཆད་པ་འདི་ལྟ་བུ།།	讲明如果再犯恶，
གཅད་པར་འགྱུར་ཞེས་འཇིགས་པ་དག།	必须承受惩罚等，
བསྟན་པས་བསྡིགས་ཏེ་དགག་པར་བྱ།།	严厉恐吓来止恶。

272

ཚུལ་མིན་ལྟ་བ་འཛིན་པ་དང་།།	若是持有非理见，
ཚུལ་ཁྲིམས་འཚོ་བ་ཉམས་ལྟ་བུ།།	以及丧失戒律者，
ལོག་པར་ཞུགས་པ་གང་ཡིན་རྣམས།།	步入旁门邪道者，
ཐབས་ཀྱིས་གཉེན་པོའི་ཕྱོགས་ལ་གཞུག།	想方设法改过失，
གལ་ཏེ་ལྟ་བ་ཚུལ་ཁྲིམས་དང་།།	若是丧失戒律者，
ཚོ་ག་འཚོ་བ་ཉམས་པ་གང་།།	以及丧失礼节者，
དགེ་འདུན་མཐུན་པས་སྦྱངས་བྱས་ཏེ།།	通过戒律来矫正，
བསྐྲད་པར་བགྱིས་སམ་རང་རང་གི།	或因驱逐而无法，
ཁས་བླངས་ན་ཡང་དེ་བཞིན་དུ།།	兑现自己之承诺，
བསྐྲད་པར་ནུས་པར་མ་གྱུར་ན།།	无法再次驱逐时，
རྒྱལ་པོས་ལེགས་པར་བརྟགས་ནས་སུ།།	国王通过详查后，
བཙུན་པའི་ཕྱོགས་ཀྱི་གྲོགས་བྱའོ།།	应当协助僧人方。

273

གལ་ཏེ་དགེ་འདུན་ཕྱོགས་གཉིས་པོ། ། 若因僧众起争执，
རྩོད་པས་ཁྲིམས་སོགས་ཉམས་གྱུར་ན། ། 导致法威无效时，
རྒྱལ་པོ་རང་ཉིད་ཆོས་ལ་ནི། ། 若是国王知佛法，
ཡང་དག་མཁས་ན་དེ་ཉིད་དམ། ། 理应自行做决断，
ཡང་ན་ཡུལ་དེར་གནས་པ་ཡི། ། 或许召集境内之，
དགེ་སྦྱོང་དང་ནི་བྲམ་ཟེ་གང་། ། 沙门以及婆罗门，
ཆོས་མཁས་ཡ་རབས་སུ་གཏོགས་པ། ། 精通佛法高尚者，
བསྡུས་ནས་རྩོད་པ་དེ་སྦྱང་བྱ། ། 平息僧众之争执。

274

དེ་ཚེ་གང་ཞིག་རིགས་པ་དེའི། ། 此时国王应该为，
ཕྱོགས་ཀྱི་གྲོགས་ནི་ལེགས་བགྱིས་ཏེ། ། 合理一方做支撑，
བསྡིག་དང་བསྐྲད་སོགས་གང་འོས་པས། ། 并以恐吓等手段，
ཅིག་ཤོས་ལོག་ཞུགས་དེ་བཟློག་བྱ། ། 阻止对方入歧途。

275

ཆོས་ལྡན་རྒྱལ་པོའི་ཡུལ་ཁམས་ན། ། 奉行佛法国境中，
ཕ་མ་རྒས་ཚེ་མི་བཀུར་ཞིང་། ། 父母年迈不尽孝，
དེ་བཞིན་གཉེན་དང་བྲན་སོགས་ལ། ། 不对亲友奴仆众，
འོས་པའི་ཟས་ནོར་མི་སྟེར་བར། ། 合理施舍财物等，
ལས་ལ་བཀོལ་ཏེ་ངལ་འཛུག་པ། ། 反而使其做苦力，

འདི་དག་མི་བསྲུན་ལྔ་པོ་དེ།། 认作五种野蛮行，
གང་གི་ཁོངས་སུ་གཏོགས་ཤེ་ན།། 欲知属于哪类人？

276

རང་ལ་ཕན་འདོགས་པ་དེ་ལ།། 只依利害来明察，
སྐྱིན་པར་འོས་པ་མི་སྐྱེར་བར།། 若对恩人不报恩，
རང་གིས་སྐྱིད་པར་བྱེད་པ་ནི།། 只顾自己享清福，
ལོག་འཚོ་ཆེན་པོ་ཡིན་པས་ན།། 属于大逆不道之，
ལོག་པར་འཚོ་བའི་མི་བསྲུན་པའོ།། 依靠邪道生存者。

277

སློང་བའི་དགེ་སྦྱོང་བྲམ་ཟེ་ལ།། 对于沙门婆罗门，
མི་སྙན་རྫོད་པར་བྱེད་པ་དང་།། 出口尽是邪恶伤，
མགྲོན་དུ་བོས་ནས་ཟན་གཅོད་དང་།། 请客反而断食物，
ཆོས་འགལ་ཟས་སྟོབ་བརྡེག་པ་སོགས།། 供养穷凶极恶等，
བྱེད་པ་རིམ་གྲོ་བགྱི་འོས་ལ།། 不依佛理行法者，
མི་བགྱི་ལོག་ཞུགས་ཆེན་པོ་སྟེ།། 属于叛佛入邪者，
དེ་ཕྱིར་དེ་དང་དེ་འདྲ་རྣམས།། 如果属于此类人，
ལོག་ཞུགས་མི་བསྲུན་ཁོངས་སུ་འདུ།། 将其归入邪恶类。

278

དེས་མཚོན་འོས་མིན་འཚོ་རྣམས་དང་།།	应以上述为范例，
རིགས་མིན་ངན་པའི་ལམ་ཞུགས་དག།	明察若为入邪者，
མི་བསྲུན་ཕྱི་མ་གཉིས་དག་ཏུ།།	必须知道上述行，
འདུ་བར་ཡོངས་སུ་ཤེས་པར་བྱ།།	属于两类行恶者。

279

ཡུལ་ཁམས་གང་ན་དེ་ལྟ་བུའི།།	如果所有国境内，
ལོག་ཞུགས་མང་བར་གྱུར་པ་དེར།།	步入歧途者渐多，
ལྷ་རྣམས་དུས་སུ་ཆར་མི་འབེབས།།	天神不降及时雨，
མུ་གེས་དགོན་པ་ཉམ་ངར་འགྱུར།།	常年干旱成荒野，
མི་མ་ཡིན་པ་རྣམས་ཀྱིས་ནི།།	非天诅咒生瘟疫，
རིམས་སོགས་གནོད་པ་སྣ་ཚོགས་གཏོང་།།	由此遭受种种灾，
ཚེ་དང་ལོངས་སྤྱོད་ནད་མེད་འགྲིབ།།	减寿损财生疾病，
དེ་ཕྱིར་དེ་བཀག་ཡུལ་དེ་དགེ།	根治此等国强盛。

280

གལ་ཏེ་རྒྱལ་པོ་མི་བསྲུན་པར།།	国王沦为残暴者，
གྱུར་ན་དེ་ལ་སུ་ཞིག་གིས།།	若问何人能惩治，
ཆད་པས་གཅད་པར་འགྱུར་ཞེ་ན།།	无人能治王者罪，
རྒྱལ་པོ་རང་གིས་རང་ཚར་གཅོད།།	只有王者已毁己。

281

ཇི་ལྟར་ཞེ་ན་རང་ཉིད་ལ། ། 如何做到惩治己，
བག་མེད་སྙིང་རྗེ་མེད་གྱུར་ན། ། 杜绝放逸无悲心，
རང་གི་ཤེས་རབ་ཀྱིས་བརྟགས་ནས། ། 以智观察己行为，
མི་སྣན་ངན་སོང་འཇིགས་པ་བསམ། ། 常思恶趣之苦难。

282

ཆོས་ལྡན་རྒྱལ་པོས་དུས་དུས་སུ། ། 奉行佛法之国王，
རང་གི་ཡུལ་ན་མཆིས་པ་ཡི། ། 随时明察辖境内，
ཡ་རབས་དམ་པར་བརྩི་བ་གང་། ། 是否仰慕圣者行，
དགེ་སྦྱོང་བྲམ་ཟེ་མཁས་གསལ་བ། ། 以及沙门婆罗门。
རིག་པ་དང་ནི་ལྡན་པ་ལ། ། 对于能辨是非者，
དགེ་བ་གང་དང་མི་དགེ་གང་། ། 讲明何为善与恶，
ཅི་ཞིག་བྱས་ན་ལེགས་པ་དང་། ། 何种举止为善行，
ཅི་ཞིག་བྱས་ན་སྡིག་འགྱུར་ཞེས། ། 何种行为受罚等。
འདྲི་ཞིང་ཆོས་སྟོན་སྐབས་དབྱེ་བྱ། ། 广宣佛法时讲明，
དེ་དག་གིས་ཀྱང་རྒྱལ་པོ་ལ། ། 因此被劝之民众，
གནའ་བོའི་ཚུལ་བཟང་བསྟན་པར་བྱ། ། 遵从古之贤者行。

283

སྐབས་ཕྱི་གྱུར་ནས་རྒྱལ་པོ་དེའི།། 抓住佳机谏国王，
སྐྱོན་རྣམས་འཛམ་པོའི་ཚིག་གིས་བརྗོད།། 良言劝告其不足，
དེ་ལྟར་ཕྱི་ཡི་བཤེས་གཉེན་དང་།། 依靠世间殊胜师，
ནང་གི་རང་གི་ཤེས་སྟོབས་ཀྱིས།། 以及王者之智慧。
བདག་ཉིད་མི་བསྲུན་ཚར་གཅད་འགྱུར།། 能够断除恶劣行。

284

སྣོད་ཀྱི་འཇིག་རྟེན་སྐྱེ་རྒུ་གང་།། 对待器世及众生，
ཆོས་ལྡན་རྒྱལ་པོས་སྲུང་ཚུལ་ནི།། 奉行佛法之国王，
མི་བསྲེག་མི་གཞིག་ལ་སོགས་པས།། 依靠不焚不毁等，
ཇི་ལྟར་གནས་བཞིན་བསྲུང་བར་བྱ།། 依法依理来护持。

285

འདི་ལྟར་ཁྲོ་བའི་གནས་དག་ལ།། 若在容易动怒地，
རྒྱལ་པོ་ཁྲོས་པར་གྱུར་ན་ཡང་།། 引发国王暴怒时，
གྲོང་དང་གྲོང་ཁྱེར་བསྲེག་པ་དང་།། 犹如焚烧大小城，
རྫིང་འདྲལ་གནས་བཤིག་བཟའ་ཤིང་གཅོད།། 毁灭城池伐果树，
ལོ་ཏོག་གཞོམ་དང་རྟེན་བཤིག་དང་།། 破坏庄稼毁佛迹，
གང་ཡང་ས་ཕྱོགས་ལེགས་བསྐར་དང་།། 摧毁所见游览地，
ལེགས་བསྒྲུབས་ལེགས་བྲིས་ཉམས་དགའ་བ།། 动粗毁坏已传统，
དེ་དག་གཞིག་པར་མི་རིགས་ཏེ།། 均是王者之忌讳，

དངོས་པོ་དེ་རྣམས་ཁྲོ་ཡུལ་ལས། །　上述不仅遭众怒，
འགྲོ་གཞན་ཐུན་མོང་འཚོ་བར་འགྱུར། །　也毁众生依存处。

286

དེ་རྣམས་ཉེས་པ་མ་བགྱིས་ཤིང་། །　不做上述罪恶外，
གཞན་ཡང་ཁྱིམ་སོགས་དེ་དག་ལ། །　对待境内住宅等，
གནས་པའི་ལྷ་དང་དུད་འགྲོའི་ཚོགས། །　所依护神旁生等，
ཉེས་མེད་གྱུར་པ་དུ་མ་ཞིག །　无害友善诸众生，
མི་དགར་བྱེད་ཅིང་ཕུང་བྱེད་པས། །　不应践踏使其衰，
དེ་དག་ཆུད་ནི་མ་གཟན་ན། །　成为众生生计源，
སྣོད་ཀྱི་འཇིག་རྟེན་གྱིས་ཟིན་པའི། །　能使外境器世界，
སྐྱེ་རྒུ་སྐྱོང་བར་བྱེད་པ་སྟེ། །　统摄所有诸众生，
དེ་ལྟར་བསྐྱངས་པས་སེམས་ཅན་ལ། །　如此保护众有情，
ཕན་པ་ལེགས་པར་བགྱི་བར་འགྱུར། །　成就诸多善利益。

287

རྒྱལ་པོའི་ཁམས་ན་གནས་པ་ཡི། །　应当如何来保护，
ལྷ་རྣམས་ཇི་ལྟར་བསྐྱང་བྱ་ན། །　境内诸多神与仙，
ས་ཕྱོགས་ཉམས་པར་མི་བྱ་ཞིང་། །　不做毁坏社稷事，
གཏོར་མ་སོགས་སྦྱིན་དེ་ལྟར་ན། །　勤于布施朵玛等，
སྐྱེ་རྒུ་ཀུན་ཀྱང་བསྐྱང་འགྱུར་ལ། །　由此既能护众生，
མི་བསྲུན་པ་ཀུན་ཚར་གཅོད་འགྱུར། །　也能消除恶劣者，

ཁ་ན་མ་ཐོ་མ་མཆིས་དང་།།	不仅今世无罪过，
ཕྱི་མར་བསོད་ནམས་འཕེལ་བར་འགྱུར།།	后世也能获福德。

288

སོ་སོའི་ལག་མཐུས་བསྒྲུབ་ཕྱིར་དང་།།	依靠众人力量等，
རྒྱལ་པོས་ཚུལ་བཞིན་བསྐྱང་བའི་ཕྱིར།།	贤王依法来理治，
རྒྱལ་ཁམས་དེ་ཡི་བདོག་པ་རྣམས།།	境内所有财物等，
དེ་དང་རྒྱལ་པོ་ཁོ་ནའི་མིན།།	并非国王独享有。

289

ཡོད་བཞིན་འོས་པའི་དཔྱ་དག་ནི།།	如果富余不予王，
རྒྱལ་པོ་ལ་ནི་མ་ཕུལ་ན།།	缴纳合理所得税，
དེ་ཉིད་མ་བྱིན་ལེན་མིན་ཡང་།།	尽管不是非法取，
སེར་སྣའི་ཁ་ན་མ་ཐོར་འགྱུར།།	也能构成吝啬罪。

290

ནོར་ཡོད་པ་ལས་འོས་པའི་དཔྱ།།	如果有财不纳税，
མ་བྱིན་ནན་གྱིས་བླངས་གྱུར་ཀྱང་།།	尽管国王必收税，
གླ་རྔན་བསྒྲུབ་པའི་དཔེ་བཞིན་དུ།།	犹如发放薪水般，
རྒྱལ་པོས་མ་བྱིན་བླང་མི་འགྱུར།།	国王不会强收走。

291

དབུལ་ལ་ནན་གྱིས་བླངས་སྡུར་ལ།། 强行收取贫者税，
སྡིག་པ་ཡོད་མེད་གཉིས་སུ་དབྱེ།། 分为有罪和无罪，
རྒྱན་པོ་སྨད་འཚོང་ལ་སོགས་པས།། 犹如赌徒娼妓等，
ཆུལ་མིན་ལོངས་སྤྱོད་ཆུད་ཟ་བ།། 挥霍非法所得财，
དགག་ཕྱིར་བླངས་ན་གཉིས་དོན་བྱས།། 若为禁止收其税，
དེ་ལ་སྡིག་པ་མེད་པར་བཤད།། 利益彼等无罪过，
གང་གི་ལོངས་སྤྱོད་མེས་ཚིག་སོགས།། 又如焚烧财物等，
ཆུད་ཟར་སྡུར་ཚེ་དཔྱ་ཡང་བྱ།། 浪费之时可收税，
མ་བྱས་ཐབས་བྲལ་སེམས་ཅན་དེ།། 对于走投无路者，
མ་བསྐྱངས་པས་ན་སྡིག་པར་འགྱུར།། 不予保护成罪恶。

292

བག་ཡོད་སྙིང་རྗེ་ལྡན་པ་ཡི།། 胸怀慈悲勤勉之，
རྒྱལ་པོ་དེ་ནི་ཡན་ལག་དུས།། 国王何种条件下，
རྣམ་ཀུན་ཡོངས་སུ་རྫོགས་པ་ཡི།། 成就世人公认之，
ཆོས་རྒྱལ་ཆོས་ལྡན་འགྱུར་ཞེ་ན།། 圆满利众贤法王？

293

གནམ་གྱིས་བསྐོས་པ་ཕུན་སུམ་ཚོགས།། 皇天授权属圆满，
འཁོར་ཉུང་པ་དང་ཤེས་རབ་མཆོག། 教化民众有智慧，
བརྩོན་ལྡན་ཆོས་ལ་གུས་དང་མཁས།། 精进恭佛通事理，

དེས་པ་འཛིག་རྟེན་ཀུན་སྤྱོད་རིགས།།	通晓世间是非事，
མི་བདེ་བཟོད་པར་གྱུར་པ་དང་།།	能够忍受诸不幸，
ཆོས་ལ་ཕྱིན་ཅི་མ་ལོག་འཛིན།།	虔诚佛法不走邪，
ཡན་ལག་རྣམ་པ་འདི་བཅུ་ཡིས།།	如果具备此十种，
ཆོས་ལྡན་ཆོས་རྒྱལ་ཡོངས་རྫོགས་འགྱུར།།	就可称为圆满王。

294

བསོད་ནམས་སྟོབས་ཀྱིས་སྣོན་སོགས་དང་།།	由于国王有福德，
ཡུལ་གྱི་མི་རྣམས་ནད་མེད་ཅིང་།།	国内臣等所有人，
གནོད་ཆུང་བདེ་འབྱོར་ལྡན་གྱུར་ལ།།	无灾健康且富裕，
གནམ་བསྐོས་ཕུན་སུམ་ཚོགས་ཞེས་བྱ།།	可称天授圆满王。

295

འཁོར་བཟང་དག་དང་ལྡན་པ་ཡི།།	如果眷属皆贤惠，
རྒྱལ་པོ་ཚེགས་མེད་བདེ་བར་གནས།།	国王无难且享乐，
རྒྱལ་པོའི་ཚུལ་ལས་མི་ཉམས་པ།།	如果国王不失位，
འཁོར་ཅུང་པ་ཞེས་ལེགས་པར་བརྗོད།།	就得赞扬眷属贤。

296

སྐྱེ་རྒུ་ཆོས་ཀྱིས་སྐྱོང་ཚུལ་ལ། ।	依据法理护众者，
ཐབས་མཁས་བྱ་བ་ཅི་ཡང་ཤེས། ।	通晓所有治理法，
གཞན་གྱི་དྲིང་ལ་མི་འཛོག་པ། ।	不依他人治国者，
ཤེས་རབ་ཕུན་ཚོགས་རྒྱལ་པོ་ཡིན། ।	就是智慧圆满王。

297

རང་གི་བགྱི་བ་གང་ཡིན་ལ། ।	无论处理何种事，
ཚུལ་བཞིན་བརྩོན་ལྡན་རྒྱལ་པོ་ནི། ।	依法勤于治理者，
དགྲ་ཡིས་མི་ཚུགས་དགའ་བར་གནས། ।	不仅无敌且欢喜，
མཛོད་རྣམས་འཕེལ་ཞིང་ཕུན་སུམ་ཚོགས། ।	也使财宝皆圆满。

298

ཆོས་ལ་གུས་པའི་རྒྱལ་པོ་ནི། ।	恭敬佛法之国王，
བསོད་ནམས་བགྱི་བ་མི་གཏོང་ལ། ।	不会失去其福德，
མི་བསྲུན་པ་རྣམས་ཚར་གཅོད་པས། ।	严惩所有蛮横者，
ཆོས་བཞིན་བྱེད་པ་ཉིད་ཡིན་ནོ། ।	就是依法治理国。

299

སྦྲིམ་པར་མཁས་པའི་རྒྱལ་པོ་ནི།། 观察敏锐之国王，
ལས་མཐའ་རིང་བས་མ་ཉམས་པར།། 做事持恒不放松，
དུས་དང་དུས་སུ་ལེགས་བཅོས་པས།། 时时改良治理法，
བསམ་པ་མྱུར་དུ་རྫོགས་པའོ།། 故能成就所有愿。

300

རྒྱུད་འཇམ་དེས་པར་གྱུར་པ་ཡི།། 温和善良之国王，
རྒྱལ་པོ་གང་ན་གནས་པ་དེ།། 无论身处于何地，
ཡུལ་མི་ཀུན་གྱིས་ཡིད་རྟོན་རུང་།། 既能获得众信赖，
མཐའ་དག་སྐྱེ་བོ་འདུ་བར་འགྱུར།། 亦聚民众于周围。

301

འཇིག་རྟེན་ཀུན་སྤྱོད་རིག་སྤྱོད་ཅེས།། 所谓精通世间行，
རུང་དང་རུང་མིན་བྱེ་བྲག་ཤེས།། 在于明断是与非，
ལོངས་སྤྱོད་འདུ་བའི་སྒོ་དག་ཀྱང་།། 所有合理取财法，
ཚད་པར་མི་བགྱིད་གང་ཡིན་པའོ།། 均可用在治国中。

302

མི་བདེ་བཟོད་པའི་རྒྱལ་པོ་ནི། །	忍辱负重之国王，
རྒྱལ་པོའི་བགྱི་བ་མཐའ་དག་གང་། །	不仅完成诸国王，
ཡོངས་སུ་རྫོགས་པར་སྒྲུབ་ནུས་ཤིང་། །	应该做的重要事，
སྡུག་བསྔལ་གྱིས་ནི་མི་འཇིགས་པའོ། །	亦能克服诸困难。

303

གོ་འཕང་ཁྱད་པར་དུ་འགྲོ་བའི། །	获得殊胜高位者，
ལམ་ལ་རང་ཉིད་གནས་བྱེད་ཅིང་། །	身体力行诸善法，
དགེ་བའི་བཤེས་དང་མ་བྲལ་བ། །	同时不离善知识，
ཕྱིན་ཅི་མ་ལོག་ཆོས་འཛིན་པའོ། །	可谓如实持法者。

304

གལ་ཏེ་ཡོངས་རྫོགས་ཆོས་ལྡན་པའི། །	如果圆满行佛之，
རྒྱལ་པོ་དེ་ཡི་ཡུལ་དུ་ནི། །	国王所在境域内，
འཐབ་མོའི་གཡུལ་ནི་བྱུང་གྱུར་ཚེ། །	发生战乱冲突等，
ཇི་ལྟར་ནན་ཏན་བྱ་ཞེ་ན། །	何能显示视重度？

305

ཐོག་མ་བར་དང་ཐ་མ་ཡི།།
དུས་གསུམ་ཐབས་མཁས་གསུམ་ལྡན་པས།།
ཆོས་ལས་ཉམས་པར་མི་འགྱུར་བར།།
དེ་ལྟར་ཡུལ་ཁམས་བསྲུང་བར་བྱ།།

始终保持敏锐行，
明察三时之情状，
不让佛法变衰弱，
如此保护己国境。

306

ཐབས་མཁས་རྣམ་གསུམ་གང་ཞེ་ན།།
ཐོག་མར་རང་ངམ་བློན་སོགས་ཀྱིས།།
མཛའ་བས་འདུམ་པར་འགྱུར་བའམ།།
ཕན་གདགས་པའམ་བསྡིག་ལ་སོགས།།
སྣ་ཚོགས་ཐབས་ལ་མཁས་པ་ཡིས།།
འཐབ་མི་དགོས་པར་ཞི་བར་བྱ།།

何为善知三种巧，
国王先和诸大臣，
和睦协商所谋事，
互利互惠或谴责，
如果精通诸妙法，
无须争斗得和平。

307

དེས་ཀྱང་ཞི་བར་མ་ནུས་པའི།།
བར་གྱི་དུས་ལ་ཆོས་ལྡན་གྱི།།
རྒྱལ་པོས་སེམས་གསུམ་བཞག་བྱས་ཏེ།།
བཟློག་མེད་རྒོལ་བར་འཐབ་མོ་བྱ།།

依此无法化争斗，
国王可用第二法，
明思前因后果后，
主动回击被动战。

308

དང་པོ་ཆོས་ལྡན་རྒྱལ་པོ་ངས། །
སྐྱེ་རྒུ་ཕུང་བྱས་མི་འགྱུར་ཀྱང་། །
ཕུང་ལས་མ་བཟློག་མེད་དམ་ཞེས། །
སྐྱེ་རྒུ་བསྐྱང་བར་སེམས་གཞག་བྱ། །

王者作为行佛者，
不让众生受磨难，
为了避灾必战斗，
如此发心护众生。

309

གཉིས་པ་ཕས་རྒོལ་དགྲ་རྣམས་ལས། །
རྒྱལ་བའི་ཚུལ་ལ་སེམས་བཞག་གོ །
གསུམ་པ་སྐྱེ་བོ་རྣམས་ཀྱི་ནི། །
སྲོག་བཟུང་བ་ལ་སེམས་བཞག་སྟེ། །
རང་གི་དཔུང་ཚོགས་བཞི་ལ་ནི། །
གཡུལ་བཤམ་པར་ནི་བཀའ་སྩལ་བྱ། །

其次谋好制胜法，
依此痛击来犯者，
再次慎思生死观，
保护生命为前提，
命令所属四种军，
排列阵势迎敌人。

310

ཐ་མར་རང་གི་དཔུང་ཚོགས་ཀྱི། །
དཔའ་བོ་ཐ་མའི་ཚོགས་རྣམས་ནི། །
དང་པོར་སྔོན་དུ་བཤམ་བྱ་སྟེ། །
འབྲིང་རྣམས་དེ་ཡི་རྒྱབ་ཏུ་བཤམས། །
རྟ་པའི་ཚོགས་ནི་དེ་གཉིས་ཀའི། །
རྒྱབ་ནས་འགྲེད་པར་བྱ་བའོ། །

随后应在自军中，
派出所有下等士，
排阵列势做先锋，
中等勇士列其后，
并派骑兵做后阵，
穷追猛打来犯者。

311

དཔའ་བོ་རབ་ཀྱི་ཚོགས་རྣམས་དང་།། 所有上等众英雄，
རྒྱལ་པོ་ལྷན་ཅིག་དཔུང་དེ་ཡི།། 随同国王做后盾，
རྒྱབ་ཏུ་བསྡད་པས་བག་རྡོ་ཞིང་།། 如此既能安军心，
རྐང་ཐང་རྣམས་ཀྱང་བསྲུང་འགྱུར་ལ།། 也能掩护众步兵，
དམག་རྣམས་བདེ་བར་བརྒལ་བར་འགྱུར།། 诸军亦得安全地。

312

དེ་ལྟར་ཐབས་མཁས་གཡུལ་བཤམས་ན།། 如此善于布阵列，
དཔུང་རྣམས་རྒྱལ་པོར་འཇིགས་པ་དང་།། 诸军敬畏该国王，
དྲིན་དྲན་བྱས་པ་གཟོ་སེམས་ཀྱིས།། 亦生感恩图报心，
སྤྱན་མི་མཉེས་པ་བསྒྲུབ་མི་ནུས།། 不会出现违愿事。

313

རྒྱབ་ན་དཔུང་གི་བརྗིད་ལྡན་པས།། 后方军旅有威风，
དཔུང་དེས་ཕ་རོལ་རྒོལ་བ་ལ།། 由此攻向敌方时，
ཅི་ནུས་རྒོལ་ཞིང་སླར་མི་ལྡོག། 精神抖擞不后退，
ཚུལ་ལྡན་དྲང་ཞིང་ཐབས་མཁས་པར།། 如若巧妙布战局，
ལྷ་རྣམས་གྲོགས་བྱེད་གཡུལ་ལས་རྒྱལ།། 众神相助得胜利。

314

དེ་ལྟར་ཐབས་ལ་མཁས་པ་ཡིས། །
ལེགས་པར་གཡུལ་བཤམས་རྒྱལ་པོ་དེས། །
གཞན་སྡེ་བཀུམས་སམ་རྨ་བྱུང་ཡང་། །
ཁ་ན་མ་ཐོ་ཆུང་འགྱུར་ལ། །
རྣམ་སྨིན་སྨྱོང་བའི་ངེས་པའང་མེད། །
ཅི་ཕྱིར་ཞེ་ན་འདི་ལྟར་དེས། །
ཡོངས་སུ་མི་གཏོང་སྙིང་རྗེ་ཡིས། །
ལས་དེ་མངོན་འདུ་བྱས་པས་སོ། །

运筹帷幄布巧局，
挥师猛攻之国王，
虽使对方有伤亡，
然而不属重罪孽，
亦不必要受果报，
若要谈其究竟因，
皆因持久慈悲心，
定在冥冥因缘中。

315

གང་དེས་སྐྱེ་རྒུ་ཡོངས་བསྐྱང་དང་། །
བུ་དང་ཆུང་མ་རིགས་དོན་དུ། །
བདག་དང་ལོངས་སྤྱོད་ཡོངས་བཏང་སྟེ། །
ལས་དེ་བགྱི་ཕྱིར་གཞི་དེ་ལས། །
བསོད་ནམས་ཚད་མ་མཆིས་པར་འཕེལ། །
ཆོས་ལྡན་ཡུལ་དེར་དབང་མེད་པར། །
འཐབ་མོའི་གཡུལ་ནི་གནས་པ་ལ། །
ཆོས་ལྡན་རྒྱལ་པོས་དེ་ལྟར་བྱ། །

国王为了护众生，
包括子女妻室等，
放弃自我与财富，
以此作为其根基，
自然成就无上福，
若在奉佛国境中，
挑起身不由己战，
国王理当共甘苦。

316

ཆོས་ཀྱི་རྒྱལ་པོ་འདུ་ཤེས་དུས།། 国王思谋治国时，
རྟག་ཏུ་ཇི་ལྟར་གནས་ཤེ་ན།། 究竟何以做考量?
འདི་ནི་རྣམ་པ་བརྒྱད་ཀྱིས་ཏེ།། 在此概括为八种，
དང་པོ་སྐྱེ་རྒུའི་རིས་གཏོགས་པའི།། 首先应对诸众生，
འགྲོ་ཀུན་བུ་ཡི་འདུ་ཤེས་བྱ།། 持以亲子般情意，
ཕ་ཡིས་བུ་ནི་བཙོས་པ་ལྟར།། 犹如父亲教育子，
མི་བསྲུན་རྣམས་ནི་ཚར་གཙོད་ཀྱང་།། 惩罚各类蛮行时，
སྙིང་རྗེ་མི་གཏོང་དང་པོའོ།། 不弃慈悲数第一。

317

མི་བསྲུན་རྣམས་ལ་ནད་པ་ཡི།། 对于桀骜不驯者，
འདུ་ཤེས་ཉེ་བར་བཞག་ནས་སུ།། 持以患病者态度，
གནོད་ལ་མི་ཁྲོ་དེ་ཡི་སྐྱོན།། 做惩罚时不动怒，
བསལ་སླད་འཇུག་པ་གཉིས་པའོ།། 除其罪孽为第二。

318

སྡུག་བསྔལ་ཅན་གྱི་སེམས་ཅན་ལ།། 对于众多受苦者，
སྙིང་རྗེའི་འདུ་ཤེས་བསྐྱེད་ནས་སུ།། 生起慈悲观想后，
གནོད་པ་སྤང་ཞིང་ཕན་པའི་ལས།། 无害之余尽全力，
ཅི་ནུས་སྒྲུབ་པ་གསུམ་པའོ།། 多做善事为第三。

319

བདེ་འབྱོར་ལྡན་པའི་སེམས་ཅན་ལ། ।	对于富裕安居者，
དགའ་བའི་འདུ་ཤེས་བྱ་བ་ནི། ।	应当生起欢喜心，
བརྣབ་སེམས་ཕྲག་དོག་ཡོང་མེད་པར། ।	不起贪心嫉妒心，
རྗེས་སུ་ཡི་རང་བྱ་བ་བཞི། ।	欣然容纳为第四。

320

དགྲ་རྣམས་བདག་ལ་གནོད་བྱེད་ཀྱང་། ।	虽然敌众来进犯，
དེ་ལ་དབང་མེད་ཁྲོ་བ་སོགས། ।	不宜莽撞动武力，
ཉེས་རྒྱུས་ཉེས་པར་འདུ་ཤེས་ནས། ।	明断恶因造恶果，
རྒྱུ་སྐྱང་མཛའ་བར་བྱེད་པ་ལྔ། ।	化敌为友为第五。

321

མཛའ་བཤེས་རྗེས་བསྲུང་འདུ་ཤེས་ནི། ।	护持挚友之友情，
སྔོན་ཆད་ཇི་ལྟར་མཛའ་རྣམས་ལ། ।	以前如何亲挚友，
རྗེས་བརྩེས་མཛའ་བ་བརྟན་བྱ་ཞིང་། ।	未来更要巩固情，
ཀུན་ལའང་མཛའ་བར་བྱ་བ་དྲུག ।	和睦相处为第六。

322

ལོངས་སྤྱོད་དག་ལ་སྨན་ལྟ་བུའི། །
འདུ་ཤེས་ཉེ་བར་གཞག་བྱ་སྟེ། །
འདོད་པ་ལོག་པར་མི་སྤྱོད་ཅིང་། །
མ་ཆགས་གང་འོས་སྤྱད་བྱ་བདུན། །

对于所有财物等，
持以药物之观想，
不为贪婪而行邪，
适当享用为第七。

323

བདག་ལ་བདག་མེད་འདུ་ཤེས་ནི། །
ཆོས་དོན་གཉེར་ཞིང་ཆོས་སྨྲ་བསྟེན། །
ཆོས་ལ་ཆོས་ཀྱི་རྗེས་སུ་ནི། །
ནན་ཏན་འཇུག་པ་བརྒྱད་པ་ཡིན། །

对己生起无我观，
奉行佛法依上师，
勤勉闻佛依佛典，
如法行持为第八。

324

བརྒྱད་པོ་དེ་ཡིས་གནས་པ་ཡི། །
ཆོས་དང་ལྡན་པའི་རྒྱལ་པོ་ལ། །
གཞན་གྱི་སྐྱེས་ཕུལ་བ་ཡིས་ཀྱང་། །
བང་མཛོད་ཡོངས་སུ་འཕེལ་འགྱུར་དེར། །
ཆོས་མིན་རྒྱལ་པོ་གཞན་དག་གིས། །
གཡོ་སྒྱུའི་རྣམ་པ་ཐམས་ཅད་ཀྱིས། །
འབད་དེ་བསྒྲུབས་པར་གྱུར་པས་ཀྱང་། །
ཆ་ཙམ་འགྲན་པར་མི་བཟོད་དོ། །

具备以上八善法，
并且恭行佛法者，
仅仅依靠他者供，
亦使财富获增长，
其他非法诸国王，
依靠巧取豪夺法，
竭尽全力谋治理，
亦难成为法王敌。

325

གནས་པ་དེ་བརྒྱད་ཀྱིས་གནས་ན།། 具备以上八善法，
ལྷ་རྣམས་དུས་སུ་ཆར་འབེབས་ཤིང་།། 众神会降及时雨，
ལོ་ལེགས་མུ་གེ་མི་འབྱུང་ལ།། 庄稼丰收无灾荒，
ལོངས་སྤྱོད་ཆུད་ནི་གཟན་མི་འགྱུར།། 亦不浪费诸财富，
གཅན་གཟན་མ་རུངས་པ་ལ་སོགས།། 不会因为猛兽等，
འཇིགས་དང་མི་བདེས་མནར་བ་མེད།། 所造恐惧和威胁。

326

རྒྱལ་པོ་དེ་ལ་གནོད་པ་ཡི།། 欲害该王诸怨敌，
དགྲ་རྣམས་རང་བཞིན་ཚོགས་ཆུང་དུས།། 无须特别之努力，
ཁོ་རང་ཉེས་པས་ཕུང་འགྱུར་ཞིང་།། 就能自我消解除，
ཟད་པར་གྱུར་ནས་དགྲ་མི་འབྱུང་།། 因此不再有怨敌。

327

དེ་ལྟར་ཆོས་ཀྱིས་སྐྱེ་རྒུ་རྣམས།། 如此依法护众生，
སྐྱོང་བའི་རྒྱལ་པོ་འཇིག་རྟེན་ན།། 国王就在世间界，
དེས་པར་གྱུར་པ་གང་ཡིན་པ།། 无论何者皆成善，
ཉོངས་པའི་ཉེས་པ་མ་མཆིས་པར།། 不会造成罪恶业，
ལུས་ཞིག་ནས་ནི་མཐོ་རིས་སུ།། 后世转生善趣中，
ལྷ་རྣམས་དག་ཏུ་སྐྱེ་བ་དང་།། 往生天界成天子，

བདེ་ནས་བདེ་བར་འགྲོ་འགྱུར་བས། ། 生生世世皆安乐，
མི་བདག་རྣམས་ཀྱིས་དེ་ལྟར་སྤྱོད། ། 诸王应当如是行。

རབ་ཏུ་བྱེད་པ་བདུན་པ། མདོ་སྡེ་དྲན་པ་ཉེར་བཞག་
ལས་གསུངས་པ་རྒྱལ་པོའི་ལུགས།

第七品　出自《正法念处经》之《王侯美德论》

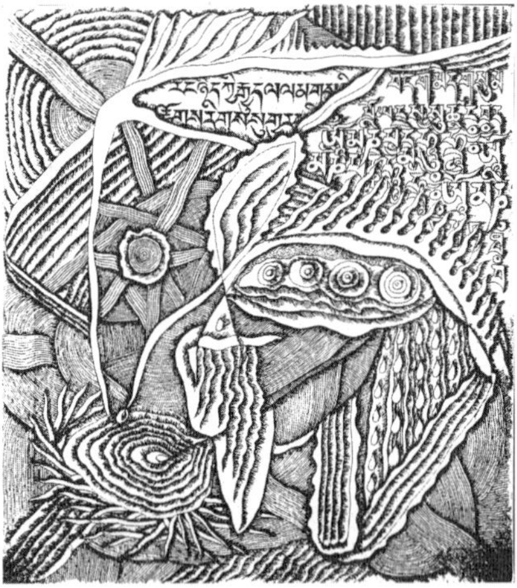

328

མདོ་སྡེ་དྲན་པ་ཉེར་བཞག་ལས།།	《正法念处经》中说，
བློ་ལྡན་བྱང་ཆུབ་སེམས་དཔའ་མཆོག།	所有遍知诸菩萨，
སྨོན་ལམ་དབང་གིས་ལྷ་རྣམས་ཀྱི།།	因其誓愿诞生为，
བག་མེད་བསལ་སླད་སྐྱེས་གྱུར་པ།།	消除诸神怠政者。

329

ངང་པའི་རྒྱལ་པོ་དུས་བཟང་གིས།།	称作鹅王德桑者，
སྔོན་ཚེ་སངས་རྒྱས་གཙུག་ཏོར་ཅན།།	往昔顶髻佛陀前，
གང་གི་ཞལ་ནས་ལེགས་ཐོས་པའི།།	勤勉聆听善妙法，
རྒྱལ་པོ་ཆོས་ལ་སྤྱོད་པ་ཞེས།།	国王如法行典籍，
ཆོས་ཀྱི་རྣམ་གྲངས་འདི་ཉིད་ནི།།	如此殊胜善妙法，
འཐབ་བྲལ་ལྷ་ཡི་རྒྱལ་པོ་ལ།།	传给无敌大天王，
ལེགས་པར་གདམས་པའི་དོན་བསྡུས་ནས།།	再次概括其妙义，
གོང་འོག་གོ་རིམ་བསྡེབས་བྱས་ཏེ།།	并做先后次序后，
གསལ་བའི་ངག་གིས་བཤད་བྱ་ན།།	借用简明语宣说，
མི་བདག་རྣམས་ཀྱིས་མཉན་པར་གྱིས།།	诸位国王请聆听！

330

འདི་དང་ཕྱི་མར་ལེགས་པ་ཡི། །　　为了今生及来世，
ཡོན་ཏན་རྒྱ་ཆེ་འཐོབ་བྱེད་པ། །　　获得广大诸功德，
སུམ་ཅུ་རྩ་ལྔའི་གྲངས་ལྡན་པའི། །　　国王必须谨遵行，
ཆོས་འདི་རྒྱལ་པོས་སྤྱད་པར་བྱ། །　　三十五条善妙法。

331

འདི་དང་ཕྱི་མའི་ལེགས་ཚོགས་ཀྱི། །　　今生来世诸功德，
རྩ་བ་ཤེས་རབ་ཡིན་པས་ན། །　　究竟根本在智慧，
ཡང་དག་ཤེས་རབ་སྒང་བ་ལ། །　　因此习惯真实慧，
གོམས་པར་བྱེད་པ་དང་པོའོ། །　　恒常修持为第一。

332

གང་ཞིག་འདི་དང་ཕ་རོལ་ཏུ། །　　何为今生及来世，
ལེགས་པའི་དོན་རྣམས་གང་ཡིན་ལ། །　　最为殊胜善妙事，
བསམ་གཞིག་ལེགས་པར་བྱེད་པ་ནི། །　　深谋远虑诸事项，
སེམས་ཀྱི་ཡོན་ཏན་གཉིས་པའོ། །　　内心功德为第二。

333

བླ་མ་མཆོད་པར་བྱེད་པ་ནི། །
བདེན་དོན་མཁས་ཤིང་ཚུལ་ལྡན་གྱི། །
དགེ་བའི་བཤེས་རྣམས་ལེགས་བསྟེན་ན། །
ཕུན་ཚོགས་འཐོབ་འགྱུར་གསུམ་པའོ། །

虔诚供养殊胜师，
就能通达胜义谛，
诚心依止善知识，
获得圆满为第三。

334

མེད་སྨྲ་བའམ་ལོག་སྤྱོད་དང་། །
ལྟ་ངན་ཆོས་སུ་སྨྲ་བ་ཡི། །
སྐྱེ་བོ་ངན་པ་སྡིག་གྲོགས་རྣམས། །
ཡོངས་སུ་སྤང་བྱ་བཞི་པའོ། །

犹如断见及邪行，
或将恶见视正法，
恶劣之徒及损友，
完全舍弃为第四。

335

ལས་དང་འབྲས་བུར་སྐུར་འདེབས་པའི། །
ལོག་པར་ལྟ་བ་མི་བཟད་པ། །
ཉེས་པ་ཀུན་གྱི་འབྱུང་གནས་དེ། །
སྤོང་བར་བྱེད་པ་ལྔ་པའོ། །

诽谤业力和因果，
颠倒是非之邪见，
所有罪恶之根源，
断然舍弃为第五。

336

ཕྱི་དང་ནང་གི་འདུས་བྱས་ཆོས། །
ཀུན་ཀྱང་རྒྱུ་ལ་བརྟེན་ནས་སྐྱེ། །
རྒྱུ་འབྲས་ལམ་དང་ལམ་མིན་ཤེས། །
ལྟ་བ་བཟང་ལྡན་དྲུག་པའོ། །

所有内外有为法，
皆由因缘而生成，
通达因果及是非，
常持正见为第六。

337

ཡ་རབས་ཡོན་ཏན་ལྡན་པ་དང་། །
དེ་ལྡོག་སྐྱེ་བོའི་ཁྱད་པར་རྣམས། །
མ་འདྲེས་ཁོང་ཚུད་མིའི་ཁྱད་པར། །
ཤེས་པ་ཞེས་བྱ་བདུན་པའོ། །

彬彬有礼具贤德，
并能仔细辨别出，
善恶之间诸差异，
知人特性为第七。

338

འདུ་ཤེས་སྣ་ཚོགས་སྐྱེ་བོ་ཡི། །
ཚིག་ཀུན་བདེན་པར་མི་གཟུང་བར། །
འོས་ཤིང་དོན་ལྡན་གང་ཡིན་བཟུང་། །
ས་བདག་ཆོས་ནི་བརྒྱད་པའོ། །

想法各异众人语，
不必视作真实语，
应该接受有理语，
明辨真假为第八。

339

ཆོས་ལྡན་ཕན་བྱེད་ཡིད་རྟོན་གནས།།
གྲོགས་པོ་བརྟན་པ་དང་ལྡན་པའི།།
རྒྱལ་པོ་ས་རྣམས་ཀུན་ལས་རྒྱལ།།
འདི་ནི་ཡོན་ཏན་དགུ་པའོ།།

持法行善可信赖，
稳重挚友聚周围，
国王成就所有事，
具备功德为第九。

340

ཡིད་རྟོན་འོས་མིན་གྱ་གྱུ་ཅན།།
མི་བརྟན་ཕན་བྱེད་མིན་པའི་གྲོགས།།
རྒྱལ་པོས་རྟག་ཏུ་སྤངས་བྱས་ན།།
བདེ་བ་འཐོབ་འགྱུར་བཅུ་པའོ།།

国王如果能舍弃，
狡诈不能信赖者，
不愿行善易变者，
则得安乐为第十。

341

རང་གི་སྐྱེ་བོ་གཙང་ཕྱིར་ཅེས།།
འདི་དང་ཕྱི་མར་ལེགས་བལྟ་ཞིང་།།
ཆོས་དང་མཐུན་པས་རང་དང་འཁོར།།
རྒྱུད་དག་པ་ནི་བཅུ་གཅིག་གོ།

为了眷属洁身故，
善察今生与来世，
依佛国王及眷属，
相续清净为十一。

342

སྦྱིན་དང་སྙན་པར་སྨྲ་བ་དང་།།
སྤྱོད་པ་བཟང་སོགས་ལ་ཞུགས་ནས།།
བདག་ཉིད་སྙན་པར་གྲགས་པ་ཡིས།།
ཕྱོགས་ཀུན་ཁྱབ་བྱ་བཅུ་གཉིས་པ།།

通过布施善妙辞，
行为优雅等四摄，
能使王侯获美誉，
名扬天下为十二。

343

ཡོན་ཏན་འཕེལ་བའི་དགྲ་ཆེན་པོ།།
ལེ་ལོ་སྤྱངས་པར་གྱུར་པས་ནི།།
འདི་དང་གཏན་གྱི་དོན་ཀུན་འགྲུབ།།
འདི་ཉིད་ཡོན་ཏན་བཅུ་གསུམ་པ།།

获得功德之强敌，
因弃懒惰与懈怠，
成就今生来世利，
断除懈怠为十三。

344

དོན་ནི་གང་དང་ཅི་སྒྲུབ་ཀྱང་།།
ཧ་ཅང་ལས་མཐའ་མི་རིང་བར།།
དུས་སུ་བསྒྲིམ་ན་རེ་བ་ཀུན།།
རྫོགས་འགྱུར་ཡོན་ཏན་བཅུ་བཞི་པ།

无论办理任何事，
不宜拖延时间长，
及时集中精力做，
圆满诸愿为十四。

345

ཟས་དང་སྐོམ་ལ་སྲེད་ཆེས་ན། ། 过分贪求饮食欲，
ལུས་སེམས་ལས་སུ་མི་རུང་འགྱུར། ། 导致身心高负荷，
དེ་འདྲའི་སྲེད་སྤང་རན་པར་བཟའ། ། 因此消除贪食欲，
སྤྱོད་བྱའི་ཆོས་འདི་བཅོ་ལྔ་པ། ། 适度饮食为十五。

346

བག་མེད་དོན་ཉམས་རྒྱུར་གྱུར་པའི། ། 断除放逸毁事因，
གཉིད་ཀྱི་དྲི་མ་ལས་གྲོལ་ནས། ། 昏昏欲睡之状态，
བློ་གསལ་བྱ་བ་རྫོགས་གྱུར་གང་། ། 明慧圆满诸事项，
མི་བདག་ཡོན་ཏན་བཅུ་དྲུག་པ། ། 王者功德为十六。

347

མི་བརྟན་གྱ་གྱུ་ཕྲག་དོག་ཅན། ། 急躁狡诈喜嫉妒，
ཉེས་པ་དུ་མའི་འབྱུང་གནས་ཕྱིར། ། 就是诸多罪孽源，
བུད་མེད་དབང་དུ་མི་འགྲོ་བ། ། 不依女人行诸事，
མི་བདག་རྣམས་ཀྱི་ཆོས་བཅུ་བདུན། ། 国王法则为十七。

348

བྱིས་པ་སླུ་བར་བྱེད་པ་ཡི།། 不被诱引孩童的，
འདོད་པའི་ཡུལ་ནི་ལྔ་རྣམས་ཀྱིས།། 五种妙欲所束缚，
མི་བཀྲི་ཚུལ་ལྡན་རང་དབང་ཅན།། 如法修身获自由，
རྒྱལ་པོའི་ཆོས་མཆོག་བཅོ་བརྒྱད་པ།། 王者胜法为十八。

349

སྡང་དང་ཆགས་པ་ལས་བྱུང་བའི།། 愤怒贪婪为诱因，
ཁྲོ་བ་དང་ནི་ཁོད་བག་ཞུགས།། 所生愤恨和傲慢，
བསྡམ་ན་རྒྱལ་པོ་དུལ་འགྱུར་ཏེ།། 王者若能断除之，
ཡོན་ཏན་མཆོག་འཐོབ་བཅུ་དགུ་པ།། 则获功德为十九。

350

ཁྲོ་བ་རྣམ་པར་བཅོམ་ནས་སུ།། 消除愤怒及贪婪，
གཞན་ལ་འཚེ་བ་ཀུན་སྤང་བ།། 彻底戒除害他行，
བཟོད་ལྡན་ཞེས་བྱ་རྒྱལ་པོ་ཡི།། 获得广容法王誉，
ཆོས་སུ་བསྔགས་པ་ཉི་ཤུ་པ།། 王者法则为二十。

351

ཀུན་གྱི་ཡིད་དང་མཐུན་པར་ནི། ། 顺应所有民众意，
སྙན་ཚིག་འཇམ་པོར་སྨྲ་བ་ཡིས། ། 言说温和动听语，
ཐམས་ཅད་ཡིད་རབ་མགུ་བྱེད་པ། ། 更能赢得众人欢，
རྒྱལ་པོའི་ཆོས་ལུགས་ཉེར་གཅིག་པ། ། 王者法规为廿一。

352

རྟག་ཏུ་བདེན་པར་སྨྲ་བ་ནི། ། 始终只说真实语，
ལྷ་དང་བཅས་པའི་འཇིག་རྟེན་ན། ། 能在神界及人间，
ཡིད་རྟོན་འོས་ཡིན་ཡོན་ཏན་མཆོག ། 易获信赖为功德，
འདི་ནི་ཡོན་ཏན་ཉེར་གཉིས་པ། ། 具此本领为廿二。

353

ཕྱོགས་ལྷུང་མེད་པ་ཞེས་བྱ་བ། ། 所谓无所偏私者，
ཡུལ་ལྗོངས་ཀུན་ལ་ཕ་མ་ལྟར། ། 平等待众如父母，
སྙོམས་ཤིང་བཤེས་ངོར་མི་བྱེད་པ། ། 行事中庸无亲疏，
ཡོན་ཏན་ཆོས་འདི་ཉེར་གསུམ་པ། ། 具此功德为廿三。

354

བློ་བརྟན་པས་ན་ནོར་གཞིས་རྣམས།།
གློ་བུར་འཕེལ་འགྲིབ་མི་བྱེད་པར།།
རྟག་ཏུ་མཉམ་པར་གནས་བྱེད་པ།།
གང་འདི་ཡོན་ཏན་ཉེར་བཞི་པ།།

意志稳固诸财物，
不会突增与猛降，
始终保持平稳心，
具此功德为廿四。

355

ངེས་པའི་འབྲས་བུར་ཡོངས་སྤྱོད་ཅེས།།
འོས་པའི་དཔྱ་ཁྲལ་འབབ་ཞིག་ལས།།
འདས་ཏེ་ཅུང་ཟད་མི་ལེན་པ།།
རྒྱལ་པོའི་ཆོས་འདི་ཉེར་ལྔ་པ།།

只在必获财富中，
征取合理赋税外，
不做任意之征收，
王者法规为廿五。

356

མི་བསྲུན་གདུལ་དཀའ་ངན་སྤྱོད་ཅན།།
ཡུལ་དུ་བཞག་ན་ཉེས་པ་འཕེལ།།
དེ་སྤངས་ཡུལ་ཁམས་བདེ་བར་འགྱུར།།
རྒྱལ་པོའི་ཆོས་ནི་ཉེར་དྲུག་པ།།

桀骜难驯恶劣者，
留在境内招灾患，
消除该类则国安，
王者法规为廿六。

357

པ་མེས་སོགས་ཀྱིས་སྟོན་བྱིན་པ།། 对待祖先遗赠时，
དེ་ནི་དེ་བཞིན་སོར་བཞག་ནས།། 秉承所有优秀外，
དེ་ལ་དགའ་ཞིང་ལྷུར་ཡང་སྦྱེར།། 爱惜竭力做布施，
འདི་ནི་ཡོན་ཏན་ཉེར་བདུན་པ།། 具此功德为廿七。

358

ཟང་ཟིང་ཆོས་དང་མི་འཇིགས་པའི།། 若能勤于行施财，
སྦྱིན་པ་དག་ལ་རབ་འབད་ན།། 以及正法无畏施，
ས་འདི་ཀུན་ནས་དབང་འགྱུར་ཏེ།། 则能统治所有域，
རྒྱལ་པོའི་ཆོས་ནི་ཉེར་བརྒྱད་པ།། 国王法规为廿八。

359

འཇིག་རྟེན་མཆོག་གྱུར་དཀོན་མཆོག་གསུམ།། 供养至宝佛法僧，
མཆོད་ཅིང་གཞན་ལའང་གཏོང་བའི་སྒོ།། 慷慨布施诸民众，
ཡངས་བྱེད་བློ་ལྡན་བསོད་ནམས་ཅན།། 兼具智慧福德者，
ཟླ་ལྟར་མངོན་འཕགས་ཉེར་དགུ་པ།། 国王如月为廿九。

360

བཟང་པོའི་ལས་ཀྱི་རྣམ་སྨིན་ཅན།། 勤行善业得福者，
ལྷ་རྣམས་དགེ་བའི་གྲོགས་ལ་བརྟེན།། 天神也会来扶持，
དེ་མཆོད་བཀྲ་ཤིས་བདེ་ལྡན་འགྱུར།། 供养彼等获吉祥，
འདི་ནི་ཡོན་ཏན་སུམ་ཅུ་པ།། 国王功德为三十。

361

རང་གི་བུ་དང་བུ་མོ་སོགས།། 慈悲抚养诸子女，
ཤིན་ཏུ་བརྩེ་བས་བདེ་བར་བསྐྱང་།། 使其享受安乐福，
ལེགས་པའི་ལམ་ལ་གཞུག་པར་བྱ།། 同时引入善妙道，
སྐྱུད་བྱའི་ཆོས་འདི་སོ་གཅིག་པ།། 国王此规为卅一。

362

འབངས་ཀྱི་བདེ་ཐབས་ལེགས་བསམས་ནས།། 深刻思考民安乐，
གང་ཕན་ཐབས་ཀྱིས་འཁོར་འབངས་ཀུན།། 想方设法造福利，
དབུགས་དབྱུང་རིགས་པར་བདེར་སྐྱོང་བ།། 民众安慰为首要，
ས་ལ་དབང་སྒྱུར་སོ་གཉིས་པ།། 依法治国为卅二。

363

ཆོས་བཞིན་སྐྱེ་དགུ་བསྐྱང་བྱ་སྟེ། །
ཆོས་མ་ཡིན་རྣམས་ཆོས་ལ་གཟུད། །
ཆོས་ལྡན་རྒྱལ་པོ་འཇིག་རྟེན་ན། །
ཉི་ལྟར་གསལ་འགྱུར་སོ་གསུམ་པ། །

依靠佛法护众生，
纠正非法为正法，
如理如法治世者，
犹如太阳为卅三。

364

དགེ་བ་བཅུ་ཡི་ལས་ལམ་ལ། །
རང་ཉིད་གནས་ཤིང་གཞན་ཀྱང་དགོད། །
འདི་ཕྱིའི་འཇིག་རྟེན་རྣམ་གཉིས་སུ། །
འཁོར་བཅས་བདེ་འཐོབ་སོ་བཞི་པ། །

自己常持十善道，
并引他人入善道，
今生来世均受惠，
眷属得乐为卅四。

365

དུས་སུ་ངེས་པར་དམ་པའི་ཆོས། །
ལེགས་པར་སྟོན་པར་བྱེད་པ་ནི། །
གཞན་ཕན་ཆོས་འཛིན་སྐྱེས་བུ་སྟེ། །
འདི་ནི་ཡོན་ཏན་སོ་ལྔ་པའོ། །

为了世人知佛法，
时常深入讲正法，
此乃利众护法者，
具此功德为卅五。

366

ཡོན་ཏན་འདི་དག་རེ་རེ་དང་།།	若具以上一功德，
ལྡན་པའང་ཚེ་འདིར་གྲགས་འབྱོར་སོགས།།	今世就能获美誉；
ཡོན་ཏན་རྣམ་མང་ཐོབ་གྱུར་ནས།།	若能具备诸功德，
ཕྱི་མར་ལྷ་གནས་རྣམས་སུ་འགྲོ།།	来世就能升天界。

367

ཆོས་ལྡན་རྒྱལ་པོ་འཇིག་རྟེན་འདིར།།	持佛法王在世间，
སྐྱེ་རྒུའི་མཆོག་ཏུ་བདེ་མྱང་ཞིང་།།	能令众生享安乐，
བདེ་བའི་ལམ་ནས་ཡང་དག་པ།།	若能升入殊胜道，
བདེ་བའི་གནས་སུ་འགྲོ་བར་འགྱུར།།	就能趋入安乐处。

368

འདི་དག་སོ་སོའི་ཡོན་ཏན་གྱི།།	对于以上诸功德，
རྣམ་པ་རྒྱ་ཆེའི་བསྔགས་པ་དག།	就在《正法念处经》，
མདོ་དེ་ཉིད་དུ་འབྱུང་བས་ན།།	有着广泛之赞美，
བློ་ལྡན་རྣམས་ཀྱིས་བལྟ་བར་བྱ།།	因此诸王勤拜读。

རབ་ཏུ་བྱེད་པ་བརྒྱད་པ། གསེར་འོད་དམ་པ་ལས་བྱུང་བའི་རྒྱལ་པོ་ལུགས་ཀྱི་བསྟན་བཅོས།

第八品　出自《金光明经》的《王侯美德论》

369

འཕགས་པ་གསེར་འོད་དམ་པ་ལས།། 圣者《金光明经》中，
ལྷ་ཡི་དབང་པོའི་དམ་ཚིག་ཅེས།། 取名天王妙语之，
རྒྱལ་པོ་ལུགས་ཀྱི་བསྟན་བཅོས་ལས།། 《王侯美德论》典中，
གསུངས་པའི་དོན་རྣམས་གསལ་བརྗོད་ན།། 所宣精要细述之。

370

སྔོན་ཚེ་ཚངས་པ་ཆེན་པོ་ལ།། 昔日天王梵天前，
ལྷ་ཡི་དབང་པོའི་ཚོགས་ཀྱིས་ནི།། 天界诸众祈询问，
གང་ཞིག་མི་ཡི་རྒྱལ་པོ་ལ།། 为何人间诸国王，
ལྷ་ཞེས་བྱ་དང་ལྷའི་སྲས་ཞེས།། 称作天人或天子。
ལྷ་རྣམས་ཇི་ལྟར་མི་བདག་འགྱུར།། 天界所属诸天神，
དེ་སྐད་ཅེས་ནི་དྲིས་པ་དང་།། 如何成为人间王，
འཇིག་རྟེན་སྐྱོང་བའི་ཚོགས་རྣམས་ལ།། 针对诸王之询问，
ཚངས་པའི་དབང་པོས་འདི་སྐད་གསུངས།། 梵天如此作解答。

371

ལྷ་ཡི་དབང་པོ་ལ་སོགས་པ།། 天界尊主梵天等，
འཇིག་རྟེན་སྐྱོང་བའི་ཚོགས་རྣམས་ཀྱིས།། 确保世间诸王者，
ཆོས་མིན་ཉེས་བྱས་གཞིག་པ་དང་།། 不为违佛造罪业，
ཆོས་ཀྱིས་ཡུལ་ཁམས་བསྲུང་བའི་ཕྱིར།། 依佛治理国民等，
མི་ཡི་བདག་པོར་བྱིན་བརླབས་པས།། 加持人间诸王者，

རྒྱལ་པོ་དེ་ལ་ལྷ་ཞེས་དང་།། 故称国王为天神，
ལྷ་ཡི་བུ་ཞེས་བྱ་བ་ཡི།། 或以天子之称呼，
གྲགས་པ་ལྷ་ཡི་གནས་སུ་སྒྲོགས།། 传遍天界诸神间。

372

ཚེ་འདིར་ལེགས་པར་བྱས་པ་དང་།། 指明今生积功德，
ཉེས་པར་བྱས་པའི་ལས་རྣམས་ཀྱི།། 或者作恶行孽者，
རྣམ་སྨིན་འབྲས་བུ་མངོན་སུམ་དུ།། 成熟报果必现故，
སྟོན་པར་བྱེད་སླད་རྒྱལ་པོར་བསྔོས།། 推举善者为国王。

373

གང་ཚེ་རྒྱལ་པོས་སྡིག་ཅན་གང་།། 如果国王对恶者，
ཉེས་པར་བྱེད་པའི་སྐྱེ་བོ་རྣམས།། 不依正法及法律，
འོས་མཐུན་ཆད་པས་བཅད་ནས་སུ།། 合理制裁诸罪犯，
ཡོངས་སུ་འགོག་པར་མི་བྱེད་ན།། 以及为非作歹者，
རྒྱལ་པོ་དེ་ཡི་ཡུལ་ཁམས་སུ།། 会在如此国境内，
ཆོས་མིན་ཤིན་ཏུ་འཕེལ་བར་འགྱུར།། 非法之徒日增多，
གཡོ་དང་འཐབ་རྩོད་མང་འགྱུར་ཞིང་།། 频发骗局多争斗，
ལྷ་དང་བཅས་པའི་སྐྱེ་རྒུ་འཁྲུགས།། 天界也会起混战。

374

གང་གི་ཆེད་དུ་ལྷ་རྣམས་ཀྱིས།།	如果天界诸天神，
རྒྱལ་པོར་བསྐོས་པའི་ལས་དེ་ནི།།	封为人间王侯者，
སྡིག་ཅན་འཕེལ་བ་འགོག་ཡིན་ན།།	若是防止增罪人，
ལས་དེ་ཡལ་བར་བོར་བའི་མཐུས།།	因此弃善会导致，
དུས་མིན་རླུང་དང་ཆར་བ་དང་།།	频发狂风与暴雨，
ཕ་རོལ་དམག་དང་ནད་མང་ཞིང་།།	敌军入侵病泛滥，
གཟའ་སྐར་མ་རུངས་ལ་སོགས་པའི།།	常显凶恶星曜等，
མི་བཟད་ལྟས་ནི་འབྱུང་བར་བྱེད།།	出现诸多不祥兆，
མེ་ཏོག་ལོ་འབྲས་མི་སྨིན་ཞིང་།།	鲜花谷物不成熟，
རྐུ་འཕྲོག་ཇོག་སེར་མུ་གེ་དང་།།	常现盗贼与饥荒，
དུས་མིན་འཆི་བ་སྣ་ཚོགས་པ།།	以及各种横死等，
སྨྱ་ངན་འཇིགས་པ་མང་པོ་འབྱུང་།།	悲痛之事常发生。

375

སྦྱིན་གནས་དང་ནི་སློབ་དཔོན་དང་།།	施处以及阿阇黎，
འཁོར་རྣམས་ཆོས་མིན་བྱེད་པར་འགྱུར།།	所有眷属行非法，
དེ་ཚེ་རྒྱལ་པོ་དེས་ཀྱང་ནི།།	那时即便是国王，
ཆོས་མིན་པ་ལ་མཆོད་བྱེད་ཅིང་།།	也会供养非法者，
ཆོས་ལྡན་ཚད་པས་གཅོད་པར་བྱེད།།	制裁恭行善法者，
ཆོས་ལྡན་ཚད་པས་བཅད་གྱུར་ན།།	如果善者遭惩罚，
ཆུ་དང་རྒྱུ་སྐར་རླུང་གསུམ་འཁྲུགས།།	出现洪水飓风等。

376

ཆོས་མིན་སྐྱེ་བོ་བཀུར་བས་ན།།	如果恭敬非法者，
དམ་ཆོས་སྙིང་པོ་སེམས་ཅན་མདངས།།	佛法精英众生等，
ས་ཡི་བཅུད་གསུམ་འཇིག་པར་འགྱུར།།	国土精髓遭毁灭，
ལོ་འབྲས་རོ་བཅུད་མི་ལྡན་ཞིང་།།	谷物失去原来味，
ཟོས་ཀྱང་ཚིམ་པར་མི་འགྱུར་ལ།།	虽食不会获满足，
སེམས་ཅན་མདོག་ངན་ཉམས་མི་བདེ།།	众生变丑失姿色，
ཡོངས་སུ་དགའ་མེད་བག་མི་ཕེབས།།	无端起乱不安稳，
ཉོན་མོངས་བརྒྱ་ཡིས་རྣམ་པར་འཁྲུགས།།	百种烦恼扰心智。

377

ཆོས་མིན་རྒྱལ་པོ་དེ་ཡང་ནི།།	行持非法之王者，
སྡུག་པ་ཐམས་ཅད་དང་བྲལ་ནས།།	失去所有喜悦后，
སྡུག་བསྔལ་སྣ་ཚོགས་འཐོབ་པར་འགྱུར།།	遭受种种劫难苦，
རྒྱལ་པོར་བསྐོས་པ་ཆུད་གཟན་པ།།	王者荒废其封任，
འདི་ནི་ཆོས་མིན་རྒྱལ་པོ་ཞེས།།	会遭天界诸议论，
ལྷ་གནས་རྣམས་སུ་གླེང་བར་བྱེད།།	此王属于非法者，
ལྷ་རྣམས་འགྲིབ་ཅིང་ངན་སོང་འཕེལ།།	天神隐身增恶趣。

378

རྒྱལ་པོས་ལས་སུ་བྱ་བའི་དོན། ।	王者所作诸事业，
ལྷ་རྣམས་བཞེད་པ་མ་གྲུབ་པས། ।	不能圆满诸神愿，
ལྷ་ཡི་བུ་ནི་མ་ཡིན་ལ། ।	不仅天子所属地，
ལྷ་ཡི་རྒྱལ་པོ་ཕ་རྣམས་ཀྱི། ।	天界神父所在地，
གནས་སུའང་ཉེས་པ་དང་བཅས་འགྱུར། ।	也会成为有罪境，
ལྷ་མཆོག་རྣམས་ཀྱང་ཡི་ཆད་ནས། ।	天界诸神亦失望，
རྒྱལ་པོ་ངན་པ་དེ་བོར་བས། ।	最终放弃诸昏君，
མྱུར་དུ་ཡུལ་ཁམས་འཇིག་པར་འགྱུར། ।	该国也会速灭亡。

379

གལ་ཏེ་ཆོས་མིན་ཚར་བཅད་ནས། ।	如果严惩非法者，
ཆོས་དང་ལྡན་པས་ཡུལ་བསྐྱང་སྟེ། ।	依靠善法护境域，
ཡུལ་འཁོར་གཞན་གྱི་སྐྱེ་བོ་ཡང་། ।	同样毫无偏见地，
ཕྱོགས་ལྷུང་མེད་པར་དེས་བསྐྱངས་ན། ।	护持其他诸眷属，
ཆོས་དང་ལྡན་པའི་རྒྱལ་པོ་དེའི། ।	如此具法治国者，
གྲགས་པ་འཇིག་རྟེན་གསུམ་དུ་ཁྱབ། ।	声誉传遍三世间。

380

སུམ་ཅུ་རྩ་གསུམ་ལྷ་གནས་སུ།།	使得三十三天之，
ལྷ་ཡི་དབང་པོ་དགར་འགྱུར་ཏེ།།	帝释天亦起欢心，
འཛམ་བུའི་གླིང་ན་དེད་ཀྱི་བུ།།	瞻部洲属诸王者，
འདི་ལྟར་ཆོས་ལྡན་རྒྱལ་པོ་ཡིས།།	如此属于行法者，
ཆོས་ཀྱིས་ཡུལ་ཁམས་བསྐྱངས་བྱས་པས།།	依靠法理治国家，
ས་སྟེང་སྐྱེ་བོ་འདིར་འགྲེད་དེ།།	如此王者离世后，
ལྷ་གནས་གང་བར་བྱེད་སྐམ་ཞེས།།	即刻往生诸天界，
དེ་ལྟར་ཆོས་ལྡན་རྒྱལ་པོ་ལ།།	如此治理国家者，
ལྷ་དབང་འཁོར་བཅས་དགྱེས་གྱུར་ནས།།	帝释诸眷起欢喜，
རྟག་ཏུ་རང་གི་བུ་བཞིན་སྲུང་།།	时常护持如亲子。

381

ཡུལ་དེར་གཟའ་སྐར་ལེགས་རྒྱུ་ཞིང་།།	吉星高照该国土，
དུས་སུ་རླུང་ལྡང་ཆར་འབབ་སོགས།།	及时祥降风雨等，
གོང་གི་སྐྱོན་ཀུན་ལས་བཟློག་པའི།།	若能避免上述业，
ཡོན་ཏན་ཤིན་ཏུ་མང་པོ་འབྱུང་།།	就能生起诸功德。

382

དེ་ལྟ་བས་ན་རྒྱལ་པོ་ཡིས། །	因此很多行善王，
རང་གི་སྲོག་ཀྱང་བཏང་ནས་སུ། །	为了护持殊胜法，
གང་གིས་འཇིག་རྟེན་བདེར་འགྱུར་བའི། །	既是需要舍性命，
དཀོན་མཆོག་ཆོས་ནི་མི་གཏང་བར། །	也会护持诸善因，
ཆོས་ལྡན་ཡོན་ཏན་ཅན་བསྟེན་ནས། །	依靠善法功德者，
ཆོས་ཀྱིས་ཡུལ་འཁོར་བསྐྱང་བྱ་སྟེ། །	以及善法护眷域，
རྟག་ཏུ་ཆོས་མིན་རྣམ་པར་སྤང་། །	时常放弃非法行，
ཆོས་ཀྱང་ཡང་དག་བསྟན་པར་བྱ། །	正确依靠诸善法。

383

སེམས་ཅན་ལེགས་པར་བྱེད་ལ་དགོད། །	引导众生行善法，
ཉེས་པར་བྱེད་ལས་བཟློག་པར་བྱ། །	避免诸多罪恶业，
གང་ཚེ་བཟློག་མེད་སྡིག་བྱེད་རྣམས། །	若是不可避免者，
ཚུལ་བཞིན་ཆད་པས་འདུལ་བྱེད་ན། །	以理惩罚来化解，
རྒྱལ་པོ་གྲགས་དང་ལྡན་འགྱུར་ཞིང་། །	国王易获殊胜誉，
ཡུལ་ཁམས་གཞི་བྱིན་འཕེལ་འགྱུར་ལ། །	更易成就国尊严，
སྐྱེ་རྒུ་རྣམས་ཀྱང་བདེ་བར་འགྱུར། །	所有众生亦安乐，
ཞེས་གསུངས་འདི་དོན་ཡིད་ལ་བྱ། །	切记上述智慧语。

384

སྔོན་ཚེ་འདས་པའི་དུས་ཉིད་ན།།	就在久远之时代，
རྒྱལ་པོ་སྟོབས་ཀྱི་དབང་པོའི་ཏོག།	我曾转生称力顶，
ཅེས་བྱའི་སྲས་སུ་གྱུར་པ་ནི།།	王者之子庄严顶，
མཛེས་པའི་ཏོག་གིས་བསྟན་བཅོས་འདི།།	就在父前聆听此，
ཡབ་ལས་ལེགས་པར་མནོས་བྱས་པ།།	国王法规之论典，
འདི་ཡི་ཚུལ་གྱིས་སྐྱོན་པས་སྔོན།།	并且依靠此论典，
ལོ་ནི་ཉི་ཁྲིའི་བར་དག་ཏུ།།	治理世间二万年，
རྒྱལ་པོ་བྱས་ཏེ་སྐད་ཅིག་ཀྱང་།།	身为国王一刹那，
ཆོས་མིན་བྱ་བ་མ་བྱས་ཞེས།།	也未行持非法事，
བཅོམ་ལྡན་འདས་ཀྱིས་ལེགས་པར་གསུངས།།	世尊郑重如是说，
ད་ལྟའི་རྒྱལ་པོ་རྣམས་ཀྱིས་ཀྱང་།།	如今所有治国者，
སྟོན་པའི་བཀའ་འདི་དྲན་པར་བྱོས།།	亦应铭记佛陀言。

རབ་ཏུ་བྱེད་པ་དགུ་པ། བརྟན་ཞིང་བརྩོན་པ་བརྟག་པ།

第九品　稳重精进篇

385

ཇི་ལྟར་རྒྱ་མཚོ་ཆེན་པོ་ནི།།	犹如苍茫的海洋，
འཕེལ་དང་འགྲིབ་པར་མི་འགྱུར་བ།།	不会发生增与减，
དེ་བཞིན་ས་བདག་བཟང་པོ་རྣམས།།	若是贤明的国王，
ལུགས་ལས་ནམ་ཡང་མི་གཡོའོ།།	不会实行违法道。

386

གསར་རྙིང་གྲུབ་མཐའི་ཆོས་ལུགས་ནི།།	祖辈所传之教法，
ཡབ་མེས་དུས་ཀྱི་སྲོལ་གང་ཡིན།།	无论任何新旧派，
དེ་ཉིད་ཕོ་ན་གཙོ་བོར་འཛིན།།	始终视为根本法，
གཞན་དུ་སྒྱུར་ན་མི་བདེ་འཕེལ།།	随便改宗致不幸。

387

བློན་སོགས་གོ་ས་གང་དབང་བའི།།	臣等拥有地位者，
མི་རྒྱུད་རྣམས་ཀྱང་ཇི་སྲིད་བར།།	若能自始至终地，
དེ་བཞིན་ལེགས་པར་གནས་བྱས་ན།།	保持家族善行俗，
སྔར་ཚུལ་མི་ཉམས་མཛེས་པ་ཡིན།།	不违先例为善妙。

388

གཏོང་བའི་སྒོ་དང་ཆབ་སྲིད་སྲོལ། །
གནའ་བོའི་ལུགས་བཞིན་བསྐྱང་བྱ་སྟེ། །
འོས་མིན་སྔོན་མེད་བྱ་བ་འགའ། །
འཕེལ་བར་གྱུར་ན་འཇིག་པའི་ལྟས། །

布施以及治国道，
依照古俗勤执行，
若现前所未有事，
就会出现毁政相。

389

རང་གི་ཚུལ་ལས་གང་འདས་པ། །
སུ་ལའང་མཛེས་པ་མ་ཡིན་ཞིང་། །
ཁྱད་པར་དུ་ནི་རྒྱལ་པོ་རྣམས། །
ལུགས་ལས་མི་འདའ་ཡོན་ཏན་མཆོག །

如果违越诸规范，
对于何者亦不妙，
尤其各地诸国王，
不越法规为妙德。

390

སྙིགས་མའི་མི་རྣམས་དགའ་སྡུག་དང་། །
ཁེངས་དང་དུད་དང་འཛམ་རྩུབ་སོགས། །
སྤྱོད་ལམ་རྣམ་པ་མི་འདྲ་བ། །
ཉིན་རེ་བཞིན་དུ་འགྱུར་བ་མང་། །

浊世时代诸民众，
喜怒哀乐有变异，
时常表现柔粗相，
日常行为生变化。

391

གསར་པའི་ཚེ་ན་འགྲོགས་བདེ་ཞིང་།།
ཡུན་དུ་བསྟེན་ན་རྒྱུ་མེད་པར།།
སྐྱོ་བ་སྐྱེད་པའི་གྲོགས་པོ་ནི།།
གཞུང་ངན་མི་བརྟན་པ་ཞེས་བྱ།།

初交之时易相处，
长久交往过程中，
无缘无故悲伤者，
称为不稳之恶友。

392

དང་པོ་འདྲིས་པར་དཀའ་བ་ལ།།
ལེགས་པར་འགྲོགས་ན་སླར་ཡང་ནི།།
མི་ཕྱེད་མཛའ་བ་བརྟན་པ་དེ།།
གྲོགས་པོ་བློ་བརྟན་པ་ཞེས་བརྗོད།།

最初难以相处者，
诚心交往会成为，
交情稳固莫逆者，
称为稳重之善友。

393

ཅུང་ཟད་ཙམ་གྱིས་དགའ་ཞིང་སྙེམས།།
ཅུང་ཟད་ཙམ་གྱིས་འཁྲུག་ཅིང་ཞུམ།།
སྐྱེ་བོ་ངན་པ་སྲང་མདའ་དང་།།
འདྲ་བ་སྐྱེས་བུ་ཐ་ཤལ་ཡིན།།

稍遇喜事易傲慢，
稍遭逆境就畏缩，
犹如秤杆般之人，
就是卑鄙之恶友。

394

རིགས་པ་དང་ནི་མི་རིགས་པའི། །	有关合理与无理，
བྱ་བ་དང་ནི་གཏམ་སོགས་ལ། །	所有事业及话语，
རྣམ་འགྱུར་སྔ་བར་མངོན་པ་ནི། །	喜欢事先表态者，
སྤྲེའུ་བཞིན་དུ་ཅོལ་ཆུང་ཡིན། །	犹如猕猴无主见。

395

བསྟོད་སྨད་འཇམ་རྩུབ་ཚིག་ཕལ་ཆེར། །	赞美诋毁等言辞，
བྲག་ཅ་བཞིན་དུ་ཡལ་འགྱུར་མོད། །	虽如谷声瞬间逝，
ཀུ་ཅོས་དཀྲོགས་པའི་ཁྱི་བཞིན་དུ། །	犹如噪音所惊犬，
བློ་ཆུང་ཞ་ཐང་ཆད་ཆད་འཁྲུག །	小人遇难就生变。

396

སྐྱིད་སྡུག་ངེས་པ་མེད་པས་ན། །	喜怒哀乐不恒定，
འཁོར་བའི་སྣང་ཚུལ་རྨི་ལམ་འདྲ། །	轮回犹如梦中境，
འབྱོར་ཀྱང་དྲེགས་པར་མི་བྱ་ལ། །	富裕不宜生傲慢，
རྒུད་ཀྱང་ཞུམ་པར་མི་བྱའོ། །	衰落不必生畏惧。

397

དྲིན་བྱས་བརྗེད་པར་གྱུར་པ་ནི།། 所有忘恩负义者，
མི་ཡི་ནང་ནས་ཐ་ཆད་ཡིན།། 就属人中恶劣者，
བྱས་པ་ཤེས་ཤིང་དྲིན་གཟོ་བའི།། 若为知恩图报者，
མི་ལ་དཔལ་མགོན་ཉེ་བར་གནས།། 就是护神护持者。

398

ཕན་པ་ཆུང་ངུ་དག་ལ་ཡང་།། 虽然对于微小利，
རྗེས་སུ་ལྟ་བའི་སེམས་བསྐྱེད་མོད།། 也会生起欢喜心，
རྨིག་རྗེས་ཀྱི་ནི་ཆུ་བཞིན་དུ།། 犹如蹄迹所积水，
རྒྱལ་པོ་མགུ་བར་སླ་མི་བྱ།། 王者不宜起欢喜。

399

རྒྱ་མཚོའི་སྟེང་གི་ཀུ་བ་བཞིན།། 犹如大海之帆船，
སྐྱེ་བོ་ངན་པ་བསྐྱོད་པ་ཡང་།། 卑劣之人易生变，
རི་རབ་བཞིན་དུ་མི་གཡོ་བའི།། 稳如泰山之国王，
མི་བདག་འཇིག་རྟེན་འདི་ན་མཆོག། 是为世间最殊胜。

400

བྱིས་པ་རྣམས་ཀྱི་རྩེད་མོ་ལ།།	恰似年迈智慧者，
ལྟད་མོ་ལྟ་བའི་རྒན་པ་བཞིན།།	观看孩童玩游戏，
ཅོལ་ཆུང་རྣམས་ཀྱི་བྱ་བ་ལ།།	对于愚者诸行为，
ཁྲོ་དང་དགའ་བ་བསྐྱེད་མི་བྱ།།	国王不宜生喜怒。

401

སྐྱེ་བོ་ཡ་རབས་ཚིག་བཙུན་རྣམས།།	所有高尚实言者，
ཁས་བླངས་ནས་ནི་དོན་ཆུང་ཡང་།།	承诺之事虽微小，
ལྡོག་པ་མིན་ན་དོན་ཆེན་དང་།།	不宜反悔况大事，
མནའ་དོར་བ་ལས་ཇི་ལྟར་ལྡོག།	以及盟誓之事业。

402

གཏམ་དང་བྱ་བར་ངེས་མེད་ན།།	语言行为不可靠，
སུ་ཡང་རུང་སྟེ་བརྩི་བཀུར་ཆུང་།།	不会引起他人敬，
དོན་ལྡན་སྨྲ་བའི་སྐྱེས་བུ་ཡི།།	所言具有意义者，
ཚིག་ལས་ཀུན་གྱིས་འདའ་བར་དཀའ།།	众人不会违其言。

403

དམ་བཅའ་རི་ལྟར་བརྟན་གྱུར་ན། །	如果诺言稳如山，
རང་གི་དགོས་པ་ཀུན་འགྲུབ་ཅིང་། །	圆满自己诸愿望，
སྐྱེ་བོའི་ཡིད་རྟོན་གནས་གྱུར་ལ། །	成为众人所依处，
བསྡིགས་ན་ལྷ་ཡང་འཇིགས་པ་སྐྱེ། །	发威诸神亦生畏。

404

བློ་མི་བརྟན་པས་ཚོས་དང་སྲིད། །	若是易改心意者，
གང་བརྩམས་ན་ཡང་མཐར་མི་ཕྱིན། །	办理何事留瑕疵，
བྱ་བ་མང་ལ་འགྲུབ་པ་ཉུང་། །	事情繁多成者少，
ཁས་ལེན་ཆེ་ལ་ལག་རྗེས་ཆུང་། །	承诺频繁难结果。

405

བློ་བརྟན་རྣམས་ཀྱིས་གང་བསྒྲུབས་ཀྱང་། །	具有毅力办事者，
ཡུན་ནས་ཡུན་དུ་འབད་པ་ཡིས། །	持之以恒勤努力，
ཐིགས་པ་བསགས་པས་རྒྱ་མཚོ་བཞིན། །	犹如积水成大海，
ཐ་མ་གྲུབ་འབྲས་རྒྱ་ཆེར་ལྡན། །	最终成就广大果。

406

བློ་མི་བརྟན་ལ་ཡོན་ཏན་གྱིས།། 缺乏毅力有知者，
རེ་ཞིག་བསྐོས་པར་གྱུར་ན་ཡང་།། 尽管委托办小事，
རྡོ་ལ་ག་བུར་དྲི་བཞིན་དུ།། 犹如石生冰片味，
རིང་པོར་མི་ཐོགས་ཡལ་བར་འགྱུར།། 不会久存瞬间失。

407

འདུ་ཤེས་སྣ་ཚོགས་སྐྱེ་བོ་ཡིས།། 习惯见异思迁者，
བརྗོད་ཀུན་རྗེས་སུ་མི་འཇུག་པར།། 不该相信其所言，
རང་གིས་ལེགས་པར་དཔྱད་ནས་སུ།། 经过仔细思考后，
འོས་པའི་དོན་ལས་ལྡོག་མི་བྱ།། 合理之事不应弃。

408

དབུ་བ་རྫོས་འདྲ་སྟོབས་མེད་སེམས་ཀྱིས་ནི།། 缺乏毅力之心如水泡，
ལུགས་ཟུང་བྱ་བ་གང་ཡང་མི་འགྲུབ་ཕྱིར།། 难以完成世间出世事，
མི་ཤིགས་སྙིང་སྟོབས་རྡོ་རྗེ་ལྟ་བུ་ཡིས།། 毅力坚定犹如金刚智，
རིགས་པའི་དོན་ཀུན་བདེ་བླག་བསྒྲུབ་པར་བྱ།། 圆满完成所有合理事。

409

ལྷུན་པོའི་རྒྱལ་པོ་རྡོ་རྗེའི་ཁོར་ཡུག་ཅན། །
འཛིན་མའི་དབུས་སུ་གཡོ་མེད་གནས་པ་ལྟར།
ས་སྐྱོང་བརྟན་ཞིང་ལུགས་ལས་མི་གཡོ་བ། །
ས་སྟེང་སྐྱེ་བོ་ཀུན་ལས་མངོན་པར་འཕགས། །

犹如须弥山在其所处，
金刚轮中巍然屹立般，
如果王者稳重不越轨，
能在世间显得最殊胜。

410

གྲོགས་ངན་ཆུ་གཉེར་རླབས་ཀྱིས་མི་གཡོ་ཞིང་། །
གློ་བུར་རྣམ་རྟོག་རླུང་གིས་མི་བསྐྱོད་པར། །
རྟག་ཏུ་བརྟན་པའི་ངང་ཚུལ་རི་དབང་འདིས། །
སེམས་མེད་རི་བོ་མཆོག་ཀྱང་ཟིལ་གྱིས་གནོན། །

不为恶友所言生变化，
不随想象幻觉起疑心，
始终秉持稳重如岳王，
比起无情之峰显庄严。

411

གང་ཞིག་བརྟན་པའི་བློ་ལྡན་དེ་དག་ནི། །
སྙིང་སྟོབས་ཆེ་ཞིང་བརྩོན་འགྲུས་མི་གཡེལ་བས། །
རང་གི་ལས་སུ་བྱ་བ་གང་ལ་ཡང་། །
ཞུམ་པའི་སེམས་ནི་ནམ་ཡང་མི་བསྐྱེད་དོ། །

意志坚定兼具智慧者，
毅力坚定精进不散逸，
对于自己所作任何事，
始终不会生起恐惧心。

412

ལས་ལ་བགྱི་བ་མ་བཏང་ན།། 如果不舍应做事，
དོན་ཆེན་དག་ཀྱང་མཐར་གྱིས་འགྲུབ།། 大事也能逐办成，
ཕ་བོང་སྐྱུལ་བར་དཀའ་བ་ཡང་།། 尽管磐石难移位，
རིམ་གྱིས་རི་རྩེར་འཁྱིན་པར་ནུས།། 渐能移到高山顶。

413

བླུན་པོས་བྱ་བ་ཁས་འཆེ་ཞིང་།། 愚者所有承诺者，
ཐོག་མར་བསྒྲིམས་ནས་ཐ་མར་ལྷོད།། 起初专心最终松，
མཁས་པས་བྱ་བ་ཞི་ལ་བཞག། 智者所做筹划者，
དང་པོར་ལྷོད་ཅིང་ཐ་མར་བསྒྲིམས།། 起初松弛后专注。

414

དམ་པས་དང་པོར་ཁས་འཆེ་དཀའ།། 圣者难以承诺事，
གལ་ཏེ་ཁས་ནི་བླངས་གྱུར་ན།། 如果做出承诺后，
རྡོ་ལ་རི་མོ་བྲིས་པ་བཞིན།། 犹如岩石刻图案，
ཤི་ཡང་གཞན་དུ་མི་བྱེད་དོ།། 虽死不会有改变。

415

བརྩོན་འགྲུས་ཆེ་དང་ལྡན་གྱུར་ན།།	如果具有大精进，
རི་བོའི་རྩེའང་མཐོ་བ་མིན།།	高山之顶亦不高，
རྒྱ་མཚོའི་གཏིང་ཡང་མི་དམའ་སྟེ།།	大海深处也变浅，
འདི་ལྟའི་སྙིང་སྟོབས་ལྡན་པ་ལ།།	对于如此精进者，
ལྷ་ཡང་སྐྲག་པ་སྐྱེ་འགྱུར་ན།།	即使天神也生畏，
མི་ཡི་སྐྱེ་བོ་སྨོས་ཅི་དགོས།།	何况人间诸凡夫。

416

དེད་དཔོན་སྦྱིན་པ་ཆེན་པོ་ཡིས།།	犹如智商大施主，
རྒྱ་མཚོའི་ཆུ་ནི་བཅུས་པ་བཞིན།།	精勤舀尽大海水，
བརྩོན་འགྲུས་དག་དང་ལྡན་པ་ཡིས།།	所有具备精进者，
དགེ་བའི་བཤེས་གཉེན་བསྟེན་བྱ་ཞིང་།།	应当依为善知识，
གཞུང་ལུགས་རྣམ་མང་བསླབ་བྱ་སྟེ།།	勤奋学习诸论典，
ཐོས་པས་ཤེས་རབ་མིག་བསྒྲུབས་ནས།།	依闻获得智慧眼，
འོས་ཤིང་རིགས་པའི་བྱ་བ་དང་།།	对于合理分内事，
ཁྱད་པར་དོན་ཆེན་གནས་རྣམས་ལ།།	尤其关系重大者，
སེང་གེའི་ཚུལ་གྱིས་འཇིགས་མེད་པར།།	犹如狮子无畏地，
བྱ་བའི་ལས་ལ་སྒྱུར་བར་བྱ།།	完成自己分内事。

417

དམན་པ་བསྟེན་པས་མི་རྣམས་ཉམས་འགྱུར་ཞིང་།། 皈依劣者时常毁众人，
ཐད་ཀར་བབ་པ་བསྟེན་པས་སོ་ན་གནས།། 皈依中者仅仅造平庸，
མཆོག་རྣམས་ལ་བསྟེན་དམ་པ་འཐོབ་འགྱུར་བ།། 皈依圣者成就圣贤士，
དེ་ཕྱིར་བདག་བས་གཙོར་གྱུར་བསྟེན་པར་བྱ།། 因此我等皈依殊胜主。

418

ཡོན་ཏན་ཀུན་དང་ལྡན་པ་དཀོན།། 全是功德者罕见，
ཡོན་ཏན་ཅི་ཡང་མེད་པའང་ཉུང་།། 毫无功德者亦少，
ཡོན་ཏན་གཙོ་ཆེ་བསྟེན་བྱས་ཏེ།། 皈依功德为主者，
སྐྱོན་འདོར་ཡོན་ཏན་ལེན་པར་བྱ།། 舍弃缺点取功德。

419

ཆུ་ཡིས་ཕྱེད་ཙམ་གང་བ་ཡི།། 犹如只装半瓶水，
བུམ་པ་སྤྱི་བོར་ཐོགས་པ་བཞིན།། 顶在头上不稳定，
ཐོས་ཆུང་ང་རྒྱལ་ཆེ་བ་ཕལ།། 孤陋寡闻傲慢者，
བཀུར་བར་ཤིན་ཏུ་དཀའ་བ་ཡིན།། 大多很难被供奉。

420

ངན་པ་ཇི་སྲིད་ཉམ་ཆུང་བ།། 恶人变得富裕前，
དེ་སྲིད་བར་དུ་རང་བཞིན་བཟང་།། 时常显示善良相，
ཇི་སྙེ་རྙེད་བཀུར་ཐོབ་པ་ན།། 如果获得名利时，
དེ་མ་ཐག་ཏུ་འཁྲིང་ཚུལ་སྟོན།། 立刻现出高傲态。

421

གཞོན་ཡང་རྒན་པའི་ཉེ་བར་ཞི་ལ་དགའ།། 虽然年幼喜欢敬老者，
མཁས་པར་གྱུར་ཀྱང་ཤེས་པའི་ང་རྒྱལ་མེད།། 尽管富有智慧不傲慢，
གཟི་བརྗིད་ཆེ་ཡང་བཟོད་ཅིང་དེས་པའི་ངང་།། 虽然享有威望很谦恭，
ཇེ་མཐོར་ཕྱིན་ཀྱང་སྙེམས་པ་མེད་རྣམས་མཆོག། 身处高位谦虚者殊胜。

422

མཐུ་ཆེ་བ་དང་འགྲོགས་གྱུར་ན།། 依靠具备威望者，
མཐོན་པོ་ཉིད་དུ་སུ་མི་འགྱུར།། 容易获得高地位，
མེ་ཏོག་ཕྲེང་བར་འབྲེལ་བ་ཡི།། 犹如串联花鬘线，
སྐུད་པ་མགོ་ལ་འདོགས་པར་བྱེད།། 会被系在头顶上。

423

དམ་པ་དག་དང་འགྲོགས་པ་ན། །　如果依靠殊胜者，
རང་རྒྱུད་ཡོན་ཏན་ལྡན་པར་འགྱུར། །　自然变成有德者，
ཀོ་ཏུ་ཧྲ་དང་ལྡན་ཅིག་པའི། །　若和果德巴同在，
རྡོ་ཁམས་གསེར་དུ་སྒྱུར་བར་བྱེད། །　石头也会成黄金。

424

བོང་བུ་ཕྱུགས་ལ་མེ་ཏོག་ཕྲེང་བས་ཅི། །　花鬘对于毛驴没有用，
དུད་འགྲོ་ཕག་ལ་ཁ་ཟས་ཞིམ་པོས་ཅི། །　美食对于猪猡没有用，
ལོང་ལ་སྣང་དང་འོན་པ་དག་ལ་གླུ། །　光对盲人歌曲对聋者，
གླེན་པ་རྣམས་ལ་ཆོས་ཀྱིས་ཅི་ཞིག་བྱ། །　佛法对于愚者没有用。

425

གང་ཞིག་ཚིག་གཅིག་ཙམ་སྟེར་བའི། །　佛说如果不恭敬，
བླ་མར་ཕྱག་བྱས་མ་བཏུད་ན། །　赐教佛语诸上师，
ཁྱི་ཡི་སྐྱེ་བ་བརྒྱ་བརྒྱུད་ནས། །　连续百世转为狗，
རིགས་ངན་དག་ཏུ་སྐྱེ་བར་གསུངས། །　其后再转为劣种。

426

རིག་པ་གཞོན་པའི་དུས་ན་བསླབ། །　趁年轻时学知识，
བ་ནི་དགུན་གྱི་དུས་སུ་གསོ། །　趁冬季时饲养牛，
ཞིང་ནི་རྡོད་གཤེར་ལྡན་ཚེ་རྨོ། །　春季湿润时耕田，
འདི་གསུམ་འབྲས་བུ་སྨིན་པའི་རྒྱུ། །　就能成就如愿果。

427

གྲོག་མཁར་ས་དང་སྦྲང་རྩི་དང་། །　蚁穴蜂蜜上弦月，
ཡར་ངོའི་ཟླ་བ་བསླབ་པའི་བློ། །　学习知识之榜样，
རྒྱལ་པོའི་ནོར་དང་སྤྲང་པོའི་ནོར། །　国王以及乞丐财，
ཅུང་ཟད་ཅུང་ཟད་བསགས་པས་འཕེལ། །　需要依靠渐积累。

428

ཡོན་ཏན་དག་ལ་འབད་བྱ་ཡི། །　积累智慧靠勤奋，
འགྱིང་ཚུལ་བསྟན་པས་ཅི་ཞིག་བྱ། །　高调傲慢没有用，
ཡོན་ཏན་མེད་པའི་ཆེ་འགྱིང་ནི། །　毫无功德示傲慢，
རང་ཉིད་སྨ་ཕབ་ཕོ་ན་ཡིན། །　只会贬低其人格。

429

མཆོག་ཆུང་བདེ་བས་གཡིངས་པ་ལ། །
དོན་ཆེན་ཡོན་ཏན་ག་ལ་སྐྱེ། །
དེ་བས་སློབ་ཚེ་སྡུག་བསྔལ་ཀུན། །
ཁྱད་དུ་བསད་དེ་ཡོན་ཏན་བསླབ། །

无能只爱享受者，
岂能生起殊胜德，
因此求得功德时，
需要克服所有苦。

430

རིག་པའི་གནས་དང་དམ་པའི་གཞུང་། །
མ་ཐོས་བར་དུ་ཤེས་མི་འགྱུར། །
ཐོས་པས་སྣང་དོར་གནས་ཀུན་ལ། །
བློ་གྲོས་མིག་བཟང་འབྱེད་པར་བྱེད། །

殊胜智慧及经论，
未曾听闻难通晓，
只有依靠闻诸经，
就能开启智慧眼。

431

ཡང་དག་མཁས་པའི་སློབ་དཔོན་ལ། །
བསྟེན་པར་མ་བྱས་རིག་པ་དེ། །
འཕྱོན་མ་ཡི་ནི་བུ་བཞིན་དུ། །
ཁུངས་བཙུན་པར་ནི་མི་འགྱུར་རོ། །

不是传承于智者，
所能获得之知识，
犹如娼妇所生子，
不能说是正宗货。

432

ཡ་རབས་རིགས་རྒྱུད་མཐོ་བ་དང་། །
མཁས་ཤིང་དམ་པའི་སྐྱེས་བུ་ལ། །
བསྟེན་ཅིང་ཁུངས་ཕྱུང་བྱས་ཙམ་གྱིས། །
སྐྱེ་བོ་གཞན་གྱིས་རྗེ་བར་བྱེད། །

皈依高贵种族者，
智者以及殊胜者，
或者以其为依据，
也可赢得被敬仰。

433

ལེགས་པར་མཐར་ཕྱིན་སྦྱངས་གྱུར་ན། །
གཞུང་གཅིག་ཤེས་ཀྱང་ཉི་མ་བཞིན། །
ཐེ་ཚོམ་དང་བཅས་གཞུང་མང་པོ། །
འཛིན་ཉོམ་བྱས་ཀྱང་རྒྱུ་སྐར་འདྲ། །

如果学问通究竟，
虽知某论亦如日，
如果博学并多疑，
犹如星星无光芒。

434

ཐོས་པའི་དོན་ལ་རྩེ་གཅིག་ཏུ། །
རིགས་པའི་ལམ་ནས་དཔྱད་བྱས་ཏེ། །
བསམ་བྱུང་ངེས་པ་མ་རྙེད་ན། །
ཐོས་གློག་ཕལ་ཆེར་ནེ་ཙོ་འདྲ། །

未能对于所闻义，
通过逻辑分析后，
获得真实义之前，
所闻犹如鹦鹉言。

435

རིགས་དང་མི་རིགས་དཔྱོད་པའི་བློ་མེད་ཅིང་།། 缺乏判断理与非理智，
ཐོས་དང་བསོད་ནམས་དོན་དུ་མི་གཉེར་བར།། 不求听闻及其福德义，
ལྟོ་འགྲངས་འཁྲིག་སྤྱོད་ཙམ་གྱིས་དུས་འདའ་བའི།། 终日吃饱饭后思淫欲，
སྐྱེས་བུ་དེ་བློ་ཕྱུགས་དང་ཁྱད་པར་ཅི།། 这类人和畜生没区别。

436

རྒས་ཤིང་འཁོགས་པར་གྱུར་ནའང་།། 尽管已经显老相，
འབད་དེ་ཐོས་བསམ་ཤེས་རབ་སྦྱང་།། 只要勤奋学智慧，
ཤེས་རྒྱུད་དེ་ལ་དེས་བསྒོས་པས།། 依靠熏染其相续，
སྐྱེ་བ་གཞན་དུ་མཁས་པར་འགྱུར།། 来世就能成智者。

437

རིག་པ་གླེགས་བམ་ལ་གནས་དང་།། 留在书本之学问，
མ་བསྒྲུབས་པ་ཡི་གསང་སྔགས་དང་།། 没有修持之密咒，
ཚགས་སུ་མ་བྱས་ཡོ་བྱད་རྣམས།། 未曾保养之工具，
དགོས་པའི་དུས་སུ་སླེབ་པར་དཀའ།། 急用之时难奏效。

438

རང་གི་འདི་ཕྱིའི་ལེགས་ཚོགས་དང་། །
འབངས་ཀྱི་དོན་རྣམས་མཐའ་དག་ལ། །
མི་བདག་དུས་སུ་བསམ་བྱ་སྟེ། །
ལེ་ལོས་ཕྱི་བཤོལ་མི་བྱའོ། །

己之现今来世资，
以及民众诸利益，
若居王位勤思考，
莫以懈怠荒事业。

439

བརྩོན་པ་དག་དང་བྲལ་གྱུར་ན། །
དོན་ཆུང་ཡིན་ཡང་འགྲུབ་པར་དཀའ། །
བརྩོན་འགྲུས་ལྡན་ན་ཡོན་ཏན་ཀུན། །
རང་གི་ལག་ན་གནས་དང་མཚུངས། །

如果缺失精进心，
即使小事也难成，
常持精进及功德，
诸事就在掌握中。

440

བདག་ཉིད་བདག་གི་མགོན་ཡིན་གྱི། །
གཞན་པ་སུ་ཞིག་མགོན་དུ་འགྱུར། །
དེ་བས་རང་དོན་ཤེས་པ་རྣམས། །
ཡོན་ཏན་ལེན་ལ་ཤིན་ཏུ་བརྩོན། །

自己就是己怙主，
他者难为己依怙，
凡是知晓己利者，
时常精于学智慧。

441

དགྲ་བོ་མི་དགར་བྱེད་འདོད་ན།།
རང་ཉིད་ཡོན་ཏན་ལྡན་པར་བྱ།།
ཁྲོ་བའི་སེམས་དང་ཚིག་རྩུབ་ཀྱིས།།
གཞན་དག་མི་ཐུལ་རང་ལ་གནོད།།

若想敌人不悦者，
自己应当积功德，
依靠愤怒和恶语，
难降他人反害己。

442

མཆོག་རྣམས་རྒུད་དང་ཉམ་ངའི་ཚེ།།
སྙིང་སྟོབས་བློ་གྲོས་ལྷག་པར་ཆེ།།
མུན་པ་ཐིབས་པོས་ནོན་པ་ན།།
སྒྲོན་མེ་ལྷག་པར་གསལ་བ་ཡིན།།

智者遭衰受困时，
毅力更加变强大，
越是变得黑暗时，
明灯更加放光芒。

443

གང་ཞིག་ཁྲོ་ན་འཇིགས་མེད་ལ།།
དགའ་ནའང་ཕན་འདོགས་མི་ནུས་པ།།
ཚར་གཅོད་རྗེས་འཛིན་མེད་པ་དེ།།
དགའ་འམ་ཁྲོ་ཡང་དེས་ཅི་བྱ།།

如遇怒者不恐怖，
高兴亦难利益之，
失去护己降伏者，
无论喜怒没有用。

444

ཕན་བཏགས་པ་ལ་དྲིན་མི་གཟོ། །
གནོད་བྱས་ལན་ལྡོན་མེད་པ་ཡི། །
ནུས་མེད་ལམ་ཁའི་ཐོ་ཡོར་དང་། །
འདྲ་ལ་ཀུན་གྱིས་བརྙས་པར་བྱེད། །

对于恩人不求报，
对于敌人不反击，
犹如路旁土堆人，
无能孬种众人辱。

445

བློ་ལྡན་སེམས་དཔའ་མཆོག་རྣམས་ལ། །
བྱས་པ་ཆུང་ཡང་དྲིན་གཟོ་ཆེ། །
གནོད་པ་མང་ཡང་མི་འཁྲུགས་པས། །
ས་གཞི་བཞིན་དུ་གནས་མོད་ཀྱི། །

对于殊胜诸菩萨，
做事虽小获大报，
常遭伤害不紊乱，
犹如大地坦然处。

446

གང་དེའི་སྤྱོད་ཡུལ་མ་ཐོབ་གཞན། །
ཕན་དང་གནོད་པ་ངོ་ཤེས་ནས། །
ཚར་གཅོད་རྗེས་འཛིན་མཐུ་ཡོད་པ། །
དེ་སྲིད་དེ་ཉིད་ཀུན་གྱིས་བརྩི། །

圣者不曾获位前，
通晓待人利与害，
并能护持降伏者，
因此赢得众人敬。

447

གང་ན་མགོ་བོ་གཅོད་ནུས་པ།།	发怒能够断人头，
དགའ་ན་རྒྱལ་སྲིད་སྦྱིན་པར་ནུས།།	欢喜能够施国政，
ནུས་པ་ཆེ་དང་མ་ལྡན་ན།།	如果不具此胆量，
མི་བདག་ཅེས་གྲགས་དགོས་པ་ཆུང་།།	奉称王者无意义。

448

མི་ལྕོགས་པ་ཡི་བྱ་བ་ལ།།	不能承担之事情，
གཞན་གྱིས་ཐད་ཀྱང་བསྒྲུབ་མི་བྱ།།	受人唆使亦该弃，
དགེའོ་དགེའོ་ཞེས་སྨྲས་པས།།	他人虽说是善事，
མེ་ཡི་ནང་དུ་སུ་ཞིག་མཆོང་།།	没人跳入烈火中。

449

ཐབས་ལ་མཁས་བྱས་དོན་གང་ཞིག།	如果精通善巧术，
དཀའ་ཡང་བསྒྲུབ་པར་ནུས་མཐོང་ན།།	再难之事亦办成，
གཞན་གྱིས་བཀག་ཀྱང་ལྡོག་མི་བྱ།།	遭遇阻止不退却，
མཁས་པས་རིན་ཆེན་ལེན་དང་མཚུངས།།	犹如智者取珍宝。

450

སྦྲུལ་གདུག་མགོ་ལས་ནོར་བུ་བཞིན།།	如从蛇头取宝珠，
བྱ་བ་ཆུང་དུ་དག་ལ་ཡང་།།	尽管属于微小事，
བག་ཟོན་བཅས་པས་བསྒྲུབ་བྱ་ཡི།།	应当谨慎去办理，
བབ་ཅོལ་རྩོམ་པ་ནམ་ཡང་མིན།།	办事切忌草率行。

451

མཛེ་ཅན་མེར་ནི་འཇུག་པ་ལྟའི།།	犹如麻风及火灾，
ཕུང་ཀྲོལ་རྣམས་ཀྱིས་ཉེན་ཆེ་བའི།།	导致各种灾难之，
བྱ་བའི་གནས་ལ་འཇུག་པ་གང་།།	所有危险的事情，
རྣལ་མར་གནས་པས་བྱུར་མི་ཏུང་།།	慧智贤者应避免。

452

འཕྲོད་པར་ཟ་བའི་མི་ལ་ནི།།	犹如适当进餐者，
ཟས་ལས་བྱུང་བའི་ནད་མེད་པ།།	不因食物生疾病，
དེ་བཞིན་ལེགས་པར་བརྟགས་ནས་སུ།།	如此细致观察后，
བྱ་བ་བྱེད་ལ་ཉེས་པ་དཀོན།།	所作所为免过错。

453

དོན་ཆུང་བ་ལ་ཆགས་རྣམས་ཀྱིས།།
ཆེན་པོའི་བདེ་བ་མི་འཐོབ་པས།།
བློ་ནི་ཅི་ནས་རྒྱ་བསྐྱེད་དེ།།
ཡོན་ཏན་ཆེན་པོ་ཉིད་དུ་བྱ།།

贪图微小利益者，
不会变成大富贵，
因此培养大胸怀，
广为善事积功德。

454

བསྒྲུབས་ན་ལྷ་ཡང་འགྲུབ་འགྱུར་ལ།།
བཅོམ་ན་བྲག་ཀྱང་ཞིག་པའི་ཕྱིར།།
ཞུམ་པ་དང་དུ་མི་བླང་བར།།
རྒྱུན་ཆགས་པར་ནི་བརྩོན་པར་བྱ།།

若修神仙亦修成，
若毁岩石也粉碎，
诸事不宜生怯心，
应当恒持精进力。

455

གོམས་ན་སླ་བར་མི་འགྱུར་བའི།།
དངོས་དེ་གང་ཡང་ཡོད་མ་ཡིན།།
ངང་པ་མཚོ་དང་བྱ་རྒོད་དག །
དུར་ཁྲོད་ལ་དགའ་གོམས་པའི་བློ།།

如果养成习惯后，
世间则无难办事，
鹅喜海鹰喜尸林，
都是习惯所导致。

456

 སྤོབས་ལྡན་ཤ་ཁྲག་རྟག་ཟ་བའི། ། 食肉成性之猛狮，
སེང་གེ་ལོ་རེར་ལན་གཅིག་འཁྲིག ། 每年一次交媾行，
རྩྭ་ཙམ་འགམ་པའི་བོང་བུ་རྣམས། ། 吞食草尘之毛驴，
རྟག་ཏུ་བག་མེད་འཁྲིག་པ་སྤྱོད། ། 毫无节制行交媾。

457

ཆགས་བྲལ་ཆགས་དང་ཡིད་ལོག་བཞིན། ། 犹如无欲厌欲等，
འགྲོ་རྣམས་སེམས་ཀྱི་རྗེས་སུ་འབྲངས། ། 皆随众生之心智，
སེམས་ནི་གོམས་པའི་རྗེས་འགྲོའི་ཕྱིར། ། 心智成型于习惯，
རང་སེམས་དབང་སྒྱུར་དངོས་གྲུབ་མཆོག ། 能控心智获成就。

458

སྐྱེ་རྒྱུ་ལས་ཀྱི་རྗེས་འབྲངས་པས། ། 众生成就随业力，
ཕལ་ཆེར་རང་དབང་ཡོད་མ་ཡིན། ། 业力不会随意愿，
ལས་དེའང་སེམས་པས་བསྐོད་པའི་ཕྱིར། ། 业力也由心智定，
སེམས་གདུལ་བ་ལ་ནན་ཏན་བྱ། ། 因此精心养心智。

459

ས་སྟེང་འདི་ན་བདེ་བ་དང་།།
སྡུག་བསྔལ་རིས་སུ་བྱས་པ་མེད།།
འཇིག་རྟེན་འཇིག་རྟེན་འདས་པའི་དོན།།
གང་སྒྲུབ་བདག་ལ་རག་ལས་པས།།

人间所有苦和乐，
皆非自身有定数，
成就世间出世事，
均依个人善恶业。

460

གཞན་གྱི་དྲིང་ལ་མི་འཇོག་པར།།
བདག་ཉིད་གཅིག་པུས་བགྱི་བའི་དོན།།
མཐར་ཕྱིན་པ་ནི་བྱའོ་ཞེས།།
སེམས་པ་སྐྱེས་བུ་སེང་གེ་ཡིན།།

对于不依他人之，
个人独自所做事，
持有必圆之决心，
能够成为人中杰。

461

ཇི་ལྟར་མེ་ནི་རླུང་གིས་སྦར་གྱུར་ན།།
ཚང་ཚིང་ནགས་ཀྱི་ཚོགས་རྣམས་ཚིག་པར་ནུས།།
དེ་བཞིན་ཐབས་དང་ལྡན་པར་གང་བརྩོན་པ།།
མི་མཐུན་རྒོལ་བའི་ཕྱོགས་ལས་རྣམ་པར་རྒྱལ།།

如果火能凭借风之力，
就能焚毁密林弹指间，
心有妙法兼具意志者，
没有不能降伏之敌人。

462

དགེ་བའི་སྐྱས་ལས་མཐོ་རིས་གནས་འགྲོ་ཞིང་།།	依善不仅能够升善趣，
དཔལ་དང་འབྱོར་པའི་མཚོ་ཆེན་རང་གིར་བྱེད།།	也能促成海量功德福，
ས་གསུམ་འདུ་བ་མགྲོན་དུ་འགུགས་པ་ཡང་།།	若想聚集三界众生客，
བརྩོན་པས་ལག་ན་གནས་པ་བཞིན་དུ་བྱེད།།	仍然握在精进者手中。

རབ་ཏུ་བྱེད་པ་བཅུ་པ། མི་བདག་ཏུ་ལ་བ་བརྟག་པ།

第十品　观察谦恭篇

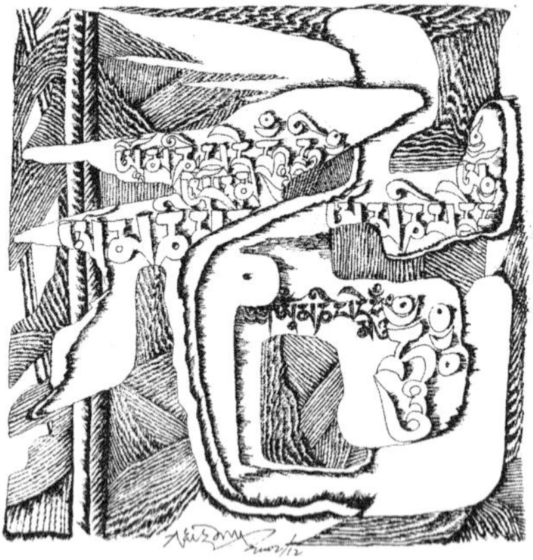

463

དཔལ་དང་འབྱོར་པ་ཕུན་སུམ་ཚོགས་ལྡན་པའི། ། 若是圆满具备福德之，
མི་བདག་བཟང་པོ་རྣམས་ནི་ལྷག་པར་དུལ། ། 贤明国王显得很谦恭，
རྒྱུ་སྐར་ཕྲེང་བས་བསྐོར་བའི་རི་བོང་འཛིན། ། 犹如星星围绕之明月，
སྤྲིན་མེད་མཁའ་ལ་འཆར་བ་ཇི་བཞིན་ནོ། ། 就在无云太空中运行。

464

ཡོན་ཏན་ཆུང་རྣམས་ང་རྒྱལ་ཆེ། ། 欠缺学问很傲慢，
ཡོན་ཏན་མཆོག་ལྡན་ཁེངས་པ་བྲལ། ། 富有功德极谦逊，
སྙེ་མ་ལོང་བ་མགོ་འཕང་མཐོ། ། 犹如空穗头高昂，
འབྲས་བཟང་སྨིན་པ་དུད་དེ་གནས། ། 成熟硕果垂着头。

465

རང་གིས་རང་ལ་བསྟོད་བྱེད་པ། ། 如果自己赞自己，
བརྒྱ་བྱིན་ཡིན་ཡང་མི་མཛེས་པས། ། 即使帝释不显美，
ཁ་ཅོལ་ཆུང་དུས་མི་གཅོལ་བར། ། 不因碎语所动摇，
རྒྱ་མཚོ་བཞིན་དུ་བརླིང་བར་བྱ། ། 应持大海般深沉。

466

ཡོན་ཏན་ཅན་ལ་ལྷག་པར་དགྲར་གྱུར་ཅིང་། །	如果敌视富有功德者，
མཐོ་བར་འཁྱིང་བཞིན་དམའ་བར་སྒྱུར་བྱེད་པ། །	虽居高位也会成卑微；
བདག་གི་སྐྱོན་རྣམས་མཐོང་དུ་མི་སྟེར་བའི། །	表现傲慢喜欢隐藏过，
ང་རྒྱལ་དང་མཚུངས་ཉེས་པ་གཞན་ཡོད་མིན། །	没有傲慢深重之罪孽。

467

མཐོང་བ་ཙམ་ནས་སྐྱེ་བོས་སྡང་འགྱུར་ལ། །	初次见面就遭众人怒，
དེ་ཡི་དཔལ་ལ་གཞན་རྣམས་ཤིན་ཏུ་འཁུ། །	虽然身居高位亦遭弃，
བརྙས་ཐབས་སྣ་ཚོགས་མགྲོན་དུ་འགུགས་བྱེད་པའི། །	依靠卑鄙手段诱惑人，
ང་རྒྱལ་གདོན་དེ་ང་རྒྱལ་ཅན་ལ་འཇུག །	属于卑劣者之傲慢相。

468

གདོན་གཞན་སྔགས་ཀྱིས་གདུལ་ནུས་ཀྱི། །	咒语能降其他魔，
ང་རྒྱལ་ཅན་ལ་ལེགས་སྨྲས་ན། །	真心劝说傲慢者，
སྦྲུལ་ལ་འོ་མ་བླུད་པ་བཞིན། །	犹如用奶喂毒蛇，
ཐབས་དེས་ཞི་བར་བྱེད་མི་འགྱུར། །	如此方法无作用。

469

ཙན་དན་གླ་རྩི་ག་བུར་གྱིས་བསྐོས་ཀྱང་།།	尽管涂抹檀香和麝香，
སྒོག་སྐྱའི་དྲི་ངན་རང་བཞིན་མི་འདོར་ལྟར།།	大蒜臭味不能全清除，
དམ་པའི་གཞུང་ལུགས་མང་པོ་ལེགས་བསླབས་ཀྱང་།།	虽然学过诸多圣者论，
རང་བཞིན་ངན་པའི་མཚན་ཉིད་འདོར་བར་དཀའ།།	恶劣秉性难以尽舍弃。

470

ལེགས་བཤད་ཤེས་ཤིང་འོས་པའི་གནས་ལ་གུས།།	精通善说并能敬真理，
མི་འོས་བརྙས་ཐབས་བྱེད་ཚེ་སྤོབས་པའི་གདེངས།།	具备蔑视非理之信念，
ལྷུན་པོའི་རྩེ་མོ་ལྟ་བུར་གཟེངས་མཐོ་བ།།	大气磅礴犹如众山王，
སྐྱེས་བུ་དེ་ཡི་ང་རྒྱལ་རྒྱན་དང་འདྲ།།	如此高傲犹如装饰品。

471

བདེ་ཞིང་འབྱོར་དུས་སྤོབས་པའི་གཟེངས་མཐོ་ཞིང་།།	平安富裕之时气焰高，
བཤད་ཀྱང་མི་གོ་ཀུན་ལ་རྩྭ་འདྲར་བརྙས།།	拒绝纳谏视众如贱草，
འཇིགས་པ་མངོན་སུམ་བྱུང་ཚེ་ཞུམ་པའི་མཐར།།	出现恐惧胆怯地随从，
སྙིག་པར་བྱེད་པ་སྐྱེས་བུ་ཐ་ཤལ་རྟགས།།	如此之人属于恶劣者。

472

གཞན་ལས་འཚོལ་ཞིང་ཟས་ཞིམ་འདོད། །
སློང་མོས་འཚོ་ཞིང་ཁེངས་པ་ཆེ། །
བསྟན་བཅོས་མི་ཤེས་རྩོད་པར་འདོད། །
འདི་གསུམ་འཇིག་རྟེན་བཞད་གད་རྒྱུ། །

靠人生活思美食，
依乞维生显傲慢，
不通论典喜辩论，
三者属于耻笑因。

473

རྙེད་དང་བཀུར་སྟིས་བླུན་པོ་ལ། །
ང་རྒྱལ་སྐྱེ་ཞིང་སྐྱོན་རྣམས་སྒྲིབ། །
དྲེའུ་མོ་ཡི་མངལ་ཆགས་བཞིན། །
ཐོ་ཤལ་བཀུར་སྟིས་བརླག་པར་འགྱུར། །

恭敬供养愚昧者，
易生傲慢隐藏过，
犹如母骡怀骡子，
劣者易被奉承毁。

474

དམ་པ་ཇི་ལྟར་གོ་འཕང་མཐོ་གྱུར་པ། །
དེ་ལྟ་དེ་ལྟར་དུལ་ཞིང་གཞན་ཕན་བརྩོན། །
དེ་ཡི་གྲགས་པ་ཕྱོགས་དང་ཕྱོགས་རྣམས་སུ། །
སྐྱེ་བོའི་ཚིག་གིས་བསྒྲགས་ཏེ་ཁྱབ་པར་འགྱུར། །

贤明圣者地位愈升高，
愈加随和并能勤利他，
如此圣者所具之荣誉，
凭借众人之辞传远方。

475

མེ་ཏོག་དྲི་ནི་རྗེ་ཕྱོགས་ཁོ་ནར་གཞོལ།།	鲜花香味随着风向传，
མཆོག་རྣམས་གྲགས་པའི་དྲི་བསུང་ཕྱོགས་ཀུན་ཁྱབ།།	圣者美名竞相传四方，
བདག་ཉིད་དུལ་ཞིང་ཡོན་ཏན་སྦ་བྱེད་ཀྱང་།།	谦虚低调隐藏己功德，
གཞན་གྱིས་གཞན་ལ་ངོམ་པ་བཞིན་དུ་སྒྲོགས།།	众人犹如炫耀般传颂。

476

མི་མཁས་ང་རྒྱལ་ཆེ་བའི་སྐྱེ་བོ་ནི།།	愚昧无知喜欢傲慢者，
རིགས་གཟུགས་ཐོས་སོགས་ཡོན་ཏན་ཆུང་ངུ་ཡིས།།	因其种族相貌学闻等，
ཁྲོན་པའི་རུས་སྦལ་བཞིན་དུ་ཁེངས་གྱུར་ནས།།	犹如井底之蛙之傲慢，
དམ་པ་རྣམས་ལ་ལྷག་པར་གཤེ་བྱེད་ཀྱང་།།	尽管喜欢漫骂诸圣者，
དེ་ཡིས་དམ་པའི་ཡོན་ཏན་མི་འགོག་ལ།།	不但不能阻碍圣者德，
རང་གི་འདི་ཕྱིའི་ཡོན་ཏན་ཟད་པར་བྱེད།།	反而毁尽自己所有德，
མེ་ལྕེ་ཐུར་དུ་སྦུབས་པར་གྱུར་པ་དེས།།	犹如火炬颠倒朝向下，
རང་གི་ལག་པ་སྲེག་པར་བྱེད་དང་མཚུངས།།	火焰反而将会烧其手。

477

རིགས་གཟུགས་འབྱོར་པ་ཐོས་སོགས་ཡོན་ཏན་ནི།།	种姓相貌闻修等功德，
གོང་ནས་གོང་དུ་རྒྱ་ཆེར་འཕགས་མཆིས་པས།།	广泛积累日趋圆满者，
བློ་ཆུང་རིགས་སོགས་མཉམ་པ་གཞན་དག་ལ།།	若同浅薄种姓低贱者，
འགྲན་ཞིང་ང་རྒྱལ་བྱེད་པ་ཤིན་ཏུ་འཁྲུལ།།	引起傲慢竞争则犯傻。

478

ང་རྒྱལ་དག་གིས་སྨྲ་འབེབས་མ་བྱས་པའི། །
ཡོན་ཏན་ཆུང་བར་གྱུར་ཀྱང་ཆེ་དང་འདྲ། །
འབྱོར་དང་ཐོས་སོགས་ཤིན་ཏུ་རྒྱ་ཆེ་ཡང་། །
ང་རྒྱལ་དུག་དང་འདྲེས་ན་ཆུང་བར་བྱེད། །

不被傲慢者所侮辱之，
功德微者也能显强大，
尽管富裕并且听闻广，
若与傲慢相染显卑微。

479

འདོད་པས་ལོང་བས་སྡིག་མི་མཐོང་། །
དམུས་ལོང་གིས་ནི་གཟུགས་མི་མཐོང་། །
དྲེགས་པ་ཡིས་ནི་སྐྱོན་མི་མཐོང་། །
བདག་ལྟས་དེ་ཉིད་མི་མཐོང་ངོ་། །

沉迷贪欲难见罪，
盲者难见真实相，
傲慢之人难见过，
同样我执难见性。

480

རིགས་དང་བློ་གྲོས་ལྡན་རྣམས་ཀྱིས། །
བཀུར་ལ་དམན་པས་བརྙས་ཐབས་བྱེད། །
མཁས་པས་ཕྱག་བྱས་མཆོད་རྟེན་ནི། །
ཁྭ་རྣམས་སྟན་དུ་བཏིང་བར་བྱེད། །

高贵种姓具智者，
恭敬相待劣者辱，
犹如智者所拜塔，
乌鸦当作真座垫。

481

མཁའ་ལ་གྱེན་དུ་གཏོར་བྱས་པའི། །	若向高空抛脏物，
མི་གཙང་རང་ཐོག་འབབ་པ་བཞིན། །	必定落在已头顶，
མ་རབས་ང་རྒྱལ་ཅན་བསྟེན་ན། །	若依恶劣傲慢者，
བསྟེན་པ་པོ་ལ་ཕུང་དུ་འབབ། །	会使依者遭灾难。

482

མཁས་ཤིང་ཡ་རབས་དུལ་བ་ལ། །	依止智慧贤德者，
བརྟེན་པ་ཙམ་གྱིས་སྟེན་པ་པོར། །	所依者在短期内，
ཡོན་ཏན་དཔལ་དང་གྲགས་པ་འཕེལ། །	功德荣誉猛增长，
ནོར་བུ་གཙུག་རྒྱན་བྱས་པ་བཞིན། །	犹如宝珠做顶饰。

483

གསང་བའི་བདག་པོའི་མཚན་བཟུང་བས། །	犹如常持密主号，
འབྱུང་པོའི་ཚོགས་རྣམས་སྲུང་བ་ལྟར། །	魔群也能得护持，
རིགས་མཐོ་བ་དང་མཁས་པ་ལ། །	结交贵族及智者，
འབྲེལ་བ་རྣམས་ཀྱང་མཆོད་པ་འཐོབ། །	也能受到众人敬。

484

ཆེན་པོས་ང་རྒྱལ་བྱ་ཅི་དགོས།། 圣者不必持傲慢，
ང་རྒྱལ་མེད་ཚེ་ལྷག་པར་མཛེས།། 若不傲慢更庄严，
དམན་པས་ང་རྒྱལ་བྱས་ཅི་ཕན།། 劣者傲慢没有用，
ང་རྒྱལ་ཡོད་ན་ལྷག་པར་བརྙས།། 若持傲慢更受辱。

485

ང་རྒྱལ་ཕྲག་དོག་གཡོན་གསུམ་གྱི།། 傲慢嫉妒及狡诈，
སྐྱོན་ལྡན་སྐྱེ་བོ་བླུན་གྱུར་གང་།། 三种罪孽所缚者，
མཇལ་བར་བྱས་ན་མི་རུང་འཕེལ།། 如果近之引痛苦，
རྒྱང་དུ་བསྲིང་ན་བདེ་བ་འཐོབ།། 若能远离得安乐。

486

བཟང་པོ་དགྲ་རུ་གྱུར་ཀྱང་སླ།། 宁与圣者结怨恨，
ཞིགས་པར་བསྟུམ་ན་ཕན་པར་བྱེད།། 若能调解也伤害，
སྦྲུལ་གདུག་ལས་ཀྱང་ཐུ་བ་ཡི།། 不宜亲近比毒蛇，
སྐྱེ་བོ་ངན་པ་མཛེར་མི་རུང་།། 更加有害之恶者。

487

མཛའ་བར་བྱས་ན་ཁྲོ་འགྱུར་ཞིང་། །
ཕན་བཏགས་པ་ན་ལོག་པར་ལྟ། །
བདེན་པར་སྨྲས་ན་ཕྱིར་རྐོལ་བ། །
བཅོས་སུ་མི་རུང་མི་བསྲུན་ཡིན། །

以慈相待反愤怒，
以利相让反鄙视，
以诚相言遭讥讽，
都是不可救药者。

488

མཁས་པ་གང་གིས་དེ་ཤེས་ནས། །
འཇམ་པོས་ཁྲིད་པར་མི་བྱ་སྟེ། །
བད་ཀན་ནད་ལ་རྩུབ་བཅོས་བཞིན། །
ཐབས་ལ་མཁས་པས་བརླང་བར་བྱ། །

智者明察此理后，
不以温柔做诱惑，
犹如胆病要粗疗，
应以善巧行粗暴。

489

དྲང་པོ་ཕལ་ཆེར་གཞོམ་འགྱུར་ལ། །
འཇམ་པོ་ཕལ་ཆེར་བརྙས་བགྱིད་པས། །
དེས་ཤིང་དྲང་བ་རྣམས་ཀྱིས་ཀྱང་། །
མི་བསྲུན་བླུན་ལ་ཅི་འོས་སྦྱར། །

正直者易遭劫难，
温柔者易遭侮辱，
因此正直温柔者，
适当抑制愚恶者。

490

སྐྱེ་བོ་ངན་དང་གསེར་དང་རྔ།།
མི་བསྲུན་རྟ་དང་བུད་མེད་དྲེགས།།
ལྔ་པོ་བརྡུང་ན་དུལ་འགྱུར་གྱི།།
དེ་དག་འཇམ་པོའི་འོས་མ་ཡིན།།

劣质金属及法鼓，
傲慢女人及野马，
敲打五者可调顺，
柔和相待不合理。

491

ཡ་རབས་རིགས་ཀྱི་གདོང་ན་པདྨ་མེད།།
མ་རབས་རིགས་ལ་ཀླད་ནས་རྭ་མ་སྐྱེས།།
ཇི་ལྟ་ཇི་ལྟར་སྤྱོད་པའི་ཁྱད་པར་གྱིས།།
འཕྱོན་མའི་བུ་ཡི་རིགས་རྣམས་གསལ་བ་ཉིད།།

贤士脸上没有开莲花，
恶人头上也没长犄角，
仅仅依靠行为之差别，
就能辨明恶劣者行径。

492

དེས་པ་རྣམས་ཀྱིས་སྦྱིན་པ་མ་སྩལ་ལ།།
ང་རྒྱལ་ཅན་གྱིས་གཞན་ནོར་མ་ཕྲོགས་ཀྱང་།།
ཇི་ལྟ་ཇི་ལྟར་སོ་སོའི་སྐྱོན་ཡོན་ལས།།
སྐྱེ་བོ་རྣམས་ནི་དགའ་དང་སྡང་བར་བྱེད།།

尽管善良贤者未布施，
傲慢者亦未劫持他财，
仍然依据各自之功过，
造就众人欢喜或愤怒。

493

ང་རྒྱལ་མེད་ཅིང་དེས་པར་གྱུར་པའི་སྐྱེ་བོ་གང་། །
འགྲོགས་ན་བདེ་ཞིང་མཛའ་བ་རབ་ཏུ་བརྟན་གྱུར་པ། །
འབྲས་ལྡན་ལྗོན་ཤིང་བཟང་པོའི་གྲིབ་མ་སྟུམ་པོར་ནི། །
ངལ་བསོས་བཞིན་དུ་བརྟེན་རྣམས་བདེ་བ་འཐོབ་པར་བྱེད། །

如果结交谦逊温和者，
就能获得稳固之友情，
犹如高大果树浓荫处，
休息之人能够获安乐。

494

ང་རྒྱལ་ཆེ་ཞིང་མ་དུལ་བ་ཡི་སྐྱེ་བོ་གང་། །
མཐོན་པོའི་རིགས་སུ་སྐྱེས་ཀྱང་དེ་ལ་སྐྱབས་འཚོལ་རྣམས། །
སྤྲིན་ཆུང་གྲིབ་མ་བཞིན་དུ་རྗེས་སུ་ཕན་མི་འགྱུར། །
དེ་ཕྱིར་དྲེགས་མེད་དེས་པའི་ས་སྐྱོང་བསྟེན་པར་བྱ། །

若是傲慢桀骜不驯者，
虽然出自高贵种姓中，
若为依靠犹如微云影，
依者无益应靠殊胜王。

495

ང་རྒྱལ་མེད་ཅིང་དུལ་བ་དང་ལྡན་འདི་
ནི་ཟླ་བ་མིན་ཡང་ས་གསུམ་ཀུན་དགར་
བྱེད། །
འགྲོགས་ན་ཤིན་ཏུ་བདེ་བའི་འཇུག་
ངོགས་དམ་པ་ཡིན་ཡང་བདུད་རྩིའི་རྫིང་
བུར་གྱུར་མ་ལགས། །
མཐའ་དག་སྐྱེ་བོ་དགའ་ཞིང་ལྟ་བའི་
འདུན་སར་གྱུར་ཀྱང་ལྷ་ཡི་དགའ་ཚལ་མ་
ཡིན་ནོ། །
གཞལ་མེད་ཁང་མཆོག་མིན་ཡང་འདི་
ཕྱིར་བདེ་ཞིང་ལེགས་པའི་སྒོ་བརྒྱ་འབྱེད་
པའི་ཚུལ་དང་ལྡན། །

毫无傲气并且谦虚者，
虽非明月仍使三界乐，
伴随其后能获殊胜喜，
仍旧不会成为甘露池，
尽管成为喜闻乐见者，
亦非诸神逍遥之乐园。
尽管不是无量殊胜殿，
仍能开启所有福乐门。

རབ་ཏུ་བྱེད་པ་བཅུ་གཅིག་པ། ཀུན་ལ་སྙོམས་པ་བརྟག་པ།

第十一品　观察平等篇

496

ཆེན་པོའི་སར་གནས་མི་ཡི་བདག་པོ་རྣམས། །	身居显赫地位诸国王，
རང་གི་འཁོར་གྱི་སྐྱེ་བོ་མཐའ་དག་ལ། །	对于自己所属诸臣民，
ཕྱོགས་ལྷུང་མེད་པར་གཅིག་ཏུ་མཉམ་པའི་ཡིད། །	持以毫无偏袒平等心，
ཡངས་པའི་ས་ཆེན་བཞིན་དུ་འཛོག་པར་བྱེད། །	需要广阔大地般持久。

497

གྲུ་གཅིག་ནང་དུ་ཞུགས་པ་ལའང་། །	即使同在一条船，
ཕྱོགས་ལྷུང་ཅན་དེ་མི་མཛེས་ན། །	稍有偏私尚不美，
སྐྱེ་བོ་མང་པོའི་ཚེ་གཅིག་གི །	何况作为众人之，
དཔོན་དུ་གྱུར་པ་སྨོས་ཅི་དགོས། །	终身所依的官吏。

498

རང་གི་འབངས་ཀྱི་སྐྱེ་བོ་ཀུན། །	自己所属众臣民，
གཙོ་བོ་དེ་ལ་བསྟེན་པར་མཉམ། །	同等依止其国王，
དེ་ཕྱིར་མཉམ་པར་བསྐྱང་བྱ་ཡི། །	因此平等护其民，
མི་མཉམ་གྱུར་ན་ཡི་ཆད་འགྱུར། །	若不平等易失望。

499

ཡོན་ཏན་ཅན་ལ་རྗེས་བརྩེ་ཞིང་།།	慈爱具有功德者，
མ་རུངས་པ་ལ་ཚར་གཅོད་པ།།	惩罚恶毒残暴者，
སོ་སོའི་ལས་འབྲས་མངོན་སུམ་དུ།།	皆依各自的因果，
བསྟན་ཕྱིར་འདི་ནི་མི་མཉམ་མིན།།	因此并非不平等。

500

སོ་སོའི་ལས་སྐལ་གང་ཐོབ་པ།།	属于各自的工作，
འདི་ལ་བགོ་བྱ་ཅི་ཞིག་ཡོད།།	没有必要再分配，
ཁྲལ་དང་ཁྲིམས་དང་སྲུང་ཚུལ་རྣམས།།	对于遵纪守法者，
ཉེ་རིང་བྱས་ན་མི་མཉམ་ཡིན།།	若分亲疏不平等。

501

རྒྱལ་པོས་རང་གི་ཡུལ་ཁམས་རྣམས།།	国王应当尽全力，
དགྲ་དང་གནོད་པ་ཕོངས་པའི་ཕྱོགས།།	保护自己统辖区，
རྣམས་ལས་ཇི་ལྟར་ནུས་པར་བསྲུང་།།	免遭怨敌及灾害，
གཅིག་མ་བསྲུངས་ཀྱང་རྒྱལ་པོ་མིན།།	不为其一非国王。

502

ཐབས་ནི་གང་གིས་བསྲུང་ཞེ་ན།། 若言守护之方法，
རང་དོན་མི་ཤེས་ནུས་མེད་རྣམས།། 不明私事无能者，
འདི་བྱོས་འདི་ལས་མ་འགལ་ཞེས།། 讲明应作莫违者，
ཁྲིམས་སུ་བཅས་པས་སྲུང་བར་བྱེད།། 制定法律来护持。

503

ཁྲིམས་ལས་འགལ་ན་སུ་ཡང་རུང་།། 无论何人违法律，
མཚུངས་པར་ཆད་པས་གཅད་བྱ་ཡི།། 一视同仁受惩罚，
འགའ་ལའང་ཡང་བར་མི་བྱ་སྟེ།། 惩罚不宜有轻重，
དེ་ལྟར་བྱས་ན་ཁྲིམས་སྙོམས་སོ།། 如是行法则平等。

504

ཁྲིམས་ནི་སྙོམས་པར་བྱས་ནས་སུ།། 通过平等执行法，
སྐྱེ་རྒུ་བདེ་བར་བསྐྱང་བའི་ཕྱིར།། 维护众生之安乐，
བཀའ་དྲིན་ཚུལ་གྱིས་དྲུག་ཆའི་དཔྱ།། 报王恩在丰收年，
དུས་བཟང་རྒྱལ་རྣམས་ཀྱིས་ཀྱང་བླང་།། 可收六分之一税。

505

སྙིགས་མའི་དུས་ཀྱི་རྒྱལ་པོ་རྣམས། །
སྐྱེ་རྒུ་ཚུལ་བཞིན་མི་སྐྱོང་བར། །
དཔྱ་ལ་གདུ་བར་བྱེད་པ་ནི། །
བྲན་གཡོག་ངོ་ཚ་མེད་དང་འདྲ། །

浊世时代所有王，
不会如理护众生，
贪图收取各种税，
犹如无耻之奴仆。

506

བྲན་གཡོག་ངོ་ཚ་མེད་པ་རྣམས། །
བཟའ་བཏུང་མཐོང་ན་ནན་གྱིས་འདུ། །
དཀའ་བ་མཐོང་ན་ཐབས་ཀྱིས་བྱོལ། །
ལས་མི་བྱེད་པར་གླ་རྔན་འདོད། །

毫无廉耻之奴仆，
看到吃喝就拥挤，
遇到困难就逃跑，
不愿做事贪薪资。

507

འོས་པའི་དཔྱ་ཁྲལ་སྤྱད་པ་ཡང་། །
འབྱོར་དང་འབྱོར་མེད་རིམ་པ་དང་། །
བསྟུན་ནས་མཉམ་པར་སླང་བྱ་ཡི། །
མི་མཚུངས་སླངས་ན་ག་ལ་སྙོམས། །

合理所收之赋税，
应该根据富与贫，
不同情况做决定，
不分差异不平等。

508

ཁྲལ་འདེད་བྱ་བའི་འབངས་ཀུན་ལ། །
ཡུལ་དུས་འགྱུར་པ་དང་བསྟུན་ཏེ། །
གཞིས་ལ་གནོད་པ་མེད་པར་བླང་། །
མི་ཕྱོགས་པ་ཡིས་མནར་མི་བྱ། །

至于收取赋税时，
按照时境及经济，
不损家境收取税，
不逼不能承受者。

509

བ་འཛོ་མེ་ཏོག་བཏུ་ཚུལ་དུ། །
རྩ་བ་ཉམས་པར་བྱ་མི་རིགས། །
གལ་ཏེ་རྩ་བ་ཉམས་བྱས་ན། །
རྒྱལ་པོས་ད་གཟོད་སུ་ལས་ལེན། །

犹如采花挤牛奶，
不宜毁坏其根本，
如果根本遭损失，
国王何处取税收。

510

འབངས་རྣམས་རང་གི་ལག་མཐུ་ཡིས། །
བསྒྲུབས་པའི་ལོངས་སྤྱོད་རྒྱ་ཆུང་ལ། །
ལོ་རེའི་བཟའ་བཏུང་གོས་རྣམས་ཀྱང་། །
སེམས་ཁྲལ་མེད་པར་བདོག་པའང་དཀོན། །

民众依靠己力量，
所得收获很微薄，
不为每年之饮食，
衣物烦恼者很少。

511

གྲོང་ཁྱེར་དུ་མའི་དཔྱ་ཁྲལ་ནི།། 若在城邑收赋税，
ཉུང་ཟད་བླངས་ཀྱང་བསྡོམས་ན་མང་།། 征少和合则显多，
དེ་ཕྱིར་རྒྱལ་པོས་འཁོར་རྣམས་ལ།། 因此国王对民众，
བརྩེ་སེམས་བཞག་སྟེ་དཔྱ་བླང་བྱ།། 怀着慈悲征税收。

512

དཔྱ་དབུལ་པ་དང་ལས་བྱེད་སོགས།། 征收赋税派差事，
རྒྱལ་པོར་ཕན་པའི་བསྒྲི་བ་ལ།། 皆为有利于国王，
ཆ་མཚུངས་རིགས་པས་ཁྲལ་རྣམས་ལ།། 同视各种徭役等，
འཁོར་ཀུན་སྐྱིད་སྡུག་སྙོམས་ན་བདེ།། 众生平等享安乐。

513

ལ་ལ་ཅི་བྱེད་རང་དབང་ཅན།། 如果有人自由行，
ཁ་ཅིག་གཞན་དབང་ཧག་ཏུ་མནར།། 同时有人受控制，
འདྲ་དང་མི་འདྲ་མང་བ་ཡི།། 境内实行不同制，
ཡུལ་དེའི་སྐྱེ་རྒུ་མཁོས་མི་ཐེབས།། 众生情绪不稳定。

514

མཆོད་གནས་དམ་པའི་ཞབས་འདེགས་དང་། །　承受殊胜供养及，
འོས་ལ་གནང་བའི་བཀའ་དྲིན་ལ། །　施予相应恩泽时，
འབངས་རྣམས་འགྲན་སེམས་མི་འོས་ཀྱང་། །　不宜激起竞争心，
རིགས་མཐུན་མཉམ་པར་བསྐྱང་ན་ལེགས། །　平等护持为妙法。

515

སྐྱེ་བོ་ལས་ཀྱིས་བཀོད་པའི་ཕྱིར། །　众生因业所牵制，
ཐམས་ཅད་བདེ་སྡུག་མཉམ་པར་ནི། །　同视所有苦与乐，
རྒྱལ་བས་ཀྱང་ནི་མི་སྤྱོད་ན། །　即使佛陀也难为，
རྒྱལ་པོ་གཞན་གྱིས་ལྟ་ཅི་སྨོས། །　何况平常诸国王。

516

འོན་ཀྱང་གནས་སྐབས་བྱ་བ་ལ། །　然而对于暂时事，
འདྲ་ཞིང་མཉམ་པ་ཁོ་ན་ཡིས། །　一视同仁待平等，
ཕྱོགས་སུ་མ་ལྷུང་སྙོམས་བྱས་ན། །　不随偏爱平等行，
མཐོ་དམན་སུས་ཀྱང་བཀའ་ལ་བརྩི། །　尊卑民众皆听从。

517

རྒྱལ་པོ་ཀུན་གྱི་ཐུན་མོང་ཕྱིར། ། 国王作为众之主，
བྱ་བ་ཕྱོགས་སུ་མ་ལྷུང་ཞིང་། ། 不宜行事有偏爱，
ཕྱོགས་ཞེན་ཅན་གྱི་ངག་མི་སྨྲ། ། 也不宜说偏袒言，
གཏོང་ལའང་ཕྱོགས་ཞེན་མི་བྱའོ། ། 布施也要行平等。

518

རང་གི་ཆོས་ལུགས་གཙོར་བཟུང་སྟེ། ། 首先严持自宗法，
བསྟན་ལ་ཕན་འདོགས་ཅི་བྱུས་ཀྱང་། ། 竭尽全力利佛教，
དེ་ལ་གྲུབ་མཐའ་གཞན་འཁུ་ན། ། 若引其他宗者恨，
རྒྱལ་པོའི་སྐྱོན་མིན་འཁོར་གྱི་སྐྱོན། ། 非王之过眷之过。

519

རང་གི་གྲུབ་མཐའ་གཅེས་བཟུང་ནས། ། 重视自己宗派时，
གྲུབ་མཐའ་གཞན་ལ་གནོད་བྱེད་ན། ། 如果伤害其他宗，
དེ་ལ་འཁུ་བ་ཅི་བྱུང་ཡང་། ། 进而出现怨恨时，
འཁོར་གྱི་སྐྱོན་མིན་རྒྱལ་པོའི་སྐྱོན། ། 非眷之过王之过。

520

དེ་ཕྱིར་ཕྱི་རོལ་མུ་སྟེགས་ཚུན།།
རྒྱལ་པོའི་ཡུལ་ན་གང་གནས་པའི།།
གནའ་བོའི་གྲུབ་མཐའ་རང་རང་གི །
སྲོལ་ཚུལ་དེ་བཞིན་རྒྱལ་པོས་བསྲུང་།།

因此除非外道外，
国王境内所有宗，
均以各自之历史，
依靠传统来护持。

521

པན་ཚུན་བསྲེ་བར་མི་བྱ་ལ།།
པན་ཚུན་གནོད་དུ་མི་འཇུག་པར།།
སོ་སོར་མ་ཉམས་བསྐྱང་བ་ན།།
སྐྱེ་རྒུ་སྐྱོང་བའི་ཚུལ་ལུགས་ཡིན།།

不宜彼此混一谈，
也不相互损害行，
不偏不倚做护持，
就是护众之法则。

522

དགོས་པའི་དུས་སུ་མ་གཏོགས་པ།།
སྡེ་དང་རིས་དང་གོ་ས་ལ།།
དགོས་མེད་གློ་བུར་དག་ཏུ་ནི།།
བབ་ཅོལ་འཕེལ་འགྲིབ་མི་བྱའོ།།

除非特殊时期外，
对于诸部宗派等，
不宜突然无端地，
草率对其做增减。

523

གློ་བུར་དུས་ཀྱི་གནང་སྦྱིན་སོགས།།
ཕྱོགས་ལྷུང་མེད་པར་བྱས་གྱུར་ན།།
མངའ་བདག་རིས་སུ་མ་ཆད་ཅེས།།
སྐྱེ་བོ་རྣམས་ནི་ཡིད་མགུ་ནུས།།

偶做奖赏布施时，
若能无偏平等行，
则使民众皆满意，
并赞国王无偏私。

524

ཆ་ལུགས་དང་ནི་སྤྱོད་ལམ་སོགས།།
ཡ་མ་ཟུང་དུ་མི་བྱེད་པར།།
རྒྱུན་དུ་སྙོམས་པར་གནས་བྱས་ན།།
ཡ་རབས་ཚུལ་དུ་གནས་པ་ཡིན།།

着装服饰及举止，
不宜不伦及不类，
如果时常持稳重，
就是王者高尚行。

525

བསྟོད་ན་ཁེངས་ཚུལ་མི་བྱ་ཞིང་།།
སྨད་ན་ཞུམ་པ་མི་བྱ་བར།།
རྟག་ཏུ་སྙོམས་པར་གནས་པ་ཡི།།
མི་བདག་དེ་ནི་གཟི་དང་ལྡན།།

受赞不露骄慢相，
受辱不生恐惧心，
时常持以稳重相，
能使国王显庄严。

526

ཕྱི་ཐག་བལྟ་བའི་མིག་རྒྱང་གིས། །　如果富有远见地，
དགྲ་ལའང་བུ་བཞིན་བསྐྱངས་བྱས་པས། །　对敌也能护如子，
ཐ་མར་དགྲ་བོ་དབང་གྱུར་པ། །　最终能降所有敌，
བློ་ཁོག་ཡངས་པའི་ཡོན་ཏན་ཡིན། །　方显心胸宽广德。

527

བློ་གྲོས་རྒྱ་མཚོ་ལྟར་ཡངས་ན། །　若有浩海般智慧，
བྱིས་པའི་སྐྱེ་བོས་དྲོད་མི་ཟིན། །　愚者无法量深浅，
ཅལ་ཆུང་རྣམས་ཀྱི་ཅལ་སྒྲོགས་ལ། །　庸者不禁其惊叹，
མི་བརྟེན་སྐྱེས་བུའི་སྤྱོད་པ་མཚར། །　不随其者很稀奇。

528

དོན་ཆེན་པོ་འཕང་ཆེན་པོའི་ཕྱིར། །　谋大事而求高位，
ཕྲན་ཚེགས་དག་ལ་བལྟ་མི་བྱ། །　不宜留恋诸琐事，
ས་རྣམས་དབང་དུ་འགྱུར་བའི་སླད། །　若为统治广大域，
ཅི་འབྱོར་གཏོང་ཡང་ཕོངས་སམ་ཅི། །　不应吝啬施财富。

529

ཀུན་ཤོང་བློ་རྒྱ་ཆེ་བ་རྣམས། །
བློ་ཆུང་སེམས་ཀྱིས་བཟོད་པར་དཀའ། །
མིག་རྒྱང་ཐུང་བའི་སྐྱེ་བོ་ལ། །
སང་ཉིན་ལས་ཀྱང་དེ་རིང་གཙོ། །

对于虚怀若谷者，
心胸狭窄者难忍，
对于目光短浅者，
今日更比明日重。

530

སྲིང་བུ་བ་རྒྱུས་བཅིངས་པ་བཞིན། །
བླུན་པོ་ཕྲན་ཚེགས་ལ་ཆགས་ནས། །
དོན་ཆེན་གནས་ལ་གྲོས་མི་ཐེབས། །
རྟག་ཏུ་རང་གིས་རང་ཉིད་བཤོལ། །

犹如作茧自缚者，
愚者留恋烦琐事，
不仅难办宏大事，
时常自己误自己。

531

ནོར་གྱིས་ནོར་རྣམས་འགུགས་བྱེད་ལ། །
དོན་ལས་དོན་གཞན་འབྱུང་བའི་ཕྱིར། །
དོན་ཆེན་འགྲུབ་པར་མཐོང་ཚེ་རྐྱེན། །
ཅིས་ཀྱང་མཁས་པ་བཤོལ་མི་ནུས། །

犹如财能生财富，
事亦由事来促成，
谋划办成大事时，
智者不宜失良机。

532

དང་པོར་ལེགས་བརྟགས་ཐེ་ཚོམ་གཅོད།།	首先明察断疑惑，
བར་དུ་གང་རྩོམ་འཇིགས་པ་མེད།།	然后行事无畏惧，
ཐ་མར་དགེའམ་ཉེས་ཀྱང་རུང་།།	不管结果善与否，
མཁས་རྣམས་འགྱོད་མེད་རྟག་ཏུ་བདེ།།	智者无悔且安乐。

533

བླུན་པོས་བྱ་བ་ཅི་བྱེད་ཀྱང་།།	愚者无论做何事，
འཇིགས་འགྱོད་ཐེ་ཚོམ་མེད་པ་དཀོན།།	缺乏无畏不疑者，
མཁས་པའི་བྱ་བ་ཕལ་མོ་ཆེར།།	智者致力做何事，
དེ་གསུམ་མེད་པས་བློ་བདེར་གནས།།	均无三心就安乐。

534

ཡུན་ཐུང་དུས་དང་ཐབས་ཆུང་དུས།།	时间有限无良策，
བགྱི་བ་ཆེན་པོ་འགྲུབ་པར་དཀའ།།	很难成办大事情，
ཡུན་རིང་དུས་སུ་ཐབས་ཆེན་པོས།།	时间充足有妙策，
བསྒྲུབས་ན་མི་འགྲུབ་གང་ཡང་མེད།།	容易办成诸大事。

535

ཡ་རབས་རྣམས་ལ་གོ་འཕང་གཙོ།།
ཡོན་ཏན་སྒྲུབ་དང་ཐོས་པ་དང་།།
དཔལ་དང་མངའ་ཐང་འཕེལ་བའི་ཐབས།།
གང་ཡིན་དེ་ལ་ཞིབ་ཏུ་རྟོགས།།

圣贤重视其高位，
因此应该细观察，
如何积德及广闻，
以及获得福禄法。

536

བསྒྲུབ་བྱ་དེ་དག་རྣམས་དོན་དུ།།
ཟས་ནོར་འབྱོར་པ་རྩྭ་བཞིན་གཏོང་།།
མི་བདེ་ཁྱད་དུ་བསད་ནས་སུ།།
ལུས་ཀྱང་བྲན་བཞིན་བཀོལ་བར་བྱེད།།

为能成办诸大事，
应舍财富如茅草，
能够遭受诸不幸，
身亦如仆受役使。

537

ནོར་གསོག་ཙམ་ལ་གྲུང་བ་ཡིས།།
ཟས་གཏོང་ནོར་ནི་སྲུང་བར་བྱེད།།
མ་རབས་རྣམས་ཀྱིས་གཞན་བཞག་ནས།།
ཟས་ལ་རྟོག་དཔྱོད་ཞིབ་པར་བྱེད།།

唯有只知积财者，
舍弃食物守财产，
劣者能舍其他事，
只知详察诸食物。

538

སོ་ནམ་དུས་སུ་ཞིབ་བྱ་ཞིང་། །	农忙时节要仔细，
དགོས་པའི་དུས་ན་རྩིང་པོར་སྤྱོད། །	需要之时随意用，
སྤྱད་པར་བྱ་ཕྱིར་ནོར་གསོག་གི །	懂得积财之智慧，
མི་སྤྱད་བསགས་ན་སྡུག་བསྔལ་རྒྱུ། །	积财不用成苦因。

539

བྱ་བ་རྡུལ་ལྟར་ཞིབ་ན་ཡང་། །	尽管事情细如尘，
བློ་རྒྱ་ས་གཞི་ལྟར་ཆེ་ལ། །	胸怀宽广如大地，
ལེགས་ཉེས་འཇའ་ལྟར་གསལ་ན་ཡང་། །	善恶似虹极分明，
བློ་ཁོག་མཁའ་ལྟར་ཡངས་རྣམས་མཆོག །	胸怀如空最殊胜。

540

ཟས་དང་སྤྱོད་ལམ་སྙོམས་པར་གནས་གྱུར་ན། །	如果饮食行为持适中，
འདུ་བ་སྙོམས་ཤིང་ནད་མེད་བདེ་བར་འགྱུར། །	才能身心健康且无病，
སྐྱེ་རྒུ་རྣམས་ལ་སྙོམས་པར་བྱས་གྱུར་ན། །	如果平等对待诸众生，
ཕྱོགས་མེད་སྐྱེ་བོ་འདུ་ཞིང་རྗེད་པར་བྱེད། །	四方众生自愿来敬仰。

541

བདེ་དང་སྡུག་བསྔལ་སྙོམས་པའི་ཡིད་བཞག་ན།།	如果平等对待苦与乐，
དུས་ཀུན་ཟུག་རྔུ་རྣམ་སྤང་བདེ་བར་གནས།།	时常毫无痛苦且安乐，
མཐའ་ལ་མ་ཞེན་མཉམ་པའི་ཡིད་སྐྱེད་ན།།	如果发心不执两极端，
ལྟ་བ་བཟང་ལྡན་ཆོས་ཉིད་དོན་ལ་གནས།།	成就佛法精要属正见。

542

ཕྱོགས་ལྷུང་མེད་པར་མཉམ་ན་སྤྱི་རྗེ་སྟེ།།	不偏平等易成民众主，
ཡོན་ཏན་འདི་དང་གང་ལྡན་རྒྱལ་པོར་འོས།།	具备如此功德可做王，
བཤེས་ངོར་བྱེད་ཅིང་བྱ་བ་མི་སྙོམས་པ།།	偏袒亲友实行不平等，
ཁྲིམས་འཆལ་གནོད་པ་དུ་མའི་རྒྱུ་རུ་འགྱུར།།	成为诸多违法灾害因。

543

ས་བཞིན་སྙོམས་པའི་རྒྱལ་པོ་འཛིག་རྟེན་ན།།	平等犹如大地之君主，
སྐྱེ་བོའི་ཚོགས་ཀྱི་རྟེན་དུ་གྱུར་པ་སྟེ།།	也是世间众生所依处，
ཡོན་ཏན་རྣམ་པ་མང་ལ་རྒྱ་ཆེ་བའི།།	乃为殊胜广大诸功德，
འབྲས་བུ་བཟང་པོའི་ཚོགས་ཀྱི་འབྱུང་གནས་ཡིན།།	诸多善妙果报之源泉。

རབ་ཏུ་བྱེད་པ་བཅུ་གཉིས་པ། སྙིང་རྗེ་བརྟག་པ།

第十二品　观察慈悲篇

544

ས་སྐྱོང་སྙིང་རྗེ་ལྡན་པ་རྣམས།།
འབངས་ལ་བུ་གཅིག་བཞིན་དུ་བྱམས།།
རང་གི་སྲོག་དང་ནོར་བཏང་ནས།།
འཁོར་རྣམས་རྗེས་སུ་སྐྱོང་བ་ཡིན།།

具有慈悲诸国王，
爱护民众如独子，
需要舍命与财物，
也会保护诸民众。

545

སྐྱེས་བུ་ཕྱུགས་ཀྱིས་འཚོ་རྣམས་ཀྱང་།།
ཕྱུགས་ལ་བརྩེ་བས་མ་བསྐྱངས་ན།།
ཉེ་བར་རྒུད་པ་ཐོབ་མིན་ནམ།།
རང་དོན་ཞེས་ན་འཁོར་བསྐྱང་བྱ།།

依靠家畜维生者，
如果不慈悲牲畜，
就会随时遭衰败，
仅为私利需护众。

546

ལྗོན་ཤིང་ལོ་འདབ་རྒྱས་པ་དེ།།
ལྗོན་ཤིང་ཉིད་ཀྱི་ཆེ་རྟགས་ཡིན།།
འཁོར་ལ་ཕུན་སུམ་ཚོགས་པ་དེ།།
རྒྱལ་པོའི་མངའ་ཐང་ཆེ་རྟགས་ཡིན།།

枝繁叶茂之树木，
就属树木之庄严，
所有眷属皆圆满，
方显国王之庄严。

547

རྒྱལ་པོ་རྒྱལ་པོ་ཞེས་བྱ་བ།།
འབངས་ལ་བརྟེན་ནས་མིང་དུ་ཐོགས།།
མི་རེང་གཅིག་པུར་གྱུར་པ་ལ།།
རྒྱལ་པོ་ཞེས་ནི་སུ་ཞིག་འདོགས།།

世间所谓之国王，
依靠民众方获得，
若是孤身一人者，
焉能称之为国王。

548

སྙིགས་མའི་དུས་ཀྱི་རྒྱལ་རིགས་རྣམས།།
འབངས་ལ་གཟན་ཟས་ལྟ་བུར་མཐོང་།།
སྡིག་པ་དག་གི་སྦྲུ་གུ་ཡིས།།
མ་ཉིད་ཟས་སུ་མཐོང་ནས་ཟ།།

浊世时代诸国王，
视民犹如饮食料，
犹如恶蝎之崽子，
会把母亲当食物。

549

སྔོན་ཚེ་ཆོས་ལྡན་རྒྱལ་རྣམས་ཀྱིས།།
སྲོག་དང་ལོངས་སྤྱོད་བཏང་ནས་སུ།།
རང་གི་འབངས་རྣམས་སྐྱོང་བར་བྱེད།།
ཀྱེ་མ་བློ་ཡི་ཁྱད་པར་ལྟོས།།

以往崇敬佛法者，
需要放弃命与财，
也会维护其民众，
可见智慧有差别。

550

རང་དོན་བཞག་ནས་གཞན་དོན་གཉེར།།	放弃自利求利他，
དེ་ལ་སུ་ཞིག་སྐྱབས་མི་བྱེད།།	有谁不愿皈依他，
འབྲས་ལྡན་ཤིང་དང་ཡིད་འོང་ཆུ།།	如意宝树甘甜水，
སྐྱེ་བོ་ཀུན་གྱི་འདུན་སར་འགྱུར།།	满足众生诸愿望。

551

རང་དོན་ཆེ་ཞིང་གཞན་འདོར་བ།།	只重自利舍他利，
དེ་ལ་སུ་ཞིག་སྐྱབས་སུ་འཛིན།།	有谁愿意皈依他，
འབྲས་མེད་ཤིང་དང་མི་གཙང་ཆུ།།	无果枯树及污水，
བློ་ལྡན་སུ་ཞིག་བསྟེན་བྱར་བྱེད།།	没有智者依靠它。

552

གང་ཞིག་བསྟེན་པས་དཔལ་དང་གྲགས་པ་དང་།།	依靠何者成就妙吉祥，
ནོར་དང་བདེ་བ་ཕུན་སུམ་ཚོགས་ཐོབ་པ།།	荣誉福德财富和安乐，
བུམ་བཟང་དཔག་བསམ་ནོར་བུའི་རྗེས་འགྲོ་བའི།།	犹如依靠吉祥摩尼宝，
མི་མཆོག་དེ་ལ་བསྟེན་རྣམས་རྒྱལ་བར་འགྱུར།།	依靠贤者成就所有事。

553

བསྟེན་པར་གྱུར་ན་ཁྲོ་དང་བརྐམ་ཆགས་སོགས།།
ཉེས་པའི་དབང་གིས་འཁོར་རྣམས་ཕུང་བྱེད་པ།།
ཧ་ལའི་ལྗོན་པ་དུག་ཆུའི་རྫིང་བུ་ཙམ།།
ས་བདག་ངན་ལ་སུ་ཞིག་སྟེན་པར་བྱེད།།

如果依靠恶劣诸王者，
众眷因其嗔贪而遭罪，
犹如哈拉树和毒水池，
没人愿意依靠恶劣王。

554

དེ་ཕྱིར་སུ་ཞིག་བདག་ལ་བརྟེན་པ་རྣམས།།
སྡུག་བསྔལ་ཡོངས་སྤངས་བདེ་བར་འགྱུར་སྙམ་དུ།།
རྣམ་པར་དཔྱོད་པས་ཉིན་མཚན་འདའ་བྱེད་པས།།
ས་སྐྱོང་བཟང་པོ་རྣམས་ནི་དོན་དང་ལྡན།།

因此何者愿意依靠我，
就能远离痛苦获安乐，
以此详细思考来度日，
如此贤王成就真实义。

555

གལ་ཏེ་རང་དོན་སེམས་ན་ཡང་།།
རང་དོན་ལེགས་པར་སྒྲུབ་པ་ལ།།
འཁོར་བསྐྱང་བ་ལས་དོན་ཆེ་བའི།།
རྒྱལ་པོའི་བྱ་བ་གཞན་ཅི་ཡོད།།

如果思谋个人利，
又将谋取个人利，
优先谋取众眷利，
该王不会成大事。

556

འབྲས་མེད་ཤིང་དང་མཚོ་བསྐམས་པར།།	无果树和干枯海，
བྱ་རྣམས་འདུ་བར་མི་འགྱུར་ལྟར།།	没有鸟类来聚集，
རྒྱལ་སྲིད་མངའ་ཐང་ཉམས་པའི་ཕྱོགས།།	国政威望均丧失，
སྐྱེ་བོ་ཀུན་གྱིས་སྤོང་བར་བྱེད།།	众生自然会抛弃。

557

སྐྱིད་ན་ལྷ་ཡང་འདུ་བྱེད་ལ།།	兴则天神亦聚集，
སྡུག་ན་བུ་ཡང་འབྲོས་བྱེད་པས།།	败则亲子亦逃避，
རྒྱལ་པོས་རང་གི་ཡུལ་འཁོར་ཀུན།།	因此王者尽全力，
དཔལ་གྱིས་མཚོ་ལྟར་གང་བར་བྱ།།	促成众眷之幸福。

558

འཁོར་དང་ནོར་གྱིས་འབྱོར་གྱུར་ན།།	如果眷财皆圆满，
རྒྱལ་པོ་སྟོབས་དང་ཅིས་མི་ལྡན།།	国王自然有威望，
འབྱོར་པར་གྱུར་ཚེ་ཀུན་ཀྱང་མཛའ།།	国政兴盛众人亲，
རྒུད་པར་གྱུར་ཚེ་ཐམས་ཅད་དགྲ།།	国政衰弱皆成敌。

559

རྒྱལ་པོས་ཡུལ་དེར་མི་བཟད་པའི། །
དབུལ་དང་ཁས་ཉེན་སྡུག་བསྔལ་ཅན། །
སྐྱབས་མེད་འདི་དག་རྣམས་ཀྱི་སྐྱབས། །
བདག་མིན་སུ་ཞིག་ཡོད་སྙམ་བྱ། །

国王必须细思考，
境内贫者诸苦难，
成为无依无怙者，
最终唯一依靠者。

560

ཤིན་ཏུ་མི་བསྲུན་གྱུར་རྣམས་ལ། །
རྒྱལ་པོས་བདག་ལ་བརྙས་སྙམ་དུ། །
ཁྲུད་ཚིག་པར་ནི་མི་བྱ་སྟེ། །
དེ་རྣམས་ཉེས་པས་རྨོངས་ཕྱིར་རོ། །

对于极端野蛮者，
国王不必想象为，
辱己行为而发怒，
彼者无明所遮智。

561

རྨོངས་ཕྱིར་ཕ་དང་མ་ལའང་། །
འཚེ་ཞིང་དཀོན་མཆོག་གསུམ་ལ་གནོད། །
བདག་གི་བདེ་བ་ཁྱད་གསོད་པ། །
དེ་ལ་སྙིང་རྗེ་ཅིས་མི་སྐྱེ། །

愚者时常害父母，
也会伤害佛法僧，
同样蔑视己安乐，
因此需要怜悯彼。

562

མིག་མེད་གཡང་སར་མཆོང་བ་ནི།	无眼跳进悬崖者，
གཡང་སར་བརྙས་པ་མ་ཡིན་གྱི།	不是为了辱悬崖，
རང་གི་ལས་ཀྱིས་རང་བརྙས་ནས།	同样自毁自己者，
དབང་མེད་སྡུག་བསྔལ་མྱོང་བར་ཟད།	将会因己受磨难。

563

དེ་བཞིན་མི་བསྲུན་པ་རྣམས་ལ།	因此对于诸蛮者，
སྙིང་རྗེའི་བསམ་པ་བསྐྱེད་ནས་སུ།	首先生起慈悲心，
ཕ་ཡིས་བུ་ནི་བཙོས་པ་ལྟར།	如父教子来调教，
བསྲིག་ཅིང་གདུལ་དཀའ་གནས་ནས་བསྐྲད།	难以奏效再驱逐。

564

སྡུག་པ་དང་བྲལ་རང་མིས་བརྙས་པ་དང་།	形象不佳遭遇亲人欺，
བུ་ལོན་མང་ཞིང་ངན་པ་དག་ལ་བརྟེན།	负债累累依靠诸恶友，
དབུལ་བར་མཐོང་ནས་མཛའ་བོས་སྤངས་པ་སྟེ།	陷入贫穷众亲皆离开，
མེ་མ་ཡིན་པར་ལུས་སྲེག་དེ་ལྔའོ།	非火烧身此等五种人。

565

གང་ཞིག་རྒན་པོ་བྱིས་པ་ནད་པ་དང་།།	犹如对于老幼病弱者，
ཉམ་ཆུང་ཐབས་སྟོར་དེ་བཞིན་རྒུད་པ་དང་།།	无计可施者及没落者，
རྒྱལ་པོས་སྤངས་དང་སྐྱབས་མེད་གྱུར་རྣམས་ལ།།	国王所弃无所依靠者，
སྙིང་རྗེ་མེད་པ་དེ་དག་མིར་མི་རུང་།།	不生慈悲之心不为人。

566

བདག་ནི་མགོན་དང་བཅས་སྙམ་རེ་སེམས་ཀྱིས།།	如果民众将己视为主，
ཉམ་ཆུང་མཆི་མས་བརྣངས་པའི་སྨྲེ་སྔགས་ཀྱིས།།	悲痛流泪诉说其苦难，
ས་བདག་ལ་ནི་བདེན་པའི་དོན་གསོལ་བ།།	寻求公正解决其苦时，
ཡལ་བར་འདོར་བ་སེམས་ཀྱིས་ཇི་ལྟར་བཟོད།།	不管不问难以称贤王。

567

ཤིན་ཏུ་ཉམ་ཆུང་རྣམས་ཀྱིས་མི་བདག་ལ།།	众多极为弱者向国王，
ཞུ་བར་རྗེ་མི་ཐོགས་པ་མང་བའི་ཕྱིར།།	所诉苦难很难奏效故，
དུས་དང་དུས་སུ་འབངས་ཀྱི་བདེ་སྡུག་ལ།།	时时明察民众诸苦乐，
ཚུལ་བཞིན་རྟོག་ཅིང་དཔྱོད་པ་མཁས་པ་ཡིན།།	如理勤察勤治为智王。

568

རང་ཉིད་བདེ་བར་གནས་པ་ཕལ།། 很多独自享乐者，
ཕ་རོལ་ཉམས་ལ་ལྟ་བ་དཀོན།། 极少能够关心人，
གཞན་གྱི་ཁོང་དུ་ཞུགས་པ་ལྟའི།། 犹如置于他人心，
བསམ་དཔྱོད་ཅན་གྱི་རྗེ་བོ་བཟང་།། 明察实情为贤王。

569

རྣམ་པ་ཀུན་ཏུ་སེམས་ཀྱིས་ཡོངས་བརྟགས་ཀྱང་།། 始终细心观察诸事项，
བདག་ལས་ཆེས་སྡུག་འགའ་ཡང་མ་མཐོང་བ།། 胜过关心己者很罕见，
དེ་ལྟར་སོ་སོར་གཞན་ལའང་རང་སྡུག་པ།། 尽管人人皆有爱己心，
དེ་ཕྱིར་བདག་དགས་གཞན་ལ་གནོད་མི་བྱ།། 莫为爱己伤害他人利。

570

བདེ་བ་འདོད་དང་སྡུག་བསྔལ་མི་འདོད་པར།། 欲求安乐不欲诸苦难，
སྐྱེ་བོ་ཀུན་ཀྱང་ཤིན་ཏུ་མཉམ་པའི་ཕྱིར།། 如此愿望众生皆拥有，
བདག་གི་ཚུལ་ལ་བལྟས་ནས་འགྲོ་བ་གཞན།། 首先明察个人行为后，
ཤིན་ཏུ་ཕོངས་པར་གྱུར་ལ་སྙིང་རྗེ་བྱེད།། 对于贫者应生慈悲心。

571

བདག་ནི་སྐྱེ་བོ་འདི་ཡི་མགོན་གྱུར་ལ།།
འདི་ཀུན་བདག་ལ་རེ་ཞིང་ལྟ་བྱེད་པས།།
བདག་གི་སྲོག་ནི་བཏང་བར་ཆེས་ལྷ་ཡི།།
འདི་རྣམས་བཏང་བར་མི་བྱ་སྙམ་དུ་བསམ།།

我为我境民众所依主，
所有境内众生指望我，
因此宁可放弃己性命，
焉能放弃护佑诸民众。

572

སྐྱབས་མེད་རྣམས་ལ་སྐྱབས་སུ་མི་བགྱིད་ཅིང་།།
ཇི་ལྟར་ནུས་པས་དབུགས་འབྱིན་མི་སྟོལ་བར།།
འབངས་ཀྱི་ནོར་ལེན་འབངས་ལ་མི་སེམས་རྣམས།།
ཁྲེལ་ལྡན་ཡིན་ན་ཁྲེལ་མེད་གཞན་སུ་ཞིག།

如果不护众多无依者，
尽管具备威力也无用，
只会搜刮民财不爱民，
若具良心再无无耻者。

573

ཡོན་ཏན་ཅན་ལ་བསྟེན་བྱས་ན།།
སྲོག་གི་ཕྱིར་ཡང་དེས་མི་གཏོང་།།
སེང་གེ་ཡན་ལག་མ་སྨད་པས།།
སྤྲེའུའི་ཕྲུག་གུ་བསྲུང་བ་བཞིན།།

如果依靠有德者，
虽需舍命也不弃，
犹如凶猛狮子王，
竭力保护猴幼子。

574

ངན་པར་ཇི་ལྟར་ཕན་བཏགས་ཀྱང་།། 无论如何利恶人，
རྐྱེན་དང་འཕྲད་པའི་ཚེ་ན་བསླུ།། 一有时机便设诈，
མི་ངན་ཆུ་ལས་བསྒྲལ་ན་ཡང་།། 恶人溺水得救后，
རི་དྭགས་རུ་རུ་གཞན་ལ་བསྟན།། 将会出卖救命者。

575

རང་གི་རིས་ནས་མ་འདས་པ།། 若在自己国境内，
ཇི་ལྟར་མི་བསྲུན་གྱུར་ན་ཡང་།། 无论何种野蛮人，
རང་ལ་དབང་བའི་ཕྱིར་ན་དེས།། 皆属自己统辖者，
བརྙས་པར་མི་དོགས་འབད་དེ་འཆོས།། 不宜施暴宜治理。

576

རང་གི་རིས་ནས་གང་འདས་པས།། 如果超出己领域，
གནོད་ཀྱང་ཆད་པས་ཇི་ལྟར་གཅོད།། 无法施暴来治理，
བརྙས་ཐབས་བྱེད་ན་དེས་བྱེད་དེ།། 若行暴力他如故，
ཁྲོ་ན་དེ་ལ་ཁྲོ་བར་བྱ།། 如果发怒亦枉然。

577

གང་ཞིག་སྦྲུལ་གྱིས་ཟིན་གྱུར་ན། །
གདུག་པའི་དུག་ནི་མཆེད་དོགས་པས། །
རང་གི་སོར་མོ་ཡིན་ན་ཡང་། །
གཅད་པར་བྱ་བ་ཇི་བཞིན་དུ། །

如果有人被蛇缚，
害怕毒素染身故，
虽是自己之手指，
为了防毒情愿断。

578

གང་ཞིག་བཙོས་སུ་མི་བཏུབ་པའི། །
མི་བསྲུན་གདུག་པ་གང་གནས་པའི། །
ཡུལ་ཁམས་དེ་ཡང་སྡུག་བསྔལ་ཕྱིར། །
རང་གི་གནས་ནས་བོར་བར་བྱ། །

不可救药蛮横者，
无论身处于何处，
均会带来诸苦难，
因此将其驱逐境。

579

རང་གི་ཡུལ་གྱི་སྐྱེ་བོ་ཡིས། །
གལ་ཏེ་ཉེས་པ་བྱས་པ་ལ། །
འོས་མཐུན་ཚད་པས་བཅད་བྱས་ཀྱང་། །
རང་ལ་དབང་ཕྱིར་སྙིང་རྗེ་བྱ། །

如果境内有些人，
做出违法乱纪行，
虽该适当行惩罚，
自可做主慈为主。

580

སྙིང་རྗེ་མེད་ཅིང་གདུག་ལྡན་པའི། །
མ་ལའང་བུ་ནི་འབྲོས་བྱེད་ན། །
འཁོར་གྱི་སྐྱེ་བོ་སྨོས་ཅི་དགོས། །
འཁོར་རྣམས་འགྲིབ་ན་རྒྱལ་པོ་དམའ། །

若是心狠手辣者，
虽是母亲子亦离，
何况所属诸民众，
众叛亲离失王威。

581

རང་གི་ཡུལ་དེར་གནས་པ་ཡི། །
གློ་བུར་མགྲོན་དང་དབུལ་པོའི་ཚོགས། །
ཇི་ནུས་པར་ནི་བསྲུང་བྱ་སྟེ། །
ཅི་མི་སྙམ་དུ་གཞག་མི་རིགས། །

对于住在自境的，
宾客以及诸难民，
尽己能力去保护，
置之度外不合理。

582

རང་དོན་ཕུན་སུམ་ཚོགས་འདོད་ན། །
གཞན་དོན་སྒྲུབ་པ་ཐབས་སུ་བསྔགས། །
གཞན་ཕན་བྱེད་པའི་སྐྱེ་བོ་རྣམས། །
རྒྱལ་པོ་མིན་ཡང་རྒྱལ་པོ་འདྲ། །

若想圆满自利益，
他利之行为妙法，
若能利益诸民众，
虽非王者胜于王。

583

རྙོད་པའི་དུས་ཀྱི་རྒྱལ་ངན་རྣམས།།
འཁོར་གྱི་ཕུན་ཚོགས་མཐོང་གྱུར་ན།།
སེམས་ལ་ཟུག་རྔུ་སྐྱེ་བ་ནི།།
འཆི་ལྟས་བཞིན་དུ་ཕྱིན་ཅི་ལོག།

浊时所有昏庸王，
若见诸眷享福乐，
顿时生起嫉妒心，
如现死相般谬识。

584

བརྩེ་ལྡན་དམ་པའི་སྐྱེས་བུ་ཡིས།།
རྒྱལ་ཁམས་གཞན་གྱི་ཕུན་ཚོགས་ལའང་།།
དགའ་ཞིང་རྗེས་སུ་ཡི་རང་བ།།
དེ་ཡིས་རང་གི་ཕུན་ཚོགས་འཕེལ།།

甚具慈悲殊胜者，
看到他国诸圆满，
也能生起喜乐情，
依此促成己圆满。

585

དངོས་པོའི་རང་བཞིན་ཤེས་བྱས་ནས།།
དགྲ་རྣམས་ལ་ཡང་བྱམས་པ་ཡིས།།
ཁྱབ་པར་བྱེད་པའི་ས་བདག་དེས།།
ས་རྣམས་མ་ལུས་དབང་དུ་འདུ།།

掌握诸法本性后，
虽为怨敌亦行慈，
如此广泛行慈者，
亦能统领全世界。

586

བྱམས་པའི་སེམས་ནི་ཉེར་བཞག་སྟེ། །
གཏོང་དང་སྙན་པར་སྨྲ་བ་དང་། །
འབངས་ཀྱི་དོན་བྱེད་རྒྱལ་པོ་དེའི། །
གྲགས་པ་འཇིག་རྟེན་གསུམ་དུ་ཁྱབ། །

时常持以慈悲心，
勤于布施及美言，
利益民众之国王，
美誉传遍三界中。

587

གང་ལ་བྱམས་པའི་སེམས་ཀྱི་དཔལ་གནས་པར། །
བསོད་ནམས་སྟོབས་ཀྱིས་ལྷ་རྣམས་དགར་གྱུར་ནས། །
མི་མ་ཡིན་པ་རྣམས་ཀྱང་སྲུང་བྱེད་ན། །
མི་ཡི་སྐྱེ་བོའི་ཚོགས་རྣམས་སྨོས་ཅི་དགོས། །

任何拥有慈悲功德者，
就能赢得天神之喜爱，
也能获得非人之保护，
何况属于人间诸民众。

588

མི་བདག་སྙིང་རྗེ་ལྡན་པའི་ཡུལ་ཁམས་སུ། །
རྣམ་མང་འབྱོར་པ་དབྱར་གྱི་ཆུ་ལྟར་འཕེལ། །
ཕ་རོལ་དཔུང་གི་ཚོགས་ཀྱིས་མི་བརྫི་ཞིང་། །
སྐྱེ་བོའི་ཚོགས་རྣམས་དགའ་བས་བག་ཕེབས་འགྱུར། །

甚具慈悲国王之国境，
财富增速如同夏潮般，
不仅敌人不会来欺凌，
而且境内诸众享安乐。

589

བྱམས་ལྡན་རྒྱལ་པོ་ཟླ་བ་རྒྱས་པ་བཞིན།།　仁慈国王犹如满月般，
སྐྱེ་རྒུའི་བསོད་ནམས་དཔལ་དུ་ཤར་བའི་ཚོ།།　福德之光普照诸众生，
ཡུལ་ཕྱོགས་དེར་ནི་མགོན་དང་བཅས་པའི་ཕྱིར།།　易成境内殊胜之怙主，
རྒྱལ་པོ་ཉིད་ཀྱིས་མ་སྨོངས་པ་ཞེས་བཤད།།　众眷亦赞其为殊胜王。

རབ་ཏུ་བྱེད་པ་བཅུ་གསུམ་པ། མི་ཡི་བདག་པོ་རང་གིས་རང་ཉིད་ལེགས་པར་སྲུང་བའི་ཚུལ་བརྟག་པ།

第十三品　明察自护篇

590

དེ་ལྟར་བརྟན་ཞིང་དེས་ལ་སྙོམས་གྱུར་ཅིང་། །
སྙིང་རྗེའི་སེམས་དང་ལྡན་པའི་མི་བདག་དེས། །
རང་གི་མངའ་རིས་ལེགས་པར་སྐྱོང་བ་ཡི། །
ཐབས་ཚུལ་རྣམ་པ་མང་ལ་སེམས་པར་བྱེད། །

稳重行事贤慧又平等，
兼具广大慈悲之国王，
对于如何合理治其国，
深思熟虑采取多方法。

591

སྐྱེ་རྒུ་བདེ་བར་བྱེད་པ་འཚོ་ཚོས་ཡིན། །
མི་བདེ་འཕེལ་བ་འགོག་པ་ཁྲིམས་ཡིན་པས། །
འཇིག་རྟེན་བདེ་བར་འཚོ་དང་ཁྲིམས་ཀྱི་ལས། །
གཉིས་ཀྱི་སྒོ་ནས་སྐྱེ་རྒུ་སྲུང་བར་བྱེད། །

众生福乐视为殊胜策，
遏制恶行就用诸法律，
依靠创造安乐与抑恶，
二种方法护抑诸民众。

592

མི་བདག་རང་སྡེ་བསྲུང་འདོད་པས། །
སྔོན་དུ་རང་ཉིད་ལེགས་པར་བསྲུང་། །
རང་ཡང་སྲུང་བར་མ་ནུས་པས། །
གཞན་དག་ཇི་ལྟར་བསྲུང་བར་བྱ། །

国王欲护其国家，
首先善于护自己，
自己不能护自己，
如何护持其国家。

593

ཐོག་མར་བདག་གི་ཚེ་དང་ལུས། །
སྡེ་བཞིའི་རྩ་བར་གྱུར་པ་གང་། །
ཡུན་དུ་བརྟན་ཞིང་འཚོ་བ་ཡི། །
ཐབས་ལ་འབད་པས་བསྲུང་བར་བྱ། །

首先护持个人的，
寿命以及身体等，
四种圆满之根本，
为此勤行诸妙法。

594

རིན་ཆེན་སྨན་དང་རིག་སྔགས་ཀྱི། །
སྦྱོར་བའམ་རླུང་གི་རྣལ་འབྱོར་སོགས། །
ཐབས་དང་ལྡན་པའི་ཚོ་ག་ཡིས། །
ལུས་ནི་ལེགས་པར་བསྲུང་བར་བྱ། །

依靠甘露妙药及，
明咒风脉瑜伽等，
殊胜方便诸仪轨，
精心护养己身体。

595

བསོད་ནམས་ཀྱིས་ནི་འདི་ཕྱིར་བདེ། །
བསོད་ནམས་ལྡན་ན་བསམ་པ་འགྲུབ། །
དེ་ཕྱིར་བསོད་ནམས་འབད་བྱ་སྟེ། །
བསོད་ནམས་སྟོབས་ཀྱི་རྣམ་ཐར་ལྟོས། །

依靠福德获安乐，
具备福德诸事成，
因此勤积诸福德，
犹如具福王者传。

596

བློ་གྲོས་བྱ་བ་གནས་གྲོགས་རྫས། ।	诸如势力与朋友，
ལ་སོགས་དཔལ་རྣམས་ཇི་སྙེད་པ། ।	以及类似诸功德，
ལྷ་དང་ཀླུ་ལ་ནོར་བུ་བཞིན། ।	犹如天神和龙宝，
བསོད་ནམས་སྟོབས་ཀྱིས་འབད་མེད་འཐོབ། ।	依靠功德易获得。

597

དྲན་དང་ཤེས་བཞིན་བག་ཡོད་ཀྱིས། ।	犹如正念正知等，
སེམས་ཀྱི་ཡོན་ཏན་བསྲུང་བྱ་ཞིང་། ।	善护各种智慧德，
བརྩོན་པས་གོང་ནས་གོང་དུ་ནི། ।	同时精修诸功德，
འཕེལ་བའི་ཐབས་ལ་སྦྱར་བར་བྱ། ।	日益速增之方法。

598

འཕགས་པ་གསེར་འོད་དམ་པ་དང་། ।	犹如殊胜《金光经》，
རྒྱ་ཆེ་རོལ་པ་རྟོག་གི་གཟུངས། ।	以及广大《庄严经》，
ས་སྙིང་འཁོར་ལོ་བཅུ་པ་དང་། ।	殊胜地藏《十轮经》，
འཇམ་དཔལ་རྩ་བའི་རྒྱུད་ལ་སོགས། ।	文殊师利《根本经》，
དེ་བཞིན་གཤེགས་པའི་གསུང་རབ་རྣམས། ।	诸多如来《殊胜经》，
དགེ་བའི་བཤེས་ལས་ལུང་ནོད་ཅིང་། ।	依靠善师获得后，
མཆོད་དང་བཀུར་སྟི་ཆེར་བྱས་ནས། ।	时常勤于善供养，
དུས་སུ་བཀླགས་ཤིང་བསམ་བྱས་ན། ।	同时善于深思考，
རྒྱལ་རིགས་དེ་དག་བསོད་ནམས་འཕེལ། ।	如此王者增福德。

599

སྔགས་ཀྱི་དཀྱིལ་འཁོར་རྣམ་མང་པོར། །
གང་དག་དད་པས་ལེགས་ཞུགས་ཏེ། །
དབང་མནོས་དམ་ཚིག་བཟུང་བྱས་ན། །
ཚེ་དང་བསོད་ནམས་གྲགས་པ་འཕེལ། །

如果国王善修持，
诸多密宗陀罗尼，
并获灌顶守誓言，
寿命福德易速增。

600

ཇི་སྲིད་འདོད་ཆེན་མ་གྱུར་པ། །
དེ་སྲིད་ཡོན་ཏན་གཙང་བ་ཡིན། །
འདོད་ཆེན་ཉིད་ལ་ཞུགས་གྱུར་ན། །
ཡོན་ཏན་བཙུན་པར་ག་ལ་འགྱུར། །

如果不起大贪欲，
其德属于清净德，
如果生起大贪欲，
其德不能持清净。

601

ངོ་ཚ་མེད་ན་དེའི་ཡོན་ཏན། །
བརྗོད་བྱར་བྱས་ནས་གཏམ་ངན་འཕེལ། །
དེ་ཕྱིར་ངོ་ཚ་ཁྲེལ་ཡོད་པས། །
རང་གི་ཡོན་ཏན་བསྲུང་བར་བྱ། །

若不知耻其功德，
有人称颂增诽谤，
因此依靠愧疚心，
护持自己诸功德。

602

གནས་ཁང་མེ་རུ་འབར་ཚེ་སྔོན།།
ངོ་ཚས་ལུས་ནི་བྱིབས་བཞིན་དུ།།
ཤི་བའང་ཚངས་གནས་སྐྱེས་ཞེས་སུ།།
ཡོན་ཏན་དེ་ལྟར་མདོ་ལས་བཤད།།

如果住宅燃烧前，
愧疚之意在心中，
死后能够转天界，
佛经如此赞其德。

603

ངོ་ཚ་ཙམ་ལ་དེ་ལྟ་བུའི།།
ཡོན་ཏན་ཆེ་དང་ལྡན་གྱུར་ན།།
ངོ་ཚ་ཁྲེལ་ཡོད་དང་ལྡན་པས།།
ཡོན་ཏན་སྤུང་བ་སྨོས་ཅི་འཚལ།།

如果仅具羞耻心，
就能获得大功德，
何况知惭知善者，
无疑能获诸功德。

604

ངོ་ཚ་མེད་པའི་མི་རྣམས་ནི།།
ཇི་ལྟར་བརྒྱན་ཀྱང་མཛེས་མ་ཡིན།།
ཁྱད་པར་ཆེན་པོའི་མི་རྣམས་ལ།།
ངོ་ཚ་ཁྲེལ་ཡོད་མཆོག་ཏུ་དགོས།།

毫无羞耻之恶人，
如何装扮亦不美，
尤其显赫大人物，
知耻行善最为重。

605

ཆེ་རྣམས་ངོ་ཚ་མི་ཤེས་ན།།	身居高位不知耻，
ངོ་ཚ་མེད་རྣམས་སུ་ཡིས་འདུལ།།	如何降伏诸小人，
སྐྱབས་ལས་འཇིགས་པ་བྱུང་བ་དང་།།	怙主害人无人救，
ཆུ་ལས་མེ་འབར་སུས་ཞི་ནུས།།	水中燃火亦无法。

606

ངོ་ཚ་མེད་པས་སྨ་ཕབ་པ།།	因无耻而遭诽谤，
ཆེན་པོའི་གོ་ནས་ཡར་མོད་ཀྱི།།	就能损失其威望，
ད་དུང་རང་ཚུལ་མི་ཤེས་པར།།	如果仍然不自知，
ཆེ་བར་རློམ་པ་ཀྱི་མ་འཁྲུལ།།	高调就是真糊涂。

607

འདོད་པས་གདུང་ལ་ཁྲེལ་མེད་ངོ་ཚ་མེད།།	贪欲所缚毫无愧疚者，
བཀྲེས་པས་གདུང་ལ་སྤོབས་མེད་མདངས་ཀྱང་མེད།།	犹如饥饿所困面无光，
ནད་ཀྱིས་གདུང་ལ་གཉིད་མེད་བདེ་བ་མེད།།	亦如疾病所困之失眠，
དེ་ཕྱིར་འདོད་པའི་གནས་ལས་བག་ཡོད་བྱ།།	因此谨慎处理诸贪欲。

608

འདོད་པ་དང་འདྲའི་འདམ་རྫབ་མེད།། 没有贪欲般淤泥，
ཞེ་སྡང་ལྟ་བུའི་གནོད་པ་མེད།། 也无怨恨般害处，
གཏི་མུག་ལྟ་བུའི་རྒྱ་མེད་དེ།། 更无贪睡般迷惘，
སྲེད་པ་ལྟ་བུའི་ཆུ་ཀླུང་མེད།། 也无贪欲般深渊。

609

ཆགས་པ་དང་འདྲ་འགྲོ་བའི་དྲི་མ་མེད།། 没有甚于贪欲之垢染，
ཕྲག་དོག་དང་འདྲ་གཞན་ལ་གནོད་པ་མེད།། 也无甚于嫉妒之祸患，
སློང་བ་དང་འདྲའི་མཛའ་བ་ཡོད་མིན་ཏེ།། 没有甚于祈求之亲友，
གཏོང་བ་དང་མཉམ་ནོར་ནི་གཞན་ན་མེད།། 也无甚于施舍之财物。

610

ཤེས་རབ་འདྲ་བའི་མིག་ནི་གཞན་ཡོད་མིན།། 没有甚于智慧般明眼，
ཐོས་པ་དང་འདྲ་བཤེས་གཉེན་གཞན་མེད་དེ།། 亦无勤勉闻法般导师，
ཡོན་ཏན་འདྲ་བའི་རྒྱན་ནི་གཞན་དུ་མེད།། 没有甚于功德般装饰，
དེ་ཕྱིར་སྐྱོན་ཡོན་ལེགས་བསམ་རང་ཉིད་སྲུང་།། 因此慎思功过能护己。

611

མི་ཆོས་སྲོག་ཤིང་དྲང་པོ་སྟེ།། 人道根本为公正，
ཡ་རབས་བྱ་བ་ཕལ་མོ་ཆེ།། 大多道德高尚者，
ཀྱ་ཀྱུའི་རྫབ་ཀྱིས་མ་གཡོགས་པར།། 不被杂念所熏染，
གཙང་མའི་གསེར་བཞིན་མདོན་པ་ཡིན།། 犹如纯金很灿烂。

612

གཡོ་སྒྱུས་བསྒྲུབས་པའི་ཟས་དང་ནོར།། 依靠狡诈所获者，
རྙེད་དོ་སྐམ་ཡང་ཤོར་ལས་བླ།། 获得不如失去好，
ཡིད་རྟོན་སླུ་བར་བྱེད་པ་རྣམས།། 喜欢欺骗诚实者，
འཚོ་ཡང་འཚོ་བ་མིན་དང་འདྲ།། 虽似生活仅活命。

613

རྒྱུ་འབྲས་མེད་པ་མི་སྲིད་ལ།། 因果不虚终究在，
ལྷ་མིག་སྒྲིབ་པར་མི་ནུས་པས།། 犹如天道无法毁，
ཀྱ་ཀྱུ་ཅན་གྱི་ངན་མཚང་སྐྱོན།། 狡诈恶者所造业，
འདི་དང་ཕྱི་མར་ཡང་ཡང་མྱོང་།། 今生来世皆需还。

614

ལས་འབྲས་ལྷ་མིག་དཔང་བཞག་སྟེ། །　若以天道为裁判，
རང་སེམས་གཙང་མར་སྒྱུར་པ་རྣམས། །　勤于清净自心者，
ལྷ་དང་མི་ཡི་འཇིག་རྟེན་ན། །　即便天界与人间，
སྒྲིབ་མེད་ཟླ་རྒྱས་བཞིན་དུ་མཛེས། །　犹如圆月极庄严。

615

ངན་སྤྱོད་རང་གིས་མ་བྱས་ན། །　如果自己不作恶，
བརྒྱ་བྱིན་གྱིས་ཀྱང་སྨད་མི་ནུས། །　即使帝释无法谤，
གང་ཞིག་ངན་སྤྱོད་མེད་པ་དེས། །　如果弃恶只扬善，
ངན་སྤྱོད་ཅན་རྣམས་འདུལ་བར་འོས། །　就能调伏行恶者。

616

བཟང་པོ་ཐོར་ནས་ངན་པ་འཛིན། །　舍弃善行持恶行，
སྐྱེ་བོ་ངན་པ་ཚུ་ཚགས་འདྲ། །　恶人如同滤水器，
ངན་པ་སྤངས་ནས་བཟང་པོ་སྒྲུབ། །　断恶奉行诸善事，
ཁབ་ལེན་རྡོ་དང་ཡ་རབས་མཚུངས། །　高尚贤士如磁铁。

617

རང་ཉིད་དོན་ལ་མཁས་གྱུར་ཅིང་།།
ཡ་རབས་བྱ་བར་རྟག་གནས་ན།།
རིན་ཆེན་སྒྲོན་མ་འོད་འབར་བ།།
འཐོར་རླུང་གིས་ནི་གནོད་མེད་འདྲ།།

如果通晓自利益，
同时始终高尚行，
犹如宝灯璀璨光，
不易狂风所息灭。

618

མ་སྨྲས་གཞན་གྱིས་མ་བསྐུལ་བར།།
རྣམ་འགྱུར་སོགས་ལས་བསམ་པ་ཤེས།།
དུས་སུ་དོན་རྣམས་ཡོལ་མེད་དུ།།
སྒྲུབ་པར་ཤེས་ན་མཁས་པ་ཡིན།།

不用嘱托无须催，
通过神态知他心，
精于伴随诸机遇，
办理诸事为智者。

619

ཕལ་པས་རྟོགས་པར་དཀའ་བ་ཡི།།
མཁས་པའི་སྤྱོད་ཡུལ་ཤེས་ན་མཁས།།
སྲིན་བུས་ཤིང་ལ་ཡིག་རིས་བཞིན།།
སྙིས་དབང་དོན་གྲུབ་མཁས་པ་མིན།།

凡人无法通达者，
透彻通达为智者，
犹如虫食树叶后，
所留纹路属侥幸。

620

ཕན་དང་གནོད་པའི་ནུས་པ་ཅན། །
གང་ན་ཡོད་པར་མི་ཤེས་པས། །
སུ་ལའང་ཁྱད་དུ་མི་གསད་པར། །
ཕན་པར་བྱས་ན་རང་ཉིད་འཕེལ། །

不知何人有能力，
制造利益及损害，
因此不宜轻蔑人，
圆满利他增己利。

621

མཁས་པས་མ་འོངས་ཆེད་དུ་སྦྱིན། །
བླུན་པོས་རང་ཕན་མཐོང་ཚེ་སྦྱིན། །
བྱིན་པར་འདྲ་ཡང་ཕ་རོལ་ལ། །
ངོ་སོ་ཆེ་ཆུང་འདྲ་མི་འགྱུར། །

智者布施为未来，
愚者布施为自利，
虽然都是布施人，
果报大小却各异。

622

མཁས་པས་རང་ལ་གང་ཕན་བརྩི། །
བླུན་པོས་གང་འབྱོར་གང་མཐོ་བརྩི། །
ཕོ་རབ་ཆུས་ཀྱི་སྤྱི་རྒྱ་དཔྱོད། །
ཕོ་མཐའ་ཟ་ཁ་ཆེ་ཆུང་དཔྱོད། །

智者尊重利与否，
愚者敬畏财及位，
贤者明察利众量，
劣者算计饮食事。

623

གྲོགས་བཟང་མཛའ་བོ་རྒུད་ཚེ་སྐྱོང་།།
གྲོགས་ངན་མཛའ་བོ་འབྱོར་ཚེ་སྐྱོང་།།
བསྐྱང་བར་འདྲ་ཡང་བློ་ལྡན་གྱིས།།
བལྟས་ན་སྐྱོང་ཚུལ་འདྲ་མི་འགྱུར།།

亲密朋友衰时助，
恶劣朋友盛时护，
尽管都是护助事，
智者眼中有差异。

624

ཕོ་བཟང་རྒྱལ་ཁ་ཕྱི་ལ་རྩོད།།
ཕོ་ངན་རྒྱལ་ཁ་ནང་དུ་རྩོད།།
བརྩད་པར་འདྲ་ཡང་ཕ་རོལ་གྱིས།།
བལྟས་ན་རྩོད་ཚུལ་འདྲ་མི་འགྱུར།།

英雄对外作斗争，
懦夫喜欢起内讧，
虽然都是争斗事，
智者眼中有差异。

625

བླུན་པོས་ཐོག་མར་བདེ་འབྲས་འཚོལ།།
མཁས་པས་ཐོག་མར་བདེ་རྒྱུ་འཚོལ།།
བཙལ་བར་འདྲ་ཡང་གནད་ཤེས་པས།།
བལྟས་ན་འཚོལ་ཚུལ་འདྲ་མི་འགྱུར།།

愚者首先找乐果，
智者最初寻乐因，
虽然同为寻找事，
细思其中有差异。

626

དེ་སོགས་འདྲ་ལ་མི་འདྲ་བའི། །
བྱ་བའི་ཁྱད་ཀྱིས་བཟང་ངན་ཤེས། །
ཡོན་ཏན་མེད་པའི་གྲོགས་སྟོང་ལས། །
ཡོན་ཏན་ལྡན་པའི་གྲོགས་གཅིག་མཆོག །

如果能在同类中，
明察事情之优劣，
没有功德者千人，
不如具德者一人。

627

དགྲ་གཅིག་ཡོད་ཀྱང་མང་དང་འདྲ། །
གཉེན་བརྒྱ་ཡོད་ཀྱང་ཉུང་དང་མཚུངས། །
དེ་བས་མཛའ་གྲོགས་མང་བྱ་ཞིང་། །
སུ་ལའང་དགྲ་རུ་བསླང་མི་བྱ། །

虽是一敌亦嫌多，
拥有百友亦嫌少，
因此善于结亲友，
不宜他人成为敌。

628

བསྐྱང་ན་དགྲ་ཡང་གཉེན་དུ་འགྱུར། །
མནར་ན་བུ་ཡང་དགྲ་རུ་འགྲོ། །
སུ་ཡང་མཛའ་དང་དགྲ་མིན་ཀྱི། །
ཕལ་ཆེར་རང་གི་བྱ་བས་བྱས། །

有利敌人变成友，
有害独子亦成仇，
本来不分敌和友，
均因自己所造成。

629

འཇམ་པོས་རྩུབ་མོའང་འདུལ་ནུས་ན། །
འཇམ་པོ་ཉིད་ལ་སྨོས་ཅི་དགོས། །
འཇམ་ལ་དུས་སུ་རྗོ་བ་ནི། །
དགྲ་རྣམས་ཀྱིས་ཀྱང་ཐུབ་པར་དཀའ། །

如果以柔能克粗，
何况调教温雅者，
若为雅慧兼具者，
敌人无法来制伏。

630

དགྲས་ཀྱང་བརྙས་པའི་དེས་པ་དང་། །
གཉེན་ཡང་འབྲོས་པའི་རྩུབ་མོ་དེས། །
ཅི་བྱ་ཞི་དྲག་གཉིས་ཀའི་མཐུ། །
གང་ལ་ཡོད་དེ་ཀུན་གྱིས་བསྔགས། །

怨敌轻蔑之温柔，
亲友躲避之粗暴，
何人具有刚柔性，
方能获得众人赞。

631

རང་ལ་ལན་པ་མེད་པ་ཡི། །
དྲང་པོའི་ལམ་ལ་རྟག་གནས་ནས། །
ཕ་རོལ་རྒྱུ་མེད་འཚེ་བ་ལ། །
འདུད་པར་མི་བྱ་བརྟེན་བར་བྱ། །

若对自己无害处，
时常行持正道法，
虽遭他人无故害，
不宜屈服持稳重。

632

ཡོན་ཏན་ལྡན་ན་དགྲ་ཡང་མཛའ་རུ་བསྡུམ།། 若具美德敌者能化亲，
མི་བསྲུན་ངན་པ་མཛའ་ཡང་རྒྱབ་ཏུ་བོར།། 若是恶者虽亲亦背叛，
བར་མར་གནས་པ་བཏང་སྙོམས་ཚུལ་དུ་བྱ།། 对于非敌非亲诸民众，
དེ་ལྟར་ཤེས་ན་རྟག་ཏུ་བདེ་བ་འཐོབ།། 平等相待就能获安乐。

633

ཕྱི་ནས་འདི་འདྲར་འགྱུར་སྙམ་པའི།། 对于未来生变者，
བསམ་གཞིག་སྔོན་དུ་ལེགས་བཏང་སྟེ།། 需要尽早细思考，
བྱ་བ་འབྲས་བུར་ལྡན་བྱ་ཞིང་།། 凡事都有其结果，
ལས་ཀུན་རྗེས་འགྱོད་མེད་པར་བྱ།། 事后不应生悔心。

634

དུས་ལ་བབ་པའི་བྱ་བ་རྣམས།། 如果时机成熟时，
ཚེགས་མེད་པར་ཡང་འགྲུབ་པར་འགྱུར།། 凡事皆有好结果，
དུས་ཡོལ་བའམ་དུས་སྔ་བའི།། 错过时机或提前，
བགྱི་བ་ཕལ་ཆེར་བསྒྲུབ་པར་དཀའ།། 很难圆满办成事。

635

ཚེ་འདིར་རྒྱལ་པོའི་ཁྲིམས་དང་ནི།།
ཕྱི་མ་རྣམ་སྨིན་འབྲས་བུ་ལ།།
སུ་ཡང་བྱོལ་བར་མི་འགྱུར་བས།།
མི་བདེན་པ་ན་ཕམ་ངོས་བླང་།།

今生而言诸王法，
来世而言业果报，
没人能够轻易逃，
如果怀疑以身试。

636

མི་ལ་ལྟ་བའི་མིག་ཡོད་ཀྱང་།།
རང་ལ་ལྟ་ན་མེ་ལོང་དགོས།།
རང་བློ་ནང་དུ་མ་བལྟས་ན།།
རང་སྐྱོན་རང་གིས་མཐོང་བར་དཀའ།།

观察他人虽有眼，
观察自己需明镜，
如果自己不内省，
难以发现己过失。

637

བླུན་པོས་བདེ་དང་སྡུག་བསྔལ་ཀུན།།
གཞན་གྱི་རྐྱེན་ལས་བྱུང་སྙམ་དུ།།
རྟག་ཏུ་ཡུལ་ལ་འདོར་ལེན་གྱི།།
ཆགས་སྡང་རྣམ་རྟོག་ཐ་ལ་གཡེང་།།

愚者认为诸苦乐，
最终归因于他缘，
时常忙于诸取舍，
活在爱憎猜疑中。

638

མཁས་པས་བདེ་དང་སྡུག་བསྔལ་ཀུན།།	智者认为诸苦乐，
བདག་ལ་རག་ལས་ཞེས་བྱས་ནས།།	究竟来源于自身，
རྟག་པར་ནང་དུ་བློ་ཕྱོགས་ཏེ།།	时常勤于观内心，
བདག་ལ་རྟོག་ཅིང་བག་ཡོད་གནས།།	审视自己持谨慎。

639

ལེགས་ཉེས་གང་དང་གང་སྤྱོད་ཡང་།།	无论享乐与受苦，
བསམ་དཔྱོད་ཅན་ལ་བློ་སྐྱེད་ཐོན།།	智者均能增智慧，
སྐྱིད་སྡུག་བརྒྱ་ཕྲག་མཐོང་ན་ཡང་།།	虽然亲受诸苦乐，
བསམ་མེད་བླུན་པོར་ཐོབ་སྐྱེད་མེད།།	愚者不会有收获。

640

སྔ་ཚོགས་ནོར་བུ་ཇི་བཞིན་དུ།།	犹如各种珍珠宝，
གོ་ས་དུས་དང་ཕ་རོལ་དང་།།	智者根据诸对象，
བསྟུན་པའི་བྱ་བ་མཁས་པས་སྟོན།།	采取不同方便法，
བླུན་པོ་རྡོ་ལ་མདོག་འགྱུར་ཅི།།	愚者如石不变色。

641

སྟོབས་ལྡན་འབྱོར་པ་རྒྱ་ཆེ་ཡང་།། 尽管有势亦富有，
གནས་མིན་གཞན་ལ་མནར་མི་བྱ།། 不应无理糟蹋人，
རྒྱལ་བར་གྱུར་ན་ཚོད་ཟིན་པའི།། 虽获全胜亦安分，
མི་བདག་དེ་ནི་རྟག་ཏུ་རྒྱལ།། 如此成就长胜王。

642

ནགས་ཚལ་ཚོགས་ཀྱིས་མགྲོན་དུ་བོས་པ་ཡི།། 若是繁茂森林引起的，
ལྕེ་བདུན་གར་ཐབས་བསྐྱོད་ལ་སུ་མི་བྱོལ།། 熊熊烈火没人不躲避，
དུས་སུ་ཆར་འབེབས་སྤྲིན་གྱི་ཟ་གསང་ཅན།། 可那及时降雨之雷声，
ཆུ་འཛིན་གློག་ཕྲེང་མཛེས་འདིས་ཀུན་ཡིད་འཕྲོག། 以及云中闪电众人喜。

643

ཅི་ཙམ་རྙེད་ཅིང་རྒྱལ་ཆེ་གླེན་པོ་རྣམས།། 愚者虽能获利得胜利，
བསྐམ་ཆགས་མེ་ལྟར་འབར་ནས་མྱུར་དུ་ཡལ།། 贪婪如火燃尽其所获，
རྙེད་པ་འཕེལ་ཞིང་གཞན་ལས་རྒྱལ་ན་ཡང་།། 智者尽管获利亦胜敌，
མཁས་རྣམས་བག་ཡོད་སྒོ་ནས་སྤྲིན་བཞིན་བསིལ།། 谨慎行事逍遥似彩云。

644

མི་ངན་བསྟེན་རྗེ་བྱེད་པ་དང་།། 依靠迫害恶劣者，
བན་སྔགས་དགྲ་རུ་བསླང་བ་གཉིས།། 如同持咒者结怨，
རྒྱལ་པོ་ཡིན་ཀྱང་མི་བྱ་སྟེ།། 即使王者亦不为，
བྱས་ན་རང་ཉིད་ཕུང་བའི་རྒྱུ།། 若为就是毁自己。

645

འཁོན་རྙིང་པ་དང་བུ་ལོན་ལྷག། 旧怨债务及火苗，
མེ་མཆེད་ཆུང་ངུའི་དུས་ན་བཅད།། 微小时候要解决，
རྐོན་པའི་ནང་ནས་བྱ་ཤོར་བཞིན།། 犹如捕鸟飞出网，
རྗེས་སུ་བཀྲི་བར་དཀའ་བ་མཆི།། 然后再捉就很难。

646

ཅི་ཙམ་རྩེ་ཞིང་བཀུར་བ་ན།། 如获重视和恭敬，
དེ་ལྟ་དེ་ལྟར་དུལ་བར་བྱ།། 理应更加显谦恭，
ཅི་ཙམ་བརྙས་ཤིང་འཚེ་བ་ན།། 如遭欺侮及损害，
དེ་ལྟ་དེ་ལྟར་གཏུམ་པར་བྱ།། 理应更加示强悍。

647

བཀུར་ན་ཁྲོ་ཞིང་བརྙས་ན་ཞི་འགྱུར་ལ།། 若敬易怒遭欺变柔和，
ཐུབ་ན་ལྷ་གསོད་མི་ཐུབ་བདུད་ཀྱང་མཆོད།། 得势杀神失势魔亦供，
འཐབ་ན་འབྲོས་ཤིང་བཏུད་ན་མནར་བྱེད་པའི།། 遭战逃跑获胜迫害人，
ངན་པའི་མི་ལ་བློ་ལྡན་སུ་ཞིག་དགའ།། 智者焉能喜欢恶劣人。

648

དགྲ་བོས་བརྙས་ཐབས་བྱས་ཀྱང་ཆུ་བཞིན་འཐུང་།། 遭遇怨敌侮辱如饮水，
འཁོར་གྱིས་ཕན་པར་བྱས་ཀྱང་འཚེ་བར་རྩོམ།། 获得眷属协助却加害，
བླང་དོར་ལོག་པར་སྤྱོད་པའི་སྐྱེ་བོ་ལ།། 颠倒是非取舍诸恶者，
ཕན་པའི་གཉེན་ཀྱང་བསམ་པ་གཞན་དུ་ཕྱོགས།། 对待亲友也有疏远意。

649

བློ་ལྡན་རང་ཉིད་འབྱོར་ཚེ་དམན་ལ་བྱམས།། 智者获得财势慈弱者，
ཕ་རོལ་རྒུད་ཚེ་དགྲ་ཡང་ལེགས་སྐྱོང་བའི།། 目睹他人衰时敌亦护，
ཚུལ་འདི་མཛེས་ཀྱང་མཛེས་ལ་འོས་ཀྱང་འོས།། 此行不仅合理又庄严，
ལུགས་ཟུང་ཡོན་ཏན་དུས་གཅིག་མ་ཛོམས་གསལ།། 同时圆满出世入世德。

650

གཉེན་ནོ་ཅོག་ལ་སྦྱིན་ཞི་སྙན་སྨྲ་སོགས།། 布施亲友言出温柔语，
མཐུན་འཇུག་ཐབས་ཀྱིས་གཞན་ཡིད་བསྡུ་མཁས་པས།། 迎合他人之法拢人心，
ཚོགས་མེད་བྱ་བས་རང་སྟོབས་སྐྱེད་བྱེད་ཅིང་།། 不用辛劳增强己势力，
ཡོན་ཏན་སྒོ་ལ་དར་བཞིན་མངོན་པར་བྱེད།། 此德如旗特具感召力。

651

འཁོན་མེད་པར་ནི་རྒྱལ་སྲིད་ཕྲོགས་པ་སོགས།། 对于无怨夺人国政等，
ལས་ཀྱི་དགྲར་གྱུར་བཅོས་སུ་མི་རུང་བའི།། 恶业所成不共戴天的，
མི་བསྲུན་རྣམས་ལ་ཞི་བའི་ཐབས་ཀྱིས་ཅི།། 恶劣敌人善法没有用，
དེ་ཕྱིར་དྲག་པོའི་སྟོབས་པ་ངེས་པར་བསྐྱེད།། 必须依靠强势来征服。

652

གཉེན་དུ་བྱས་ན་ཕན་པ་ཆེ།། 若为亲友获巨利，
དགྲ་རུ་བསླང་ན་གནོད་ནུས་པའི།། 若成怨敌受损失，
མི་གང་དགྲ་ཟུན་གོ་ཆོད་པ།། 懂得分清敌友者，
དེང་སང་སྙིགས་མའི་དུས་ན་དཀོན།། 五浊恶世极罕见。

653

མ་བརྙས་མི་ཡི་རྩ་བ་ཡིན། །　　不受欺辱为根本，
བརྙས་པའི་ནོར་གྱིས་ཅི་ཞིག་བྱ། །　　受辱得财有何意，
དགྲ་གོ་ཟླུན་གོ་མི་ཆོད་པ། །　　不分敌友区别者，
མི་རུ་བཏགས་ཀྱང་ཕྱུགས་ལས་དམན། །　　虽为人类比兽劣。

654

རྒྱལ་པོ་ཡུར་ཆུ་འཁྲི་ཤིང་དང་། །　　国王渠水及藤树，
བུད་མེད་དམུས་ལོང་ལྐུ་པོ་ནི། །　　女人天生盲者等，
གཡོན་ཅན་གར་འཁྲིད་འགྲོ་བར་གསུངས། །　　佛说随着他缘转，
དེ་བས་གཞན་དྲིང་འཇོག་མི་བྱ། །　　因此不宜随他转。

655

གཡོན་ཅན་གུས་པ་སྟོན་པ་ནི། །　　若获狡诈者恭敬，
དགོས་པའི་ཕྱིར་ཡིན་དགའ་བས་མིན། །　　皆为阴凉非真爱，
བརྟགས་ཤིང་གདིང་ནི་མ་ཐོབ་པར། །　　没有细察知底前，
སུ་ལའང་ཡིད་བརྟན་མི་བྱའོ། །　　不宜相信任何人。

656

ཁ་ཅིག་རང་ལ་དཔེ་བླངས་ནས། ། 有人换位思考后，
སྐྱེ་བོ་གཞན་དག་འཇལ་བར་བྱེད། ། 能够以己推他者，
ཁ་ཅིག་ངན་པས་སུན་ཕྱུང་བས། ། 有人遭遇劣者辱，
དམ་པ་ལའང་ཡིད་མི་ཆེས། ། 即使贤者也起疑。

657

མཁས་པ་དག་གིས་བརྟགས་བྱས་ན། ། 智者详细观察事，
ངང་པས་ཆུ་ལས་འོ་མ་བཞིན། ། 犹如鹅从水滤奶，
བཟང་ངན་དོན་ནི་ཁོང་ཆུད་དེ། ། 贤者通达所有事，
བྱ་བའི་གནས་ལ་རྫོངས་མི་འགྱུར། ། 遇事不会莽撞行。

658

གཡོན་ཅན་ཚུལ་བཟང་ངག་སྙན་སྟོན་པ་དང་། ། 尽管奸者温和言美语，
འཕོན་ཉིང་དགྲ་དང་མ་བརྟགས་གསར་འགྲོགས་ལ། ། 仍会亲近冤家和生人，
ཡིད་བརྟན་བྱས་པས་ཁ་ཅིག་ཕུང་འགྱུར་ཏེ། ། 随和陌生新交毁自己，
བྱ་རོག་གིས་ནི་ཨུག་པའི་ཚང་བསྲེགས་བཞིན། ། 犹如乌鸦焚烧鸱鸮巢。

659

སེང་གེའི་ལུས་ཀྱི་འབུ་བཞིན་དུ།།
ཆེན་པོ་རྣམས་ལ་དགྲ་བས་ཀྱང་།།
རང་གི་རིས་ནས་གནོད་པ་མང་།།
དེ་ཕྱིར་འཁོར་དང་རིས་ལ་བརྟགས།།

犹如猛狮因其虫，
对于强者比怨敌，
眷属之害尤为深，
因此明察己属民。

660

ནོར་མཉམ་ནུས་པ་མཉམ་པ་དང་།།
གནད་ཤེས་འབད་རྩོལ་ཆེ་བ་ཡི།།
རང་དང་རིས་སུ་མཉམ་པ་ལ།།
བག་ཡོན་མ་བྱས་དེ་འདྲས་ཕུང་།།

如在财富及能力，
易同自己抗衡者，
通过努力保平衡，
若有怠慢易损失。

661

ཕན་པ་མེད་ན་གཉེན་ཀྱང་གཞན།།
ཕ་རོལ་ཡིན་ཡང་གང་ཕན་གཉེན།།
ལུས་ལ་ལྷན་ཅིག་བྱུང་བའི་ནད།།
གསོ་བྱེད་དགོས་པའི་སྨན་བཞིན་ནོ།།

若无利益亲者疏，
若有利益冤成亲，
犹如身体和疾病，
欲治只有对症药。

662

བྱས་པ་གཟོ་དང་ཕན་གནོད་ཚུལ། །
གོ་མ་ལོག་པའི་བྱ་བ་ནི། །
གནད་ཅན་གཅིག་གིས་སྐྱེས་བུ་དེའི། །
ཡོན་ཏན་ཏྲོད་ཚད་ཤེས་པར་ནུས། །

若在知恩图报及，
判断是非利害上，
能够敏于思考者，
终能显示其智慧。

663

རྒུད་ཚེ་མཛའ་ཡང་སྤོང་བྱེད་ལ། །
འབྱོར་ཚེ་དགྲ་ཡང་མཆོད་བྱེད་པའི། །
ཐ་ཤལ་དེ་འདྲས་བདག་ཉིད་ལ། །
མཆོད་ཀྱང་བློ་ལྡན་སུ་ཞིག་མགུ། །

败时亲友会抛弃，
盛时敌人亦供养，
遭遇如此劣者敬，
不会引起智者喜。

664

ཡིད་མཐུན་རིང་ན་གནས་ཀྱང་ཉེ། །
མི་མཐུན་གམ་ན་གནས་ཀྱང་རིང་། །
ཤ་ལྷག་མཚོན་གྱིས་གཅོད་བྱེད་ལ། །
རྒྱན་བཟང་ལུས་ལ་སྦྲེལ་བར་བྱེད། །

意合远居亦亲近，
不合在旁亦疏远，
肿瘤必须要切除，
美丽装饰要贴身。

665

དམ་པ་མིན་དང་དམ་པ་དག །
尽管愚者与智者，
ལྷན་ཅིག་འགྲོགས་ཀྱང་འདྲེས་མི་འགྱུར། །
虽在同处有抵触，
དམ་པ་གཉིས་ནི་རྒྱང་རིང་ཡང་། །
智者之间有距离，
མཐུན་འགྱུར་ཉི་དང་པད་ཚལ་བཞིན། །
亦如日莲互辉映。

666

ཉིན་བྱེད་དབང་པོ་ཤར་བའི་ཚེ། །
犹如太阳升起时，
མིག་ལྡན་གཟུགས་ལ་ལྟ་བ་བཞིན། །
世人才能看诸相，
བློ་ལྡན་བློ་ལྡན་ཕྲད་པ་ན། །
如果智者遇智者，
ཚིག་གཅིག་གིས་ཀྱང་གྲོས་རྟོགས་མཐོང་། །
只言片语见其心。

667

བླུན་པོ་རྣམས་ལ་ཕན་བཏགས་དང་། །
愚者虽然获利益，
གནོད་པ་བྱས་ཀྱང་དེ་ཡི་ཡིད། །
还是遭遇诸损害，
ཇི་ལྟར་གྱུར་པ་འབྱེད་དཀའ་སྟེ། །
在其内心无爱憎，
མུན་པར་རྡོ་འཕང་ཇི་བཞིན་ནོ། །
犹如暗处投掷石。

668

སྔར་བྱས་ཕན་གནོད་མི་བརྗེད་ཅིང་། ། 不忘以往诸利害，
ད་ལྟ་གང་བརྩོན་དོན་ལྡན་བྱེད། ། 同时勤于眼前事，
འབྱུང་འགྱུར་དོན་ལ་བག་ཡོད་ཅན། ། 小心谨慎未来事，
མཁས་པས་དུས་གསུམ་རྗེས་སུ་བལྟ། ། 智者善观三时事。

669

བློ་རྒྱ་ཆེ་ཞིང་བློ་དཔངས་མཐོ། ། 智慧广大见识宽，
བློ་གསལ་བྱ་བ་ཀུན་ཤེས་པའི། ། 聪明伶俐精通事，
མི་བུ་རིན་ཆེན་མཆོག་ཉིད་ནི། ། 智慧之人如珍宝，
བརྒྱ་སྟོང་ནང་ན་རེ་རེ་ཙམ། ། 同类之中很少见。

670

ས་གཞི་རྡུལ་ཕྲན་མཚོ་ཆུ་ཐིགས། ། 犹如微尘及海水，
ཇི་བཞིན་སྐྱེ་བོའི་སེམས་ཀྱི་སྟོབས། ། 明察民众之心智，
མཆོག་དང་བར་མ་དམན་པའི་ཚད། ། 断明众眷之等次，
ཀླུ་ཆེན་དང་འདྲ་མཁས་པས་ཤེས། ། 犹如龙王智者通。

671

སྐྱེ་བོ་ངན་པ་རྫིང་ཆུང་བཞིན།།	恶劣之人如池水，
ཞག་གམ་ཟླ་བས་གཏིང་ཚོད་ལོན།།	极短时间可测底，
མཚོ་འདྲའི་ཡོན་ཏན་ཅན་ཡུན་རིང་།།	圣贤之人如大海，
བསྟེན་ཀྱང་ཇེ་ཟབ་མཐའ་མི་མངོན།།	愈加窥测愈难测。

672

ཕན་སེམས་བརླང་ཚིག་སྨྲ་བ་དང་།།	对于心慈言辞粗，
གཡོ་སྒྱུའི་འཛུམ་དཀར་སྟོན་པ་གཉིས།།	狡诈恶人露笑容，
མཁས་པས་སོ་སོར་འབྱེད་འགྱུར་ལ།།	智者明断其区别，
བླུན་པོས་ཤེས་པར་མི་འགྱུར་རོ།།	愚者很难做判断。

673

རི་བོང་ཅལ་སྒྲས་ཀུན་དཀྲོགས་ལྟར།།	犹如惊兔扰众兽，
བླུན་པོ་གྲགས་པའི་རྗེས་སུ་འབྲང་།།	愚者闻风就盲从，
བསྲེགས་བཅད་བརྡར་བའི་གསེར་བཞིན་དུ།།	犹如锻炼之纯金，
མཁས་པ་རང་གིས་བརྟགས་ནས་འབྱེད།།	智者明察后决断。

674

རེ་ཞིག་ཕན་བྱེད་ཡིད་འོང་ཡང་།། 尽管暂时获利乐，
ནམ་ཕུགས་གནོད་པ་དག་ཀྱང་སྲིད།། 难保长久不受损，
རེ་ཞིག་གནོད་བྱས་མི་དགའ་ཡང་།། 暂时有害亦不满，
འགྲོགས་ན་ཕན་པར་འགྱུར་སྲིད་པས།། 如果久处则受益。

675

ཡུད་ཙམ་ཞིག་གིས་མཛའ་བ་དང་།། 因此不宜以表面，
མི་མཛའ་གཉིས་ཀ་མི་བྱ་བར།། 顷刻决断亲或疏，
འཕྲལ་དུ་འགྲོགས་ན་བདེ་བ་དང་།། 短暂相处乐为重，
ཕུགས་སུ་ཆེས་ཆེར་བརླིང་བར་བྱ།། 永久相处稳为本。

676

བརྩོན་འགྲུས་སྟོབས་ལྡན་བློ་གྲོས་ཆེ་རྣམས་ལ།། 兼具勤奋强大及智慧，
ལྷ་ཡང་འཇིགས་པ་སྐྱེ་ན་མི་ལྟ་ཅི།། 天神也会惧怕何况人，
ཁོང་བཟང་གཡོ་མེད་སྐྱན་ཀ་མི་འཚོལ་བའི།། 善良无诈不弄是非事，
གྲོགས་པོ་བཟང་པོར་ལྷ་ཡང་དགའ་བ་སྐྱེ།། 贤良之友天神也偏爱。

677

གྲོགས་བཟང་དང་བཅས་ཐབས་མཁས་བློ་ལྡན་པས།།
རླུང་ཡོད་མེ་བཞིན་དུས་སུ་བརྩམས་བྱས་ན།།
འཇིག་རྟེན་ཀུན་གྱི་དཔལ་རྣམས་མ་ལུས་པ།།
ཡིད་ཀྱི་ལག་ཏུ་མཆིས་པ་བཞིན་དུ་འགྱུར།།

若是挚友兼具聪慧者，
犹如火遇风般促旺盛，
世间所有功德及福报，
在心犹如握在手掌中。

678

ཧ་ཅང་བྱམས་པ་ཆེ་དྲགས་ན།།
ཐ་མར་འཁོན་གྱི་རྒྱུ་རུ་འགྲོ།།
ཧ་ཅང་གཡོ་སྒྱུ་ཆེ་དྲགས་ན།།
ཐ་མར་རང་ཉིད་བརླག་པ་མང་།།

如果过分行仁慈，
终将成为怨恨因，
如果过分行狡诈，
最终只有毁自己。

679

ཟས་དང་སྨན་གྱི་ཚོད་བཞིན་དུ།།
བྱ་བ་གང་དང་ཅི་ལ་ཡང་།།
དུས་དང་བསྟུན་པའི་ཚོད་ཤེས་ན།།
རྒུད་པ་ཆེན་པོས་མནར་མི་འགྱུར།།

犹如食量和药量，
不管办理任何事，
若能明断其佳机，
不会造成严重果。

680

གལ་ཏེ་རྟག་ཏུ་མཛའ་འདོད་ན།།	若想持久保真情，
གསུམ་པོ་འདི་དག་མི་བྱ་སྟེ།།	不宜以下三种事，
རྒྱན་པོ་འཁྱེད་དང་ནོར་འབྲེལ་དང་།།	赌博以及财来往，
ལྐོག་ཏུ་ཆུང་མ་དང་སྨྲ་བའོ།།	私下与妻泄秘密。

681

གཡུལ་ངོར་དཔའ་བོ་ཇི་བཞིན་དུ།།	犹如阵前知勇士，
མཁས་པའི་ཡོན་ཏན་མཁས་པས་ཤེས།།	智者美德智者知，
བླུན་པོས་མཁས་དང་རྨོངས་པ་དང་།།	愚者看待智愚时，
རྡོ་དང་རིན་ཆེན་མཉམ་པར་ལྟ།།	不明石和宝有别。

682

དམ་པ་ཡོན་ཏན་ལྡན་པ་དག།	即使身处智者旁，
དྲུང་ན་གནས་ཀྱང་བླུན་པོ་ཡིས།།	愚蠢之人因心智，
དེ་ཡི་ཡོན་ཏན་མི་ཤེས་ཏེ།།	无法判断智者德，
ཉི་མ་ཤར་ཡང་འུག་པ་བཞིན།།	犹如鸱鸮见太阳。

683

བློ་གྲོས་ལྡན་དེས་སྐྱེ་བོ་ལ།། 若是智者依言行，
ཡོན་ཏན་གང་དང་ལྡན་གྱུར་པ།། 就能明确判断出，
ཚིག་དང་བྱ་བས་རྒྱུད་ནས་ཤེས།། 他人具备何种德，
དུ་བའི་རྟགས་ལས་མེ་བཞིན་ནོ།། 犹如据烟推知火。

684

གཡུལ་དུ་ཞུགས་ཚེ་དཔའ་བོ་ཤེས།། 走上战场知英雄，
འབྱོར་པ་ཟད་ཚེ་ཆུང་མ་རྟོགས།། 耗尽财富知妻子，
རྒུད་ཚེ་ཕན་པར་བྱེད་པ་ནི།། 败时能够共患难，
མཛའ་བོ་ཡིན་པར་ངེས་པ་རྙེད།། 依此能断亲与疏。

685

བོགས་མེད་ཚོང་དང་འཁོར་ལྡན་དག་ལ་འཚེ།། 无利经商残害己眷属，
སློང་ཞིང་འགྲིང་ལ་ཉོར་མེད་འདོད་ལ་དགའ།། 乞讨度日傲慢又贪婪，
བུད་མེད་གཞོན་ལ་ཚིག་རྩུབ་སྨྲ་བ་སྟེ།། 看见少女喜欢出粗语，
སྐྱེས་བུ་ལོག་པར་སྤྱོད་པ་ལྔ་ཞེས་གསུངས།། 佛说属于五种邪恶行。

686

བྱ་བ་མི་ལྡོགས་རྫོམ་པར་བྱེད་པ་དང་། །	办理不能完成之事情，
ཚོགས་དང་འཁོན་ཞིང་སྟོབས་ལྡན་དག་ལ་རྒོལ། །	惯于内斗仇视强大者，
བུད་མེད་ལ་ནི་ཡིད་བརྟན་བྱེད་པ་སྟེ། །	喜欢亲信奸女言辞等，
འཆི་བདག་དྲུང་ན་སྡོད་པ་བཞི་ཞེས་གསུངས། །	佛说属于四种危险人。

687

རིག་པ་ལོག་པར་ཤེས་པ་དུག།	颠倒学问犹如毒，
རྒན་པོས་གཞོན་ནུ་བསྟེན་པ་དུག།	长者依幼也如毒，
ནད་ལ་བཏང་སྙོམས་བྱ་བ་དུག།	患病不治亦如毒，
དབུལ་པོ་ཉལ་དགའ་ཆེ་བ་དུག།	穷人悠闲仍如毒。

688

མ་སྨིན་ཟས་དང་མི་འཕྲོད་ཟ། །	食用未熟难消食，
ཉིན་པར་འཁྲིག་དང་ཉལ་དང་གཉིད། །	白天交媾卧床眠，
བུད་མེད་རྒན་དང་འཁྲིག་སྤྱོད་རྣམས། །	同妪行房丧体力，
ལུས་སྟོབས་འཕྲོག་བྱེད་བཟློག་ན་འཕེལ། །	若能归正增精力。

689

གང་དུ་ཕན་པ་མ་ཡིན་པའི།། 对于没有利益之，
བྱ་བ་དང་ནི་སྤྱོད་ལམ་དང་།། 所有事情和行为，
ཟས་དང་གནས་དང་བྲན་ལ་སོགས།། 饮食居所及奴仆，
བརྟགས་ཏེ་རབ་ཏུ་སྤང་བར་བྱ།། 详察之后做取舍。

690

ལྟས་དང་བསམ་སྦྱོར་རྗེས་མཐའ་རྣམས།། 明察诸兆及诸行，
རང་ལ་དགེ་ཞིང་གང་ཤེས་པའི།། 对己是否有利益，
གནས་གྲོགས་དུས་སོགས་བསྟེན་མཁས་ན།། 以及友人时机等，
དོན་རྣམས་ཡིད་བཞིན་འགྲུབ་པར་འགྱུར།། 就能圆满所有事。

691

ཧ་ཅང་བྱམས་པ་གཉེན་ལའང་མིན།། 虽亲不宜过分慈，
ཧ་ཅང་མནར་བ་དགྲ་ལའང་མིན།། 虽怨也不过分害，
རྒྱལ་ཁྲིམས་ཧ་ཅང་ལྷོད་པ་དང་།། 过分放松国之法，
ཧ་ཅང་དོག་པ་མི་བྱའོ།། 过分收紧均有害。

692

ལོ་ལྔའི་བར་དུ་བུ་རྣམས་བྲིད།།	五岁之前爱诸子，
ལོ་བཅུའི་བར་དུ་དགྲ་ལྟར་བརྡེག།	十岁之间如敌罚，
བཅུ་དྲུག་ལོན་པར་གྱུར་ནས་ནི།།	年满十六岁之后，
བུ་ལ་མཛའ་ལྟར་བྱ་བར་གསུངས།།	爱护诸子如亲友。

693

འཁོར་ལ་བརྩེ་ཞིང་སྐབས་སུ་བསྡིགས།།	慈待眷属时可谴，
དགྲ་ལ་བསྡིགས་ཤིང་སྐབས་སུ་བརྩེ།།	谴责怨敌时以慈，
བུད་མེད་བྱམས་བསྐྱང་ཐྲིལ་གྱིས་མནན།།	慈谴并用待妻子，
བྲན་གཡོག་བཀོལ་ཞིང་ནོར་གྱིས་བསྐྱང་།།	役使赐财待奴仆。

694

དོན་ཆུང་བྱ་བར་གལ་མི་འཛུགས།།	不应重视微小事，
གལ་ཆེན་དོན་རྣམས་ཡལ་མི་འདོར།།	不弃所有重大事，
མཁོས་ཆུང་བྱ་བར་ཞིབ་མི་འཚུག།	不必详查无用事，
གནད་ཆེན་དོན་ལ་ཞིབ་མོར་སྦྲིམ།།	细致办理重大事。

695

བདག་ལས་ཕྲོགས་པ་མ་ཡིན་ཕྱིར།། 若非是从我处夺，
གཞན་འཁོར་གནས་ལ་རྔམ་མི་རིགས།། 不应贪恋他人财，
ཚུར་རྐོལ་ལ་སོགས་རྒྱུ་མེད་པར།། 若无侵略等原因，
ཕ་རོལ་རྒྱལ་སྲིད་འཕྲོག་མི་བྱ།། 不应侵犯他国政。

696

གཞན་འཁོར་ལ་ནི་བརྣབ་སེམས་ཅན།། 只贪他人财富者，
དེ་ཡི་རེ་བ་མི་འགྲུབ་ཅིང་།། 无法实现己愿望，
ལ་ཡོགས་རྣམ་སྨིན་མི་བཟད་པས།། 因为业果难消除，
མྱུར་དུ་རང་ཕུང་འགྱུར་བར་ཟད།། 只能迅速遭衰落。

697

དེ་ཕྱིར་སྟོབས་དང་ལྡན་ན་ཡང་།། 虽然自己有强势，
ཕ་རོལ་མནར་བར་མི་བྱེད་པའི།། 不做伤害他人事，
མི་བདག་རྣམས་ནི་བསོད་ནམས་ཀྱིས།། 国王依靠福与德，
རང་སྲིད་བརྟན་ཞིང་ཕྱོགས་ཀུན་འདུ།། 能稳国政又摄众。

698

སྙིགས་དུས་ཚེ་འབྱོར་སྙན་གྲགས་སོགས། །	浊世寿财荣誉等，
ལྷན་ཅིག་ཚང་བ་ཆུན་དཀའ་བས། །	难以同时全拥有，
ཅི་ནས་བསོད་ནམས་རྒྱ་ཆེན་པོ། །	因此勤于积功德，
བསག་དང་ཐབས་ལ་མཁས་པར་བྱ། །	同时善思方便道。

699

ཐབས་ཤེས་པ་ཡིས་ལེགས་བརྩམས་ན། །	善行方便智慧道，
འགྲུབ་པར་དཀའ་བའང་འགྲུབ་འགྱུར་ཏེ། །	难成之事亦办成，
སྔགས་སོགས་ཐབས་ཀྱི་ཚོ་ག་ཡིས། །	犹如依咒等仪轨，
དུག་ཀྱང་བདུད་རྩིར་བསྒྱུར་བ་བཞིན། །	将毒制成甘露液。

700

ལུགས་དང་མི་མཐུན་རྣོ་མྱུར་གྱིས། །	不合法理之敏锐，
འཕྲལ་དུ་རང་དོན་འགྲུབ་པ་ཙམ། །	只能暂成自利事，
སྙིགས་དུས་ཕོ་བཟང་ཞེས་སྒྲོགས་ཀྱང་། །	浊世虽有称贤者，
རྫིང་ཆུང་བཞིན་དུ་ཆེར་མི་འཕེལ། །	犹如池水无容量。

701

ལུགས་དང་མཐུན་པར་གནས་པ་རྣམས།།
འཕྲལ་དུ་མངོན་པར་མ་གྱུར་ཀྱང་།།
ནམ་ཞིག་ཆུ་གཏེར་ཆེ་བཞིན་དུ།།
དཔལ་འབྱོར་རྒྱ་ཆེར་རྒྱས་ཤིང་བརྟན།།

凡是合情合理者，
尽管暂时不突出，
终究如同大海洋，
变得旺盛且稳固。

702

བླུན་པོས་འབད་དེ་བཙོས་པ་ལས།།
མཁས་པས་དུས་སུ་སྨྲས་ཙམ་མཆོག།
ཐབས་མཁས་ལྡན་པའི་བྱ་བ་ནི།།
ཆུང་ཡང་འབྲས་བུ་ཆེ་བར་འགྱུར།།

愚者辛劳瞎忙活，
不如智者一句话，
圣贤办理微妙事，
也能促成大圆满。

703

ཐབས་མི་མཁས་པའི་ཡོན་ཏན་རྣམས།།
གྲགས་པ་ཆུང་ལ་སྐྱོན་ལྟར་སྨོད།།
ཐབས་མཁས་ལྡན་ན་སྐྱོན་རྣམས་ཀྱང་།།
ཡོན་ཏན་ལྟར་འགྱུར་གྲགས་པ་ཆེ།།

方法不精虽有德，
如同过失遭诋毁，
若具妙法虽有过，
如同功德广获赞。

704

ཉ་གྲོ་དྷ་ཡི་འབྲས་བུ་དང་། ། 尽管播种尼枸卢，
ཡུངས་གཞི་ས་ལ་ལྷུང་ཚེ་མཉམ། ། 以及芥子无差别，
ཐ་མར་རིམ་གྱིས་སྨིན་པའི་ཚེ། ། 但是最终成熟时，
ཆེ་ཆུང་མཉམ་པར་མི་འགྱུར་བཞིན། ། 所结果实有大小。

705

རང་གི་རིགས་སུ་མཚུངས་པ་ཡི། ། 就在同类人当中，
སྨྲ་བོའི་ནང་ནས་ཡོན་ཏན་ཅན། ། 兼具学问功德者，
ལོ་དང་ཟླ་བས་འཕེལ་འགྱུར་ཏེ། ། 日新月异增智慧，
ཐ་མར་ཀུན་ལས་ཁྱད་དུ་འཕགས། ། 最终成就殊胜者。

706

དེ་ཕྱིར་རང་དོན་ཤེས་པ་ཡིས། ། 因此明察自利者，
ཉི་མ་དོན་མེད་མི་བྱ་བར། ། 不宜虚度己年华，
བཟླས་དང་བསོད་ནམས་བསག་པ་དང་། ། 通过诵经积福德，
བསླབ་དང་བསྒྲུབ་བྱའི་དོན་ལ་འབད། ། 强化闻修诸功德。

707

སྡིག་པ་ཟད་འདོད་བདེ་བར་གཤེགས་ལ་དད། །
བསོད་ནམས་འཛད་འདོད་བསམ་པ་ངན་པ་འཆར། །
རིགས་རྒྱུད་ཟད་འདོད་གླེན་ཞིང་ལྐུགས་པ་སྐྱེ། །
སྐལ་ངན་ཟད་འདོད་བསོད་ནམས་བསག་པར་འདོད། །

要想除罪就得敬仰佛，
若有耗尽福德持恶意，
灭种等念容易生愚子，
因此避免恶缘积福德。

708

མི་བསྲུན་སྐྱེ་བོ་ས་ཁུང་ལས་བྱུང་བའི། །
ཚིག་ངན་སྦྲུལ་གྱིས་སྐྱེས་བུ་དམ་པ་ཟིན། །
དུག་དེ་ཞི་བར་བྱེད་པའི་གཉེན་པོ་ཡང་། །
ཤེས་རབ་བཟོད་པའི་སྨན་མཆོག་བཏུང་བར་བྱ། །

不羁恶人之口如地洞，
其中所出恶语似毒蛇，
能够如愿解除该毒者，
只有智慧耐力等妙药。

709

སྐྱེ་བོ་བློ་དཔངས་མཐོ་རྣམས་ལ། །
ཚེ་འདིའི་བདེ་སྐྱིད་མཆོག་གཉིས་ཏེ། །
ཅི་འདོད་ཕུན་སུམ་ཚོགས་པ་དང་། །
གཅིག་ཤོས་འདུ་འཛི་སྤང་བའོ། །

智慧气度非凡者，
今生具备两种福，
一是圆满诸所欲，
二是远离喧嚣地。

710

དམ་པའི་འགྲོ་བ་གཉིས་ཡིན་ཏེ། ། 高尚圣贤有两种，
མེ་ཏོག་དག་གི་མགོ་ལྟོག་བཞིན། ། 犹如鲜花之花穗，
འཇིག་རྟེན་ཀུན་གྱིས་སྤྱིར་བཀུར་བའམ། ། 受到世人皆供奉，
ནགས་ཉིད་དུ་ནི་དེངས་པའོ། ། 或者前往森林中。

711

དཔལ་ནི་རྒྱབ་ཀྱིས་ཕྱོགས་པ་དང་། ། 虽然财富尽失去，
རྩོལ་བ་དོན་མེད་ཉིད་གྱུར་ཅིང་། ། 辛劳亦成无义事，
དམ་པ་དབུལ་པོར་གྱུར་པ་ལ། ། 圣贤变成清贫时，
ནགས་ལས་གཞན་དུ་བདེ་བ་མེད། ། 除非林中无乐处。

712

ཡོན་ཏན་ཤེས་ཤིང་བཀུར་བྱེད་པའི། ། 智者应该居住于，
གནས་སུ་མཁས་པས་གནས་པར་བྱ། ། 知其功德受敬处，
སྦྲུལ་གདུག་ཁྲོད་ཀྱི་ནོར་བུ་བཞིན། ། 犹如毒蛇窝中宝，
མ་རབས་ཚོགས་སུ་གནས་མི་བྱ། ། 不宜留在恶人中。

713

ངང་པ་ཁྭ་ཡི་ཚོགས་ནང་མཛེས་མ་ཡིན།།	乌鸦群的天鹅不足美，
ཅང་ཤེས་བོང་བུའི་ཚོགས་ནང་མཛེས་མ་ཡིན།།	毛驴群的骏马不足美，
སེང་གེ་ཝ་ཡི་ཚོགས་ནང་མཛེས་མ་ཡིན།།	狐狸群的雄狮不足美，
མཁས་པ་བླུན་པོའི་ཚོགས་ནང་ཇི་ལྟར་མཛེས།།	愚恶群的智者亦不美。

714

བླུན་པོས་བདག་གི་ཁྲོན་པ་འདི་ཡིན་ཞེས།།	犹如愚者占据打水井，
ཆུ་གཙང་གཞན་སྤངས་བ་ཚྭ་ཅན་འཐུང་ལྟར།།	放弃净水只饮盐碱水，
བསྒྲོད་པར་བྱ་བའི་ཡུལ་གཞན་ཡོད་བཞིན་དུ།།	智者本有很多可去处，
འཁོར་དང་གནས་ངན་དག་ལ་ཅི་ཕྱིར་ཆགས།།	为何还须留恋众恶眷。

715

དགའ་ཞིང་མཐུན་པའི་ཡུལ་ན་གནས་པ་བདེ།།	居于悦意宝地获安乐，
བག་ཕེབས་ཡིད་རྟོན་གྲོགས་དང་འགྲོགས་པ་བདེ།།	交结悠闲挚友获安乐，
བསོད་ནམས་བསགས་ཤིང་དམ་པ་བསྟེན་པ་བདེ།།	勤积福德依止圣者乐，
ཆོག་ཤེས་འབྱོར་ལྡན་རང་དབང་གྱུར་པ་བདེ།།	知足有财获得自在乐。

716

བྱིས་པའི་དུས་ན་ཕ་མའི་དབང་གྱུར་ལ།།	孩提之时受制于父母，
ལང་ཚོའི་དུས་ན་མཛའ་གྲོགས་དབང་གྱུར་ཅིང་།།	壮年之时受制于亲友，
རྒས་པའི་དུས་ན་བུ་ཡི་དབང་གྱུར་པའི།།	年迈之后受制于子女，
གླེན་པོ་ནམ་ཡང་རང་དབང་ཡོད་མ་ཡིན།།	愚者永远无法获自由。

717

དབང་མེད་གྱུར་པས་ཡོན་ཏན་མི་འཐོབ་ཅིང་།།	若无自由既不获功德，
རང་ཉིད་རྗེས་སུ་བསྲུང་བར་མི་ནུས་པ།།	同样无法如意护自己，
དེ་ཕྱིར་རྟག་ཏུ་རང་དབང་ཡོད་བགྱིས་ཏེ།།	因此始终为了获自由，
རང་གི་དགོས་པ་དོན་དུ་གཉེར་བར་བྱ།།	追求自己所需之根本。

718

རང་དབང་ཐམས་ཅད་བདེ་བ་སྟེ།།	所有自由皆安乐，
གཞན་དབང་ཐམས་ཅད་སྡུག་བསྔལ་ཡིན།།	受他控制均痛苦，
རང་དབང་ཐོབ་ནས་ཡོན་ཏན་ལ།།	获得自在再精勤，
འབད་པར་བྱེད་པ་དེ་བས་བདེ།།	求取功德更快乐。

719

ནད་ཀྱིས་འཇིགས་པ་མ་བྱུང་ལ།། 未遭疾病恐惧前，
དམ་པ་དག་དང་འགྲོགས་པར་བརྩོན།། 应该勤勉依贤士，
སྐྱེ་བོས་བརྙས་ཐབས་མ་བྱུང་བའི།། 如果不受他人欺，
ཉིན་གཅིག་ལོ་བརྒྱ་བས་ཀྱང་མཆོག । 犹日胜过一百年。

720

ལན་མེད་པ་ཡི་སྦྱིན་གཏོང་དང་།། 不图回报勤布施，
བཤེས་པ་མེད་པར་ཕན་འདོགས་དང་།། 没有引导亦行善，
ཟང་ཟིང་མེད་པར་ཆོས་སྟོན་པ།། 不求财物宣正法，
བདག་ཉིད་ཆེན་པོའི་ཆེ་བའི་རྟགས།། 皆为圣者之特征。

721

ཇི་སྲིད་སྤུག་པའི་དུས་ཀྱི་ཟླ་རྒྱས་ཉིད།། 直到美如满月的时光，
འཆི་བདག་གཟའ་ཆེན་འདི་ཡིས་མ་རྙེད་པ།། 未被死神罗睺吞食前，
དེ་སྲིད་བག་ཡོད་པར་ནི་གནས་བྱ་སྟེ།། 不仅应该勤勉不放逸，
རིགས་དང་ཡོན་ཏན་ཚུལ་བཞིན་བསྲུང་བར་བྱ།། 同样应该护持种姓德。

722

དུས་ནི་ཡུན་ཐུང་རིག་པའི་རྣམ་པ་མང་། ། 在世时间短暂学问多，
ཚེ་ཡི་ཚད་ཀྱང་ཇི་ཙམ་མི་ཤེས་པས། ། 同样不知寿命有多长，
ངང་པས་ཆུ་ནང་ནས་ནི་འོ་མ་བཞིན། ། 故似天鹅从水分离奶，
གང་ཞིག་གཅེས་པ་དེ་ནི་བསྙེན་པར་གྱིས། ། 应该取得珍贵之学问。

723

བསྒྲུབ་པར་བྱ་བའི་དོན་ལ་ལེགས་འཇུག་ཅིང་། ། 尽心尽力经营该办事，
དེ་ཡི་འབྲས་བུ་འདོད་པའི་དཔལ་གྱིས་བདེ། ། 就能成就吉祥妙欲果，
འདི་ཕྱིར་ལེགས་པའི་ཆོས་དཀར་འདུ་བྱེད་པས། ། 为了今生来世行善法，
གཏན་བདེ་ཐར་པའི་འབྲས་བུར་ཡོངས་སྤྱོད་པ། ། 也能获得永乐解脱果。

724

མངོན་མཐོ་ངེས་ལེགས་རྒྱུ་འབྲས་ཕྱུག་བཞི་པོ། ། 增上定胜因果四圆满，
སྡེ་བཞི་ཞེས་གྲགས་དམ་པས་བསྒྲུབ་བྱ་སྟེ། ། 亦是财法欲果四因果，
བློ་ལྡན་བག་ཡོད་གྱུར་པ་རྣམས་ལ་ནི། ། 对于智慧勤勉者来说，
འདི་འདྲའི་འབྲས་བུ་ཤིན་ཏུ་རྒྱ་ཆེར་ལྡན། ། 这种广大果报极殊胜。

725

གང་ཞིག་མི་མཁས་བག་མེད་སྐལ་ངན་རྣམས།།	愚蠢之人就在浊世中，
ཤིན་ཏུ་ཡུན་རིང་འཚོ་བར་གྱུར་ཀྱང་ནི།།	虽然能够长久地生存，
ཚེ་འདིར་དོན་ཉམས་བདེ་བ་མི་འབྱུང་ལ།།	仍属虚度生命不得乐，
ཕྱི་མའི་དཔལ་ཡང་ཤིན་ཏུ་ཉམས་པར་འགྱུར།།	来世福报也会受损失。

726

དེ་ཕྱིར་མི་ཡི་བདག་པོ་མཁས་རྣམས་ཀྱིས།།	因此智慧贤明诸国王，
སྡེ་བཞིའི་འབྲས་བུ་ཕུན་སུམ་ཚོགས་པ་ཡི།།	通过依靠成就四圆满，
དཔག་བསམ་ལྗོན་པ་བསྐྱེད་པའི་ལག་རྗེས་ཀྱིས།།	恰似如意宝树般功德，
འཇིག་རྟེན་ཐ་གྲུ་ཀུན་ཏུ་དགེ་བར་འགྱུར།།	圆满成就世间所有善。

རབ་ཏུ་བྱེད་པ་བཅུ་བཞི་པ། ཡུལ་འཁོར་བདེ་བར་སྐྱོང་བའི་ཚུལ་བརྟག་པ།

第十四品　保国护民篇

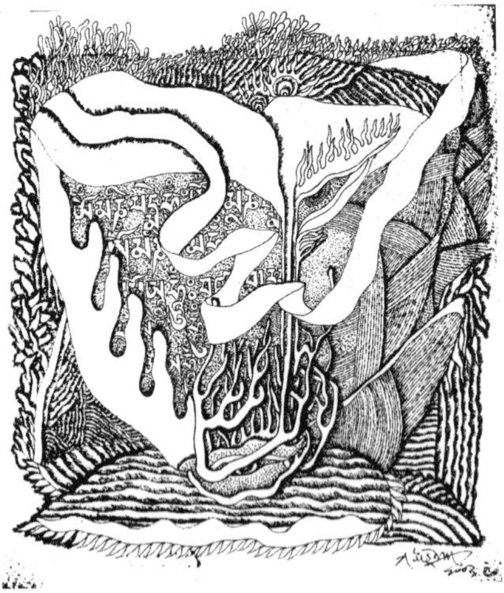

727

དེ་ལྟར་སྐྱེ་རྒུ་ཉེར་འཚོའི་གཞི། ।	民众生存所依者，
རྒྱལ་པོ་རང་ཉིད་ལེགས་བསྲུངས་ནས། ।	国王必须如理护，
འབངས་རྣམས་བདེ་བར་བྱ་བའི་སླད། ।	为了民众得安乐，
འཚོ་བའི་ཚུལ་གྱིས་བསྐྱང་བར་བྱ། ।	视如自利做护持。

728

ས་སྙིང་འཁོར་ལོ་བཅུ་པའི་མདོར། ।	《地藏十轮经》之中，
དཔེ་ཡི་ཚུལ་དུ་ལེགས་གསུང་བ། ।	比喻方式做宣说，
གང་གིས་རྒྱལ་པོའི་དཔལ་ཐོབ་པའི། ।	任何获得国位的，
མི་བདག་བློ་དང་ལྡན་པ་དེས། ।	具有智慧之国王，
འདས་དང་ད་ལྟ་མ་འོངས་པའི། ।	明察过去和现在，
རྒྱལ་པོའི་ཁྲིམས་ལུགས་བརྟགས་བྱས་ཏེ། ।	未来国王的法规，
ཡུལ་དེར་གནས་པའི་མཛངས་པ་རྣམས། ।	属于该国诸贤士，
ལས་ཀྱི་འཁོར་ལོ་གསུམ་ལ་སྦྱོར། ।	精勤修学三事业。

729

དགྲ་ཐབས་ཤེས་ཤིང་རྩལ་སྦྱང་དུ། །
འཇུག་པ་རྒྱལ་སྲིད་ལས་འཁོར་ཡིན། །
ཞིང་ལས་དང་ནི་གནས་ཁང་གི །
བྱ་བ་སློབ་པ་གཉིས་པ་སྟེ། །
ཚོང་དང་བཟོ་རྣམས་སྣ་ཚོགས་ཀྱི། །
ལས་ལ་སྦྱོར་བ་གསུམ་པར་བཤད། །
ལས་ཀྱི་འཁོར་ལོ་གསུམ་པོ་འདིས། །
སྐྱེ་རྒུ་བདེ་བར་བྱེད་པའོ། །

精通兵法练毅力，
护国防敌第一要；
加强农业和建筑，
属于强国第二要；
各种商贸及工巧，
属于兴国第三要；
依靠以上三种业，
能使民众得安乐。

730

གཙུག་ལག་ཤེས་དང་རིག་བྱེད་པ། །
བཟོ་གནས་པ་དང་ཚོང་ཁང་དང་། །
དགེ་སྦྱོང་དང་ནི་བྲམ་ཟེ་རྣམས། །
མང་བར་གྱུར་པའི་ཡུལ་དེར་བདེ། །

精通经典和知识，
诸如工巧商贸等，
若是沙门婆罗门，
聚集之境愈安乐。

731

དེ་ཕྱིར་རྒྱལ་པོས་རང་ཡུལ་དུ། །
གཙུག་ལག་ཁང་རྣམས་བརྩིགས་བྱས་ཏེ། །
དཀོན་མཆོག་གསུམ་གྱི་རྟེན་བཞེངས་ལ། །
བཤད་དང་སྒྲུབ་པའི་སྲོལ་བཙུགས་ཤིང་། །
འཇིག་རྟེན་བླ་མ་དཀོན་མཆོག་གསུམ། །

因此国王在境内，
建造各种闻修院，
供养佛法僧三宝，
设置讲修诸传统。
既供上师及三宝，

མཆོད་ཅིང་དམན་ལ་སྦྱིན་པ་དང་། །
བསོད་ནམས་བགྱི་བ་རྒྱུན་འཇུགས་པའི། །
ཡུལ་དེར་དགེ་ལེགས་རྒྱ་ཆེར་འཕེལ། །

又要施舍诸贫弱，
时时勤勉积福德，
该国广增诸妙善。

732

རིགས་ཀྱི་རྒན་རབས་རྣམས་དང་ནི། །
ཕ་དང་མ་དག་བཀུར་བྱེད་ལ། །
ཆ་ལུགས་རྒྱན་དང་སྤྱོད་ལམ་ཀུན། །
ཡ་རབས་དག་གི་ཆས་སུ་བཞག །

树立恭敬年长者，
孝敬父母等善俗，
衣饰装束及行为，
均须保持好传统。

733

ཀུན་དགའ་ར་བ་མེ་ཏོག་ཚལ། །
ལྷ་མཆོད་དུས་ཀྱི་དགའ་སྟོན་ས། །
བྲོ་གར་གླུ་ཡི་རིག་བྱེད་སོགས། །
འཇིག་རྟེན་དགའ་བ་བསྐྱེད་ཕྱིར་བཞག །

修建花园游乐园，
设立吉祥供神节，
举办歌舞文艺等，
勤做世人喜爱事。

734

ཆུ་མཚོ་རི་བྲག་ཤིང་བཟང་པོ། །
ཡུལ་གྱི་གཞི་བདག་བརྟེན་པའི་གནས། །
ཅུང་ཟད་ཉམས་པར་མི་བྱ་ཞིང་། །
བཀོད་པས་བརྒྱན་ལ་གཞག་པར་བྱ། །

对于湖泊山岩及，
神树土地所居处，
不仅不做轻微害，
尽量显其庄严威。

735

རི་མཐོ་ས་གཉན་ཡུལ་བཟང་པོ། །
དཔལ་དང་ལྡན་པའི་ས་ཕྱོགས་རྣམས། །
མི་བསྲུན་རྣམས་ལ་རང་དབང་དུ། །
སྨྲ་འབེབས་བྱེད་དུ་མི་གཞུག་གོ །

也在高山境妙处，
犹如吉祥诸圣地，
禁止所有野蛮者，
肆意妄为行毁坏。

736

ཚོ་རིག་ཤེས་དང་དུས་རྩིས་པ། །
དེ་བཞིན་སྔགས་གཏོ་མོ་གཤེན་སོགས། །
ཡུལ་ལ་ཕན་པའི་གསོས་ཡིན་པས། །
ཟ་ཐང་བསྐྱེད་ལ་ཕན་དུ་གཞུག །

精通医学和历算，
持咒禳解本教等，
皆为利国利民因，
通过资助圆善事。

737

བཟོ་གནས་རྣམ་པ་སྣ་ཚོགས་པ། །
ངོ་མཚར་དགའ་བ་བསྐྱེད་པ་དག །
སློབ་པའི་གྲྭ་བཙུགས་ཚོང་དུས་ཀྱི། །
འདུན་ས་དག་ཀྱང་བཅའ་བར་བྱ། །

建造各类工厂等，
能够利众之事业，
办好学校喜乐园，
以及集市等场所。

738

སྲ་བརྟན་གོ་ཆ་བཙན་རྫོང་དང་། །	坚盔锐甲城堡及，
མགྱོགས་འགྲོ་རྟ་ཚོགས་མཚོན་ཆའི་རིགས། །	各种骏马和兵器，
སྒྱུ་རྩལ་ཤེས་ཤིང་དཔའ་མཛངས་ཀྱི། །	交给谙熟作战之，
སྐྱེ་བོ་སོ་སོའི་གནས་སུ་བསགས། །	智勇双全者管理。

739

བློ་ལྡན་སྙོམས་ཤིང་བསམ་དཀར་རྣམས། །	智慧中庸善良者，
ཡུལ་གྱི་སྤྱི་འདུན་འཐུས་མིར་བཞག །	委以议事代表者，
དམག་དང་དམག་དཔོན་གོ་ཆར་བཅས། །	军队将领武器等，
ནམ་དགོས་འཕྲལ་དུ་ཤོལ་མེད་བྱ། །	急需时刻不会误。

740

རྒྱལ་རིགས་དགོས་པའི་དོན་རྣམས་ལ། །	对于国王所需事，
སྔ་ནས་ཉེར་བསྡོགས་ཤེས་པ་དག །	预先能够办妥者，
དུས་སུ་བབ་ཚེ་བགྱི་བ་ནི། །	若在时机成熟时，
གང་ལའང་ཐོགས་མེད་འཇུག་པར་ནུས། །	无阻无碍圆诸事。

741

མཁས་རྣམས་རང་ཉིད་སྟོབས་ལྡན་ཀྱང་།།
བག་ཡོད་སྒོ་ནས་ཕས་རྒོལ་བསྲུང་།།
བླུན་རྣམས་རང་ཉིད་སྟོབས་ཞན་ཀྱང་།།
མི་ཤེས་རློམ་བཞིན་དོགས་མེད་གནས།།

智者虽然具强势，
依然谨慎防侵略，
愚者虽然弱无力，
以智自居无忧虑。

742

བླུན་པོས་ད་ལྟ་འབབ་ཞིག་དཔྱོད།།
མཁས་པས་མ་འོངས་ནམ་ཕུགས་དཔྱོད།།
མ་འོངས་པ་ན་ཕན་གནོད་གནད།།
སྔ་ནས་ཤེས་ན་མཁས་པ་ཡིན།།

愚者注重眼前利，
智者放眼长远事，
未来重大利害事，
预先能断为智者。

743

ཆར་དབབ་པ་དང་གཞི་བདག་བཛན།།
ནད་རིམས་བཟློག་དང་ས་བཅུད་གསོ།།
ཕྱུ་གཡང་འཕེལ་བའི་ཐབས་ལ་སོགས།།
ཡུལ་རྣམས་ཀུན་ཏུ་སོ་སོར་བྱ།།

诸如求雨供地神，
预防瘟疫护自然，
以及诸多增福法，
依靠实情可变通。

744

ཧ་ཅང་ཉམས་ཀྱིས་མི་ལྡོགས་པའི། ।	对于极弱无力者，
བཀྲི་བ་མང་པོས་མི་མནར་བར། ।	不应过分行迫害，
འབངས་དང་བློ་གྲོས་མཐུན་བྱས་ནས། ।	与众共同商议后，
བགས་ཀྱིས་དུས་སུ་བསྒྲུབ་པར་བྱ། ।	渐次办理诸事业。

745

ཇི་ལྟར་སྤྲིན་ཆེན་འཁྲིགས་པ་ཡིས། ।	犹如通过集密云，
རྒྱ་མཚོ་ཡི་ནི་ཆུ་དྲངས་ནས། ।	吸取大海之水后，
ས་ལ་རྒྱུན་དུ་ཕབ་པ་ཡིས། ।	时常降落在地上，
རྩི་ཤིང་ལོ་འབྲས་སྨིན་པ་ལྟར། ।	促成植物的成熟，
བྱམས་ཤིང་བློ་ལྡན་རྒྱལ་པོས་ཀྱང་། ।	慈慧兼具诸国王，
གནོད་པ་མེད་པའི་དཔྱ་ཁྲལ་གྱིས། ।	收去无害税收后，
འབངས་རྣམས་སླར་ཡང་བསྐྱངས་བྱས་པས། ।	用作护养民资众，
སྐྱེ་བོའི་ཀུན་དགའ་འཕེལ་བར་བྱེད། ।	因此民众增欢喜。

746

མི་བསྲུན་རྐུན་མ་གཡོན་ཅན་སོགས། ।	对于野蛮盗诈者，
དུས་དང་དུས་སུ་ཉུལ་ལ་བསྐྲད། ।	时时巡查驱逐尽，
ས་རྣམས་རང་དབང་བསྡམ་བྱ་སྟེ། ।	严格统辖所属境，
ཕུང་ཁྲོལ་ཅན་ནི་གཞུག་མི་བྱ། ।	禁止祸根乱窜入。

747

རང་གིར་བྱས་པའི་ས་ཕྱོགས་སུ།།
ཐ་ན་དུད་འགྲོར་གཏོགས་པ་ཚུན།།
འཇིགས་མེད་བདེ་བར་བག་ཕེབས་པའི།།
ཐབས་རྣམས་རྟག་ཏུ་རྒྱལ་པོས་བྱ།།

国王所属区域内，
甚至包括诸牲畜，
常用无畏及安乐，
生存方法来治理。

748

སྒྲོ་བྱུར་ལྷགས་པའི་ཆས་བསྐར་དང་།།
དགེ་བའི་གྲུ་ཟམ་ལམ་འཕྲད་འཛུགས།།
དགྲ་རྐུན་གཅན་གཟན་འཚེ་སོགས་ལས།།
རིས་མེད་སྐྱེ་བོ་དབུགས་དབྱུང་བྱ།།

安排驿站所需物，
建造舟桥度险途，
安慰盗兽伤害者，
无偏护持诸众生。

749

ཁྱིམ་སུན་འབྱིན་དང་རྫུན་རྣབས་ཀྱིས།།
འཇིག་རྟེན་མགོ་སྐོར་བྱེད་པ་སོགས།།
ཤེད་བསྐྱེད་མི་བྱ་གྱི་ནར་བཞག།
མ་རབས་ཁྲམ་པའི་དཔུང་མནན་བྱ།།

对于败坏家风及，
说谎欺骗世人等，
不宜助长其气焰，
应该严惩诸恶众。

750

སྡེ་སྣོད་མཁས་དང་སྡོམ་བརྩོན་ལྡན། །
སྒྲུབ་པའི་རྣལ་འབྱོར་ཆོས་འཛིན་རྣམས། །
ཡུལ་གྱི་རྒྱན་དུ་བཞག་བྱས་ཏེ། །
རྒྱང་ནས་བསྟོད་ཅིང་བཀུར་ཚུལ་བྱ། །

精通三藏持净戒，
修持成就瑜伽者，
奉为国境之庄严，
时常赞颂并恭敬。

751

ཉམ་ཆུང་རྣམས་ལ་བརྩེ་བྱ་ཞིང་། །
གནས་མིན་དཔུང་ཤེད་འཕྱུར་བ་དམད། །
ཡུལ་ཁམས་བདེ་བར་བག་ཕེབས་པའི། །
ས་དེར་ལྷ་ཡང་མགུ་བ་སྐྱེ། །

应当慈爱诸弱者，
力压各种恶势力，
国泰民安之境域，
天神也生欢喜心。

752

ཡུལ་གཞན་རྣམས་སུ་དུས་དུས་སུ། །
ཚོང་དང་ཁེ་ཡི་ཕྱིར་འགྲོ་བ། །
དཔུང་དུ་བསྡོམས་ཏེ་མགོ་འདྲེན་པའི། །
དཔོན་བཅས་བདེ་བླག་དོང་བར་བྱ། །

时常前往其他境，
为求利益做经商，
聚成队伍依首领，
安全顺利地行走。

753

ཉུང་ངུས་བསྒྲུབ་ན་བགྱིད་དཀའ་ཞིང་།། 人数少则难成事，
མང་པོ་བསྡོམ་ན་ཕན་ཚུན་དོན།། 集中多人共协力，
བདེ་བླག་ཉིད་དུ་ནུས་རྣམས་ལ།། 就能轻易办成事，
རྒྱལ་པོས་དེ་ལྟར་མགོ་བསྡུ་བྱ།། 国王应精组织人。

754

སྐྱེ་བོ་ཕན་ཚུན་མི་འཐབ་པར།། 众生无争相互间，
གཅིག་ལ་གཅིག་ནི་གྲོགས་བགྱིད་པས།། 和睦相处结善友，
དོན་མཐུན་ཉིད་དུ་འགྱུར་བའི་ཐབས།། 如对和谐有利益，
འཇམ་རྩུབ་གང་འོས་དེ་ལྟར་སྦྱར།། 可用刚柔相济法。

755

ཡུལ་འབྲོག་ས་གནས་སོ་སོ་རུ།། 对于各个区域内，
རང་སྐལ་གནས་ཀྱི་ལོངས་སྤྱོད་ལ།། 民众各自所享用，
མཐུན་པར་སྤྱོད་པར་བྱ་བ་ལས།། 应以按份受用外，
འདོད་ཆེན་སྤྱོགས་ལྷུང་ཁྲིམས་ཀྱིས་དགག། 以法惩处贪婪者。

756

ཡུལ་གྱི་མི་རྣམས་ཕན་ཚུན་དུ། ।	境内民众彼此间，
དཔུང་བསྡོམས་རང་ཕྱོགས་བསྲུང་དགོས་པས། ।	并肩保护其国土，
འཛིན་འཁྱེར་མེད་པར་ཆབས་ཅིག་ཏུ། ।	尤其毫无偏袒地，
ཡུལ་གྱི་སོ་ཁ་བསྲུང་བར་བྱ། ।	守护境内瞭望楼。

757

དགེ་སྦྱོང་དག་དང་བྲམ་ཟེ་ནི། ।	佛说沙门婆罗门，
རྒྱལ་པོའི་རྩ་བར་གསུངས་པས་ན། ।	属于国王之根本，
དགེ་འདུན་འདུ་བའི་སྒོ་སོགས་ཀྱིས། ।	因此召集僧众等，
དགེ་འདུན་སྡེ་རྣམས་བསྐྱང་བར་བྱ། ।	保护供养诸僧团。

758

ཡུལ་དུས་དེ་ལ་དེར་འཚམས་པའི། ।	任何符合时机之，
སྐྱེ་བོའི་བདེ་ཐབས་གང་མཆིས་པ། ।	促进民众安乐法，
ཡུལ་གྱི་བདག་པོས་མགོ་བསྡུས་ནས། ।	国王牵头整合后，
ཇི་ལྟར་ཕན་པ་བཀའ་སྩལ་བྱ། ।	利众优先逐颁布。

759

འབངས་ཀྱི་སྐྱེ་བོ་འཕེལ་བ་དང་།། 既要慎思增众法，
བདེ་བའི་ཐབས་ལ་ནན་ཏན་བསམ།། 还思令众安乐法，
རང་ལ་དབང་བའི་མི་གཅིག་ཀྱང་།། 不宜伤害诸民众，
གོད་པར་མི་བྱ་གསེར་བཞིན་བཙལ།། 贤者爱众如真金。

760

སྐྱེ་བོ་ཕལ་ཆེར་རྨོངས་པ་ཡིས།། 多数民众因无明，
རང་དོན་ཕྲ་མོའང་བསྒྲུབ་མི་ནུས།། 极微自利亦难成，
མི་ཤེས་རྣམས་ལ་སློབ་བྱེད་ཕྱིར།། 为了开化众无知，
རྒྱལ་པོ་ཕ་དང་འདྲ་བ་ཡིན།། 国王应该如父亲。

761

སྐྱེ་བོ་ཕལ་ཆེར་ཞུམ་པ་ཡིས།། 大多民众因怯懦，
བརྩོན་པས་ཡོངས་པར་སྐྱུར་པ་རྣམས།། 无法保持常勤勉，
ལས་ལ་བསྐུལ་ཞིང་སྣ་འདྲེན་པས།། 劝其做事及引导，
རྒྱལ་པོ་དེད་དཔོན་འདྲ་བ་ཡིན།། 国王犹如大舵主。

762

སྐྱེ་བོ་ཕལ་ཆེར་སྦྲུལ་གདུག་བཞིན། །
གཞན་ལ་འཚེ་ཞིང་གདུལ་དཀའ་ལ། །
སྣ་ཚོགས་ཐབས་ཀྱིས་འདུལ་བྱེད་པས། །
རྒྱལ་པོ་སྔགས་མཁན་འདྲ་བ་ཡིན། །

大多恶人如毒蛇，
损害他人难教化，
利用诸法去制伏，
国王又如密咒师。

763

རྟག་ཏུ་རང་གི་འབངས་རྣམས་ལ། །
སྙིང་རྗེའི་བསམ་པ་ཉེར་བཞག་སྟེ། །
བདེ་ཐབས་འབའ་ཞིག་ལ་བརྩོན་པས། །
རྒྱལ་པོ་མ་དང་འདྲ་བ་ཡིན། །

时常对于自民众，
发起大慈大悲心，
始终寻求利众法，
国王也如贤惠母。

764

ཡུལ་ཁམས་དེ་ཡི་བདེ་སྡུག་དང་། །
སྐྱོན་ཡོན་རྣམ་པ་སྣ་ཚོགས་ལ། །
འདྲི་ཞིང་དཔྱོད་པ་ལྷུར་ལེན་པ། །
རྒྱལ་པོ་རྟོག་ཆེན་འདྲ་བ་ཡིན། །

对于境内诸苦乐，
以及各种是非事，
精于询问和观察，
国王也似巡查者。

765

འཇིགས་པ་ཅན་ལ་དབུགས་འབྱིན་ཞིང་།།	安慰不幸愚难者，
སྡུག་བསྔལ་ཅན་ལ་ཕན་འདོགས་བྱེད།།	利益痛苦悲伤者，
རེ་ལྟོས་ཅན་རྣམས་དགའ་བསྐྱེད་པས།།	鼓励具有希望者，
རྒྱལ་པོ་དཔག་བསམ་ཤིང་དང་འདྲ།།	国王好似如意树。

766

བླང་དང་དོར་བྱའི་དངོས་པོ་སྟོན།།	宣示各种取舍理，
ཚུལ་དང་ཚུལ་མིན་རྣམ་པར་འབྱེད།།	辨别合理与非理，
ཡང་དག་ལམ་ལ་འདྲེན་བྱེད་ཕྱིར།།	为了引入正确路，
རྒྱལ་པོ་མིག་དང་འདྲ་བ་ཡིན།།	国王犹如锐利眼。

767

རང་གི་དཔལ་གྱིས་ཕྱོགས་ཀུན་ཏུ།།	依靠自己之福德，
ལེགས་པར་བརྒྱན་པར་བྱས་ནས་སུ།།	促成四方庄严饰，
འཁོར་གྱི་སྐྱེ་རྒུ་དགའ་བྱེད་པ།།	能够令眷生欢喜，
རྒྱལ་པོ་རིན་ཆེན་གཏེར་དང་འདྲ།།	国王犹如珍宝藏。

768

ཕས་ཀྱི་རྒོལ་བས་མི་ཚུགས་ཤིང་།།	不被外敌所侵害，
རིས་སུ་གཏོགས་རྣམས་བག་ཕེབས་ལ།།	所属各地皆安宁，
འགྲན་ཟླའི་ཚོགས་ཀུན་སྐྲ་བཀོང་བས།།	所有敌人皆恐惧，
རྒྱལ་པོ་རྡོ་རྗེའི་རྫོང་ཆེན་འདྲ།།	国王犹如金刚堡。

769

བསོད་ནམས་སྟོབས་ཀྱིས་མངོན་མཐོ་ཞིང་།།	依靠福德显高贵，
རྒྱབ་རྟེན་ལྷ་དང་སྲུང་མས་བརྗིད།།	天神护法做后盾，
ཕྱོགས་ལས་རྣམ་པར་རྒྱལ་བ་ཡི།།	胜伏四方诸切众，
རྒྱལ་པོ་རིན་ཆེན་རྒྱལ་མཚན་བཞིན།།	国王亦如珍宝幢。

770

དེ་ལྟར་མི་བདག་ཡོན་ཏན་མཆོག་མངའ་བ།།	如此具备殊胜功德者，
སུམ་རྩེན་གནས་སུ་བགྲོད་པར་མ་བྱས་ཀྱང་།།	虽然未曾前往天界中，
གདོང་བ་བཞི་ལྡན་ལྷ་ཡི་རྒྱལ་པོ་བཞིན།།	犹如众神之王四面者，
བདུད་རྩིའི་ཟས་ཅན་རྣམས་ཀྱང་དགའ་བས་འདུ།།	受到天界众神之拥戴。

771

བུམ་བཟང་དཔག་བསམ་ནོར་བུའི་རྒྱལ་པོས་ཀྱང་།། 美妙宝瓶以及如意宝，
འགྲན་པར་མི་བཟོད་མི་བདག་རིན་པོ་ཆེ།། 无法匹敌殊胜国王宝，
གང་གི་དཔལ་གྱིས་མཐོ་རིས་དཔལ་མཐའ་དག། 依其福德享受天界乐，
རང་གི་ལག་ན་གནས་པ་བཞིན་དུ་སྤྱོད།། 犹如握在自己之掌中。

772

དཔལ་དང་གཟི་བརྗིད་སྙན་པར་གྲགས་པའི་སྒྲ།། 福德威严以及好名声，
རྒྱ་མཚོའི་ཁོར་ཡུག་ཏུ་ཡང་འགྲོ་བྱེད་ཅིང་།། 传遍四海之内诸地方，
ས་སྟེང་འདི་ན་ཉི་མ་གཉིས་པ་བཞིན།། 犹如世间第二个太阳，
མཚུངས་མེད་ཡོན་ཏན་དཔལ་གྱིས་ལྷམ་མེར་འཕྲུར།། 因其无匹功德极灿烂。

རབ་ཏུ་བྱེད་པ་བཅོ་ལྔ་པ། གྲོས་བརྟག་པ།

第十五品　观察协商篇

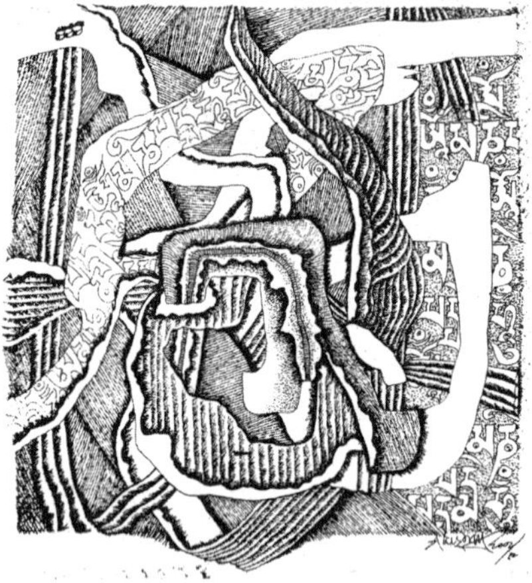

773

ཡུལ་གྱི་སྐྱེ་བོ་བདེ་ཐབས་དང་། ।	若在国泰民安及，
ལུགས་བཟང་ཁྲིམས་ཀྱི་བྱ་བ་སོགས། ।	善法良规诸多事，
ཡིད་རྟོན་པ་ཡི་སྐྱེ་བོ་དང་། ।	若同可信圣贤士，
ལྷན་ཅིག་གྲོས་ཀྱིས་བསྒྲུབས་ན་ལེགས། ।	共同商议则为佳。

774

བྱེ་བྲག་ཕྱེད་པའི་བློ་ཡོད་ཀྱང་། ।	虽具分辨之智慧，
བྱ་བ་གྲོས་ཀྱིས་བསྒྲུབ་པར་བྱ། ।	依然商议后行事，
འགྲུབ་འགྱུར་ཕོ་ནར་མ་ཟད་ཀྱི། ।	不仅成功皆欢喜，
མ་གྲུབ་ན་ཡང་མཛེས་པ་ཡིན། ।	遭遇失败也无怨。

775

ཐོག་མར་བརྟག་དཔྱོད་བྱེད་པའི་ཚེ། ।	首先详察细审时，
གྲོས་སུ་འོས་པའི་བློན་ལྟ་ཅི། ।	不仅共谋诸大臣，
བསམ་ཡོད་གཞན་གྱིས་སྨྲས་པ་ལའང་། ।	就是其他智者言，
རིགས་དང་མི་རིགས་རང་གིས་དཔྱད། ।	需要明断理与非。

776

བློ་རྒྱ་ཆུང་བའི་གྲོས་ལོག་དང་།། 肤浅愚者之建议，
རང་འདོད་ཕུག་བཅུག་འཁྱོགས་པོའི་གྲོས།། 掩盖私利之妄论，
ཕྱི་མཐའ་མ་བརྟགས་སྤྱི་བརྫོལ་ངག། 没思究竟之诳语，
སྤོབས་པ་ཞན་པའི་ཞུམ་ཚིག་དང་།། 胆小怕事之低语。

777

བློ་གྲོས་ཆེ་བས་གནད་བཀྲོལ་ཚིག། 智者抓住要害语，
རང་འདོད་མ་འདྲེས་བསམ་དཀར་ངག། 毫无私心善良语，
ཕྱི་མཐར་གཞལ་ནས་བརྗོད་པའི་གཏམ།། 掌握究竟真诚语，
མི་ཞན་སྤོབས་པ་བསྐྱེད་པའི་ཚིག། 激发勇气鼓励语。

778

སོ་སོར་མ་འདྲེས་ཤེས་བྱས་ལ།། 断明其中之真假，
ངང་པས་ཆུ་ལས་འོ་མ་བཞིན།། 犹如鹅从水滤奶，
དོན་དང་ལྡན་པའི་གཏམ་བཟུང་སྟེ།། 根据所议之话语，
གྲོས་ཐག་བློ་ལྡན་རང་གིས་གཅོད།། 依靠智慧来断定。

779

འཇུག་ལྡོག་རང་གིས་ཤེས་ན་ཡང་། །	尽管自知取舍理，
རྒྱལ་ཁམས་བྱ་བ་གྲོས་ཀྱིས་བརྟག །	抉择国事靠商议，
ཐམས་ཅད་མཐུན་པར་གྲོས་བྱས་པའི། །	所有共同协商者，
བྱ་བ་གང་བྱུང་འགྱོད་མེད་ཉིད། །	结果如何均无悔。

780

སྙིགས་དུས་གཡོན་པོས་གཡོན་བཀབ་སྟེ། །	浊世奸者用诈语，
མཐུན་པར་སྨྲས་ནས་རྗེ་བོ་བསླུ། །	异口同声欺国王，
ར་སྐྱེས་འཁྲིད་པའི་བྲམ་ཟེ་ལ། །	对于婆罗门牵羊，
རྐུན་པོས་ཁྱི་རུ་བརྟགས་དང་མཚུངས། །	盗贼合伙诈称犬。

781

དེ་བས་རྗེ་དཔོན་མཁས་པ་རྣམས། །	因此所有贤明主，
གཡོན་ཅན་ཞེན་ཕྱོགས་ཤེས་བྱས་ནས། །	明辨奸者贪欲后，
གཞན་དྲིང་མི་འཛོག་བློ་ཐོབ་ན། །	若获不依他者慧，
ས་བདག་ཁྲིམས་ལ་མཁས་པར་འགྱུར། །	国王就通诸法律。

782

བདེན་ཞིང་བརྟིང་ན་ཡིད་རྟོན་བྱ།། 诚实稳重应信赖，
རྟག་ཏུ་ཡིད་མི་ཆེས་པ་ཡི།། 始终不能信任者，
སྐྱེས་བུ་བྱ་རོག་ཁུ་འཕྲིག་ཅན།། 犹如乌鸦常存疑，
དེ་ལ་བློ་ལྡན་གྲོས་མི་སྟོན།། 智者不宜相信他。

783

བྱེ་བྲག་འབྱེད་པའི་བློ་ལྡན་ལ།། 若问明辨诸事者，
ངེས་ན་རང་ཉིད་དཔལ་ཐོབ་སྟེ།། 自己获得诸功德，
སྟོབས་ལྡན་དགའ་བྱེད་ཀྱིས་ཀྱང་ནི།། 英雄罗摩就依靠，
ཧ་ནུ་མནྟ་གྲོགས་སུ་བཀུག། 哈奴曼塔获胜利。

784

རྒྱུན་དུ་བསོད་ནམས་ལྡན་པ་དང་།། 时常依靠有德者，
སྟོབས་ལྡན་དག་ལ་བསྟེན་ན་བཟང་།། 以及强大者则善，
མཆིལ་བས་མཁའ་ལྡིང་ལ་སྐྱན་པས།། 麻雀求援于大鹏，
རྒྱ་མཚོའི་ཀླུ་རྣམས་སྐྲག་པར་བྱས།། 能使海龙生畏惧。

785

བྱ་བའི་ཆ་ལ་རྨོངས་གྱུར་པ།། 如果办事有疑惑，
བློ་དང་ལྡན་པའི་གྲོས་ཀྱིས་འབྱེད།། 应与智者议后定，
ཆུ་བོ་རྙོག་མར་གྱུར་པ་རྣམས།། 犹如清水变浊时，
ཆུ་དྭངས་ནོར་བུས་སེལ་བར་བྱེད།། 净水珠宝能澄清。

786

རང་ཉིད་བློ་དང་ལྡན་ན་ཡང་།། 虽然自己有智慧，
བགྲོས་ན་སྔོན་མེད་བློ་གྲོས་འབྱུང་།། 再议更加有智慧，
གྲོང་གི་སྐྱེ་བོའི་ཚིག་མཉན་པས།། 犹如听取谋士言，
གསལ་རྒྱལ་གཡུལ་ལས་རྒྱལ་བ་བཞིན།། 胜光国王战胜敌。

787

ལེགས་པར་བརྟག་དཔྱོད་མ་བྱས་ན།། 没有仔细考察前，
སླུས་པ་འགའ་ལས་ཉེས་པ་འབྱུང་།། 轻信他言遭灾害，
ཁྱུ་མཆོག་དང་ནི་སེང་གེ་གཉིས།། 正如牛王与狮子，
ཤིན་ཏུ་མཐུན་པ་ཝ་ཡིས་བརླགས།། 和睦关系为狐毁。

788

ནམ་ཕུགས་རང་དོན་མ་གཞལ་བར།།
སྐྱེས་བུས་གང་བསྟབ་ལེན་མི་བྱ།།
བག་གསར་བསྟབ་པའི་བཀུར་སྟི་ཡིས།།
ཐ་མར་སྟོང་ཐུབ་ཉམས་ལ་ལྟོས།།

未察能否久利前，
不宜接受他人施，
新郎沉醉于供施，
最终就被新娘毁。

789

བློ་ཅན་རྣམས་ཀྱིས་རྫུ་བག་གིས།།
ཀྱང་པོའང་མགོ་བོ་གཏུགས་ལྟར་བསྐོར།།
ཁྱབ་འཇུག་མིའུ་ཐུང་གཟུགས་བརྫུས་ནས།།
སྟོབས་ལྡན་ས་ཡི་འོག་ཏུ་བཅིངས།།

智者依靠方便法，
能够笼络聪明人，
遍入天神化侏儒，
则将非天踏入地。

790

བློ་གྲོས་མཆོག་དང་ལྡན་པ་ན།།
བློ་ལྡན་ཡིན་ཡང་ཕམ་པར་ནུས།།
ཕྱག་རྒྱ་ལྔ་ལྡན་ཁྱབ་འཇུག་ཀྱང་།།
ལེགས་ལྡན་ནག་པོའི་ཐབས་ཀྱིས་བཀོལ།།

如果具有殊胜智，
同样击败智慧者，
具备五印遍入神，
黑天依靠智慧役。

791

དེ་ཕྱིར་བྱ་བ་གང་ལ་ཡང་། ། 因此无论办何事，
ཐབས་མཁས་ལྡན་པའི་གྲོས་ཀྱིས་འགྲུབ། ། 精密协商能圆满，
སྤྲེལ་དམག་མང་དུ་ཚོགས་པ་ཡིས། ། 依靠猴群同协力，
རྒྱ་མཚོ་ལ་ཡང་ཟམ་པ་བཙུགས། ། 大海之上能架桥。

792

ལྷུམ་པ་ཉི་མའི་ཕྱོགས་སུ་འདུད། ། 葵花面向太阳转，
ཆུ་ཤིང་འབྲུག་སྒྲ་བསྒྲགས་ན་སྐྱེ། ། 芭蕉树以雷声长，
ཕན་པའི་གྲོགས་དང་ཕན་པའི་གྲོས། ། 何者为友何者利，
གང་ནས་འབྱུང་བའི་ངེས་པ་མེད། ། 预先很难做判断。

793

འཕོད་སྲོག་ཆུང་མའི་དོན་དུ་བསད། ། 罗刹为妻遭杀害，
ལངྐའི་གྲོང་ཁྱེར་སྤྲེའུས་བསྲེགས། ། 楞伽城由猴子焚，
གནོད་པའི་གྲོགས་དང་ངན་པའི་གྲོས། ། 有害朋友恶建议，
གང་ནས་འབྱུང་བར་ཆ་མེད་ཉིད། ། 何时出现难断定。

794

དེ་སྐད་བློ་དང་ལྡན་རྣམས་ཀྱིས། །	因此具有智慧者，
མི་འོས་གྲོགས་དང་གྲོས་སྤྱངས་ནས། །	不和疏者商议事，
འོས་པའི་གྲོགས་དང་གྲོས་བསྟེན་ན། །	若和亲者商议事，
དཔལ་ལས་ཉམས་པར་མི་འགྱུར་རོ། །	能获功德无损失。

795

མི་རེང་དབུལ་པོས་སུ་ལ་བགྲོས། །	孤身弱者与谁议，
གཉིས་ཚོགས་ཕན་ཆད་གྲོས་ལ་ལྟོས། །	二人以上算协商，
རྒྱལ་ཁམས་ཆེན་པོའི་བྱ་བ་ཕལ། །	泱泱大国多数事，
གྲོས་ལ་མ་ལྟོས་འགྲུབ་པར་དཀའ། །	未经商议难成办。

796

སུ་ལའང་གྲོས་སུ་མ་བྱས་ན། །	如果不与人商量，
འཁོར་ཚོགས་རྒྱུ་སྐར་ལྟར་མང་ཡང་། །	眷众虽多如繁星，
སུས་ཀྱང་རྗེ་བོ་གླེན་པ་དེ། །	谁也无法将庸君，
ཉམ་ཐག་གནས་ལས་བསླང་མི་ནུས། །	救出自造苦难中。

797

མང་པོ་བསྡོམས་ནས་གྲོས་བྱས་ན། །
ཆེན་པོ་ཡིས་ཀྱང་ཐུབ་པར་དཀའ། །
སྲོག་ཆགས་གྲོག་མའི་ཚོགས་འདུས་ནས། །
སེང་གེའི་ཕྲུ་གུ་བསད་ཅེས་གྲགས། །

若是集众商议者，
即使强者难取胜，
如果蚂蚁集成群，
也能杀死狮子崽。

798

རང་སྡེ་བསྲུང་བར་འདོད་པ་དང་། །
གཞན་སྡེ་གཞོམ་པར་འདོད་ན་འང་། །
མང་པོ་དག་གི་དཔུང་བསྒྲིལ་ཏེ། །
གྲོས་སུ་བྱ་བ་མཁས་པས་བསྔགས། །

若想保护自己方，
同时欲摧对立方，
汇聚众多圣贤士，
共谋大事智者赞。

799

ཕ་མ་བཞིན་དུ་སེམས་བརྩེ་ཡང་། །
གྲོས་མེད་པ་ན་སྐྱེས་བུ་དེའི། །
འདོད་དོན་ཇི་ལྟར་སྒྲུབ་པ་ཡི། །
ཚུལ་རྣམས་གཞན་གྱིས་ཇི་ལྟར་ཤེས། །

虽具慈爱如父母，
倘若不与人商议，
如何治国之意图，
他人无法弄清楚。

800

སྐྱེ་བོ་ཀུན་རྟོག་སྣ་ཚོགས་ཕྱིར།།	众人想法各异样，
མི་རིགས་པ་ཡི་བྱ་བ་ལའང་།།	如果对于非理事，
གྲོས་མཐུན་འགྱུར་བ་རྙེད་སླ་ན།།	同持意见尚可行，
འོས་པའི་གྲོས་ལ་ལྟ་ཅི་སྨོས།།	何况合理之建议。

801

གྲོས་མཐུན་གྱུར་རྣམས་བྱ་བ་ལ།།	如果观点相一致，
ཉེའམ་རྒྱང་ན་གནས་ཀྱང་རུང་།།	无论居住在何处，
རང་དོན་བཞིན་དུ་འཇུག་པའི་ཕྱིར།།	犹如己事很勤勉，
བྱ་བ་ཆེན་པོ་གྲོས་ཀྱིས་བསྒྲུབ།།	因此商议成大事。

802

གྲོས་ཀྱི་ནང་ནས་གྲོགས་འབྱུང་ཞེས།།	商议过程出挚友，
གནའ་རབས་མཁས་པའི་གཏམ་ལས་བསྒྲགས།།	获自古代智者口，
ཐོག་མར་གྲོས་སུ་མི་བྱེད་པར།།	起初不与人商量，
ཐ་མར་འགྱོད་པ་བླུན་པོའི་མཚང་།།	最终懊悔愚者相。

803

ལེགས་པར་བགྲོས་ན་ལེགས་པའི་བློ་སྐྱེ་ཞིང་། །	善于协商就能生智慧，
དོན་གྱི་བགྱི་བར་ཀུན་ཀྱང་དོན་མཐུན་པས། །	所谋之事容易获共识，
དཀའ་བའི་གནས་ཀྱང་དཀའ་བ་མེད་འགྲུབ་ཕྱིར། །	即使难事也能轻易成，
འཁོར་མང་ལྡན་རྣམས་འཁོར་ལ་ཅིས་མི་བགྲོ། །	若有众眷就得勤商议。

804

དོན་ཆེན་བྱ་བ་གྲོས་མེད་ཚིག་ཙམ་གྱིས། །	重大事情不议仅发令，
དྲང་སྲོང་དམོད་པ་བཞིན་དུ་སུ་ཡིས་འགྲུབ། །	犹如修仙之咒无功效，
ཐག་ཆོད་འོས་པའི་གནས་ལ་གྲོས་མེད་ཀྱང་། །	能够决断之事虽未议，
ས་བདག་རྣམས་ཀྱི་ཚིག་གིས་འགྲུབ་པར་འགྱུར། །	殊胜国王开口就成功。

805

དེ་ཕྱིར་མི་དབང་བློ་དང་ལྡན་རྣམས་ཀྱིས། །	因此所有智慧诸国王，
རང་གི་བགྱི་བར་འཁོར་གྱི་ཚོགས་བསྡུས་ཏེ། །	自己行事召集诸眷后，
ལེགས་པར་དཔྱོད་ཅིང་གྲོས་སུ་བྱས་པ་ན། །	精于仔细观察共协商，
ཕ་རོལ་སྟོབས་དང་ལྡན་ཀྱང་གནོད་མི་ནུས། །	即使遭遇强敌亦安全。

806

སྐྱེ་བོ་མང་པོ་མཐུ་དང་དཔུང་བསྒྲིལ་ཏེ།། 大多智者合力结成势，
འོས་པའི་བྱ་བར་གྲོས་མཐུན་ཞུགས་གྱུར་ན།། 合理谋事意见一致后，
ཡིད་ལ་ཇི་ལྟར་བརྩགས་པའི་དོན་དེ་དག། 心中精心谋划之事情，
ཁབ་ལེན་རྡོ་ཡིས་ལྕགས་བཞིན་འགུགས་པར་ནུས།། 犹如磁铁吸铁有引力。

རབ་ཏུ་བྱེད་པ་བཅུ་དྲུག་པ། དགེ་བཅུའི་ཆོས་དང་ལྡན་པའི་ཚུལ་བརྟག་པ།

第十六品　观察法理篇

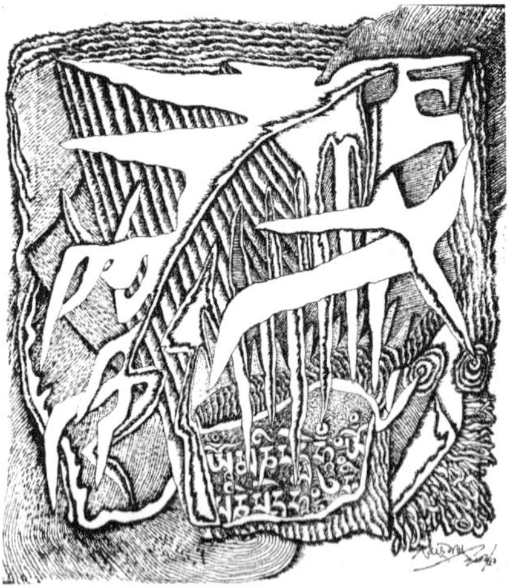

807

རྒྱལ་པོ་རང་ཉིད་ཁྲིམས་ལྡན་པས།།　国王自身能守法，
འཁོར་ལ་ཁྲིམས་སུ་བྱས་ན་མཛེས།།　民众也能依法治，
རང་ཉིད་ཁྲིམས་ལས་འདས་སྤྱོད་ན།།　如果自己常违法，
སྐྱེ་རྒུའི་དཔང་པོར་ག་ལ་འོས།།　何成民众裁判者。

808

རྒྱུ་འབྲས་རྟེན་འབྲེལ་མི་བསླུ་བ།།　因果缘起绝无疑，
འཇིག་རྟེན་ཀུན་གྱི་སྤྱི་ཁྲིམས་ཏེ།།　也是世间根本律，
རྒྱུ་འབྲས་ལོག་པར་སྤྱོད་རྣམས་ལ།།　对于颠倒因果者，
ཆད་པ་ངན་སོང་སྡུག་བསྔལ་ཡིན།།　堕入恶趣罪痛苦。

809

རྒྱལ་པོས་ཆོས་བཞིན་མ་བྱས་ན།།　如果国王不依法，
ཚེ་འདིར་གྲགས་པ་ངན་པ་དང་།།　不仅今生名声臭，
རྒྱལ་སྲིད་དག་ཀྱང་འཇིག་འགྱུར་བས།།　也会导致毁国政，
རང་ཉིད་དགེ་བཅུའི་ཁྲིམས་ལྡན་བྱ།།　因此自行十善法。

810

མི་དགེ་བཅུ་པོ་གང་གིས་ཀྱང་།། 行持任何不善行，
ངན་སོང་གསུམ་དུ་འཁྲིད་བྱེད་ཅིང་།། 也会堕入三恶趣，
མཐོ་རིས་དག་ཏུ་སྐྱེས་ན་ཡང་།། 虽然转生为善趣，
རྒྱུ་མཐུན་འབྲས་བུ་མི་བཟད་སྨྱོང་།། 不善之行结恶果。

811

སྐྱེ་རྒུ་ཀུན་ལ་སྲོག་ཕངས་པས།། 所有众生爱生命，
རྒྱལ་པོས་སྲོག་གཅོད་ཡོངས་སུ་སྤང་།། 因此国王断杀生，
སྲོག་གཅོད་ཚེ་ཐུང་ནད་མང་བྱེད།། 杀生短寿疾病多，
དེ་བས་རྒྱལ་པོའི་ཡུལ་ཁམས་སུ།། 尤其国王自境内，
བྱ་དང་རི་དྭགས་ཚུན་ཆད་ལ།། 包括飞禽及走兽，
འཚེ་བ་ཅི་ནུས་བཟློག་པར་བྱ།། 尽力免于遭残害，
ལྗོངས་དེའི་མི་དང་དུད་འགྲོ་རྣམས།། 对于境内人畜等，
འཇིགས་མེད་སྲོག་གི་བསྐྱབ་བྱའོ།། 免遭夺命之恐惧。

812

གལ་ཏེ་མང་པོའི་དོན་གྱི་ཕྱིར།། 若为谋取民众利，
གདུལ་དཀའི་མི་བསྐྲུན་གཞན་དུ་བསྐྲད།། 可将蛮者驱逐境，
ཅིས་ཀྱང་ཐབས་ཀྱིས་མི་འཚོས་ན།། 如果依法无效果，
སྐྱེ་རྒུའི་ཕུང་སེལ་བྱེད་པ་རྣམས།། 可将灾祸民众者，
བསད་ན་རྒྱལ་ཁམས་བདེ་ཞེས་པ།། 问斩就可利国家，

སྙོད་དུས་རྒྱལ་པོའི་ལུགས་ལ་ཡོད།།
འོན་ཀྱང་སྙིང་རྗེའི་བསམ་པ་ནི།།
ནམ་ཡང་གཏང་བར་མི་བྱའོ།།

浊世国王行此法，
但待民众之慈悲，
始终不宜轻放弃。

813

རང་གི་འབྱོར་པས་ཆོག་ཤེས་ནས།།
མི་འོས་གཞན་ནོར་འཕྲོག་མི་བྱ།།
མ་བྱིན་བླངས་པས་དབུལ་འགྱུར་ཞིང་།།
རང་གི་ལོངས་སྤྱོད་གཞན་གྱིས་འཕྲོག།།

应以己财知满足，
不宜抢夺他人财，
未许强取成贫穷，
自财也被他人夺。

814

འོས་པའི་དཔྱ་དང་རིགས་པ་ཡིས།།
ནོར་གྱི་ཆད་པ་ལེན་ན་ཡང་།།
ནོར་ལ་ཉེས་པའི་འདུ་ཤེས་བཞག།
བརྐམ་ཆགས་ཆེ་བར་ཡོང་མི་བྱ།།

尽管依理去收税，
采取没收等方法，
应当观想财为患，
不应滋生贪婪心。

815

རང་འདོད་གདུག་པས་མ་བསླད་པར།།
རྒྱལ་ཁམས་བདེ་བའི་དོན་གྱི་ཕྱིར།།
འཚེ་དང་མ་བྱིན་ལེན་པོ་ནས།།
རྒྱལ་པོ་སྡོམ་མེད་ཅན་མི་འགྱུར།།

不以私欲所熏染，
为了国家能安宁，
仅以损害及强取，
国王不成破戒者。

816

རང་གི་བཙུན་མོར་དགྱེས་བྱས་ནས།།
གཞན་ལ་ལོག་པར་གཡེམ་མི་བྱ།།
ལོག་གཡེམ་གྱིས་ནི་འཁོར་མི་བསྲུན།།
འགྲན་ཟླར་བཅས་པའི་ཆུང་མར་འགྱུར།།

对己王妃生欢喜，
不与他妻行邪淫，
邪淫易生不羁眷，
易造夫妻间不和。

817

རྟག་ཏུ་བདེན་པར་སྨྲ་བ་ནི།།
ཆོས་དང་ལྡན་པའི་ཡོན་ཏན་མཆོག།
རྫུན་སྨྲས་པས་ནི་སྐུར་བ་མང་།།
གཞན་གྱིས་རང་ཉིད་བསླུ་བར་འགྱུར།།

时常保持说真话，
方显尊法及功德，
假话容易生诽谤，
自己也遭他人欺。

818

ཕ་རོལ་དབྱེ་བར་བྱེད་པ་ཡི།།
ཕྲ་མ་སྤངས་ནས་བསྡུམ་པར་བྱ།།
ཕྲ་མས་རང་གི་འཁོར་མི་འདུམ།།
འཐབ་བྱེད་འཁོར་ངན་འཐོབ་པར་འགྱུར།།

抛弃挑拨是非之，
离间妄语调和众，
挑拨离间众不和，
导致敌人占上风。

819

མི་བདག་རྟག་ཏུ་ཆོག་འཛམ་ཞིང་།།	国王时常要警惕，
སྙན་པར་སྨྲ་ལ་ནན་ཏན་བྱ།།	甜言蜜语供奉语，
ཚིག་རྩུབ་སྨྲས་པས་འཐབ་མོ་དང་།།	常用粗语喜争执，
ཡིད་དུ་མི་འོང་གཏམ་ཐོས་འགྱུར།།	就会引来诸骂名。

820

དོན་མེད་ཀྱལ་བ་རྣམ་སྤངས་ནས།།	不要出口空洞语，
ཇི་སྐད་སྨྲས་བཞིན་དོན་ལྡན་བརྗོད།།	所有言谈必真实，
ངག་འཁྱལ་སྨྲས་པས་ཚིག་མི་བཙུན།།	大多废话无根据，
སྤོབས་པ་མ་ངེས་ཅན་དུ་འགྱུར།།	易成胆小者言语。

821

གཞན་འབྱོར་ཆེའམ་ཆུང་ཡང་རུང་།།	不管他人财多少，
བརྣབ་སེམས་མི་བྱ་དགའ་བར་བྱ།།	勿生贪心应欢喜，
བརྣབ་སེམས་ཡིད་ལ་རེ་བ་འཇོམས།།	贪心常常毁心愿，
འདོད་ཆེན་ཆོག་མི་ཤེས་པར་འགྱུར།	贪欲导致不知足。

822

གཞན་ལ་གནོད་པའི་སེམས་སྤངས་ཏེ།།	抛弃损害他人心，
ཀུན་ལ་བྱམས་པའི་སེམས་སུ་བྱ།།	慈悲关爱诸众生，
གནོད་སེམས་ཀྱིས་ནི་ཟུག་རྔུ་མང་།།	害人之心常遭苦，
གཞན་གྱིས་དོན་མེད་གནོད་པ་འབྱུང་།།	同时无故遭他害。

823

ལས་དང་འབྲས་བུ་མེད་ལྟ་བའི།།	没有因果观念者，
ལོག་པར་ལྟ་བ་རྩད་ནས་སྤང་།།	必须根断其邪见，
ལོག་པའི་ལྟ་བ་མ་སྤངས་ན།།	若不断除诸邪见，
སྐྱེ་གཞན་ལྟ་ངན་སྒྲུ་ཅན་འགྱུར།།	后世大多入邪见。

824

ལྟ་བ་ངན་པས་བསླད་པ་ལ།།	已为邪见所染者，
ས་བོན་ཚིག་པའི་མྱུ་གུ་བཞིན།།	犹如烧焦之种子，
དཀར་པོའི་ཆོས་རྣམས་མི་སྐྱེ་ཞིང་།།	无法生出善法苗，
ཡང་དག་ལྟ་བ་ཆོས་ཀུན་གཞི།།	正见需要善法因。

825

རི་གཟར་པོ་ཡི་འབབ་ཆུ་བཞིན། །	犹如陡坡所流水，
འཚོ་བ་ཡུན་ཐུང་རིང་མི་གནས། །	生命短暂不长久，
འཇིག་རྟེན་ཕ་རོལ་འགྲོ་འགྱུར་བས། །	无法避免入后世，
བག་ཡོད་བགྱིས་ཏེ་ཕྱི་མར་བསམ། །	因此勤勉为来世。

826

ལས་འབྲས་ནམ་ཡང་མི་བསླུ་བས། །	业果无法被摆脱，
ཆུང་ཡང་དོན་མེད་ཆུད་མི་ཟ། །	尽管事小亦勤勉，
རང་གིས་གང་བྱས་རང་ལ་སྨིན། །	自己造业自己受，
འདི་ལ་སུས་ཀྱང་འདའ་བ་མེད། །	谁也不能逾因果。

827

དེ་ཕྱིར་ཆོས་མིན་རྒྱལ་སྲིད་ལ། །	因此非法治国政，
གནས་རྣམས་དམྱལ་བའི་སྔ་གོན་ཡིན། །	犹如地狱之预兆，
ཆོས་དང་ལྡན་པའི་རྒྱལ་སྲིད་ནི། །	若是依法治理国，
ལྷ་གནས་བགྲོད་པའི་ཐེམ་སྐས་ཡིན། །	恰是升天之阶梯。

828

རྒྱལ་པོ་རྒྱལ་རིགས་སྐྱེས་པ་རྣམས།།	生于王族诸国王，
སྐྱེ་བོའི་ཚོགས་ལ་དབང་བས་ན།།	引导所属诸民众，
དགེ་བཅུའི་ལས་ཀྱི་ལམ་དག་ལ།།	为了趋入十善道，
ཀུན་ཀྱང་ཅི་ནུས་གཞུག་པར་བྱ།།	尽力催促诸民众。

829

སྲོག་སྐྱོབ་པ་དང་སྦྱིན་པ་གཏོང་།།	保护生命勤施舍，
ལོག་གཡེམ་དགག་ཅིང་རྫུན་སོགས་གཅོད།།	禁止邪淫妄语等，
གཞན་འབྱོར་རྣམས་ལ་ཡི་རང་ཞིང་།།	他人富裕自心喜，
བྱམས་དང་ཡང་དག་ལྟ་བ་སྒོམ།།	观修慈心和正见。

830

དཔྱ་ལེན་པ་དང་ཆད་ལས་སོགས།།	犹如收税及惩罚，
འོས་པས་སྐྱེ་རྒུ་བསྐྱངས་བྱས་ཏེ།།	合理合法护民众，
སྙིང་རྗེའི་སེམས་དང་ཐབས་མཁས་པར།།	出于慈悲和方便，
བྱས་ན་ཉེས་མེད་དགེ་ཡང་སྲིད།།	则无罪过皆成善。

831

དགེ་བའི་རྩ་བ་བསྔོམས་བྱས་ནས། ।	如果积累善根后，
བླ་མེད་བྱང་ཆུབ་དོན་གཉེར་ན། ।	寻求无上菩提果，
འཇིག་རྟེན་ཚུལ་དང་མི་འགལ་ཞིང་། ।	既不违于世间规，
དམ་པའི་ལམ་ལས་མི་འདའ་ལ། ।	也不逾越正道法，
ཆོས་བཞིན་སྐྱེ་རྒུ་ལེགས་སྐྱོང་བས། ।	如法护持诸众生，
དོན་གཉིས་བསྒྲུབ་ལ་སྟོབས་ལྡན་ཕྱིར། ।	自利利他皆圆满，
རྒྱལ་སྲས་སེམས་དཔའ་ཆེ་རྣམས་ཀྱང་། ।	因为所有大菩萨，
རྒྱལ་པོའི་ཚུལ་དུ་སྟོན་པར་མཛད། ।	也以王相利众生。

832

ཕ་མ་དགེ་སྦྱོང་བྲམ་ཟེ་སོགས། ।	王者通过敬父母，
བཀུར་ཞིང་མཆོག་གསུམ་མཆོད་པ་དང་། ।	沙门以及婆罗门，
འདི་དང་ཕྱི་མའི་སྡུག་བསྔལ་རྒྱུན། ।	佛法僧等诸善法，
འགོག་པའི་ཐབས་རྣམས་རྒྱལ་པོས་བྱ། ।	断除今生来世苦。

833

འཇིག་རྟེན་འདི་དང་ཕ་རོལ་ཏུ། ।	能获今生来世的，
བདེ་བའི་ཐབས་ཚུལ་རྣམ་མང་པོའི། ।	安乐之法无限多，
སྲོལ་ལ་སྐྱེ་རྒུ་འཇུད་བྱེད་པ། ।	能够促众趋善者，
ཆོས་ལྡན་རྒྱལ་པོ་ཡིན་ཞེས་བྱ། ।	世人赞誉为法王。

རབ་ཏུ་བྱེད་པ་བཅུ་བདུན་པ། ཆོས་ཀྱི་རྒྱལ་པོའི་ཁྲིམས་བརྟག་པ།

第十七品　观察法规篇

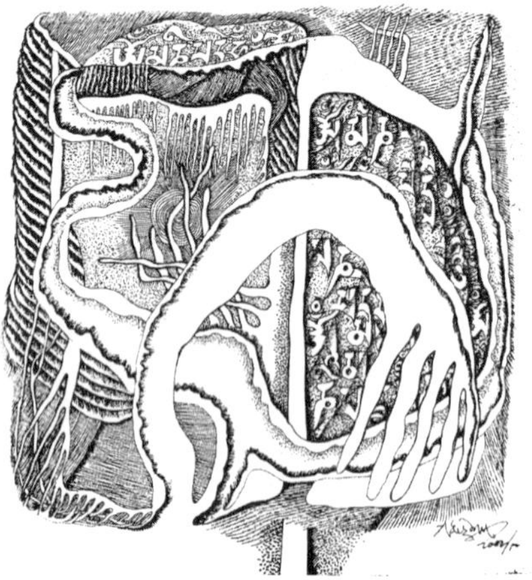

834

རང་ཉིད་ཆོས་དང་ལྡན་བྱས་ལ། ། 自己如理行佛法，
གཞན་ལ་དགེ་བཅུའི་ཁྲིམས་བསྒོམས་པ། ། 并引他者持十善，
ཆོས་ཀྱི་རྒྱལ་པོ་ཆེན་པོ་ཞེས། ། 誉为殊胜大法王，
མཁས་པ་རྣམས་ཀྱིས་ལེགས་པར་བསྔགས། ། 所有智者皆颂扬。

835

མི་དགེ་བཅུ་པོ་དུག་འདྲ་སྟེ། ། 十不善业如毒瘤，
འདིར་གནོད་ཕྱི་མ་སྡུག་བསྔལ་ཀྱང་། ། 造成今生来世苦，
ཞེ་འདོད་ལག་ལེན་འགལ་རྣམས་ལ། ། 对于口是心非者，
ཆོས་རྒྱལ་རྣམས་ཀྱིས་ཁྲིམས་སུ་མཛད། ། 法王制定诸法律。

836

མི་གསོད་པ་དང་ནོར་རྐུ་དང་། ། 残杀他人夺财物，
ཆུང་མ་འཕྲོག་དང་ཕྱི་བྱེད་དང་། ། 霸占妻子行邪淫，
རྫུན་གྱིས་བསླུ་དང་ཕྲ་མས་འབྱེད། ། 妄言欺骗离间语，
དོན་མེད་རྩུབ་མོའི་ཚིག་གིས་གཙོད། ། 无辜恶语伤人心。

837

འདི་དག་གནོད་ཚབས་ཆེ་ཆུང་དང་།།	对于祸害轻重及，
སྔར་གྱི་ལན་སྐྱོན་ཡོད་མེད་སོགས།།	从前有无过失等，
ཉེས་པའི་འོས་དང་བསྟུན་ནས་སུ།།	依照罪过之轻重，
ཆད་པའི་ལས་ཀྱིས་དགག་པར་བྱ།།	应以惩罚来制止。

838

རགས་པའི་ཉེས་པ་རྣམ་བཀག་པས།།	如果惩处实行罪，
ཕྲ་བ་ཡིད་ཀྱི་ཉེས་པ་རྣམས།།	微小心理诸罪业，
ཤུགས་ཀྱིས་མཐུ་ནི་མེད་བྱས་པས།།	自然不会有力量，
དགེ་བཅུའི་ཁྲིམས་སུ་བཅས་ཞེས་བྱ།།	可称遵守十善法。

839

སེམས་ཅན་སྤྱི་ལ་འཚེ་བ་དང་།།	伤害所有之众生，
དཀོན་མཆོག་གསུམ་ལ་གནོད་པ་དང་།།	诋毁殊胜佛法僧，
རྒྱལ་པོའི་ཆུས་ལ་གཟན་པ་དང་།།	妨碍王法国策等，
རྒྱལ་ཁམས་མི་བདེ་བྱེད་པ་རྣམས།།	造成国家不安者，
མཐུ་ལྡན་རྒྱལ་པོས་བཀག་བྱས་ན།།	如果国王能制止，
རྒྱལ་ཁམས་སྤྱི་དང་བྱེ་བྲག་བདེ།།	举国民众皆安乐，
ཆོས་ལྡན་རྒྱལ་པོ་མེད་གྱུར་ན།།	若无依法行使者，
རྒྱལ་ཁམས་བདེ་བའི་ཐབས་གཞན་དཀའ།།	没有其他国安法。

840

སྔར་དུས་མི་རྣམས་ཁྲེལ་ཡོད་ཚེ། །
དངུལ་གྱི་དོང་ཙེ་གཅིག་བརྐུས་ཀྱང་། །
སྲོག་ལ་བབ་པའི་ཆད་ལས་ཀྱི། །
ཁྲིམས་བྱས་དེ་ལྟར་རྐུན་མ་ཉུང་། །

先前人们知耻时，
即使取盗一银币，
亦以夺命来惩罚，
因此盗贼极稀少。

841

དེང་སང་ཤིན་ཏུ་གདུལ་དཀའི་དུས། །
དེ་ཙམ་ཉེས་པས་སྲོག་བཀུམས་ན། །
ཡུལ་འཁོར་སྟོང་ལ་ཐུག་པར་མཆི། །
དེ་བས་ཡུལ་དུས་སྦྱར་བ་ཡི། །
ཁྲིམས་ཀྱི་ཞལ་ལྕེ་གཅོད་ལུགས་རྣམས། །
སྔོན་བྱུང་རྒྱལ་པོ་མཁས་རྣམས་ཀྱི། །
བཀའ་ཁྲིམས་བཞིན་དུ་འཚམས་པར་སྦྱར། །

如今极难教化时，
仅以此罪行杀戮，
国境容易成空域，
因此于此相应地，
制定所需诸法规，
应当参照历代之，
贤明国王诸法律。

842

ཁྲིམས་ཞེས་བྱ་བ་ཕྱོགས་ལྷུང་མེད། །
དྲང་པོ་གནམ་གྱི་ཐིག་ཡིན་པས། །
ལས་འབྲས་མངོན་སུམ་སྟོན་པ་དང་། །
འདྲ་ཕྱིར་སུས་ཀྱང་བསྒྱུར་དུ་མེད། །

法律不能有偏袒，
公正犹如地平线，
因果循环似现观，
如果有违于因果。

843

འགལ་ན་རྒྱལ་པོའི་བུ་ཡང་ཕམ། །	即使王子亦失理，
བསྲུངས་ན་གྲོང་གི་དབུལ་པོ་རྒྱལ། །	坚持因果弱亦胜，
ཀླད་པར་གནམ་ལྕགས་བབ་པ་ལྟར། །	犹如头顶降霹雳，
མི་འཁུར་དབང་མེད་ཁྲིམས་ཞེས་བྱ། །	无法不遵如定律。

844

སྟོབས་འབྱོར་ཡོད་ན་ཡང་འགྱུར་ལ། །	若是富裕受轻罚，
ཁས་ཞན་དབུལ་པོར་ལྕིད་འགྱུར་བ། །	若是弱者受重罚，
དེ་འདྲ་རྒྱལ་ཁྲིམས་མ་ཡིན་ཏེ། །	如此不应为王法，
འཁྱོན་མའི་གར་གྱི་ལྟ་ཁྱོགས་མཚངས། །	犹如娼妇靠舞姿。

845

སྨད་འཚོང་གཟུགས་ཀྱིས་འཚོ་བ་སྟེ། །	以及色相来度日，
དགེ་སློང་ཆོས་ཀྱིས་འཚོ་བ་ཡིན། །	沙门依靠佛法生，
རྒྱལ་རིགས་ཁྲིམས་ཀྱིས་འཚོ་བ་སྟེ། །	王族依靠法理存，
བྲམ་ཟེ་ཆེ་རིགས་བསྲུང་བས་འཚོ། །	婆罗门以种族存。

846

རང་རང་འཚོ་བ་དེ་ཉམས་ན། །
ཆོས་གཞན་གང་གིས་མི་སྐྱོབ་སྟེ། །
སྲོག་གི་དབང་པོ་འགགས་པ་ན། །
དབང་པོ་གཞན་གྱིས་བསྐྱབ་བམ་ཅི། །

如果失去维生因，
任何方法均无用，
如果失去活命根，
其他诸根皆无用。

847

རྒྱལ་པོ་ཞེས་པའི་མིང་དེ་ཡང་། །
ཁྲིམས་ཀྱི་བདག་པོར་བྱས་པས་ཐོབ། །
ཁྲིམས་ནི་ལུགས་བཞིན་མི་གཅོད་ན། །
རྒྱལ་པོ་ཡོད་ཀྱང་མེད་དང་མཚུངས། །

所谓国王诸荣誉，
也是依靠法获得，
如果不依法行事，
虽有国王等同无。

848

རང་ཉིད་ཁྲིམས་བདག་གྱུར་པ་ན། །
དགྲ་ལའང་ཁྲིམས་ནི་ལུགས་བཞིན་གཅོད། །
གནོད་པ་བྱེད་ཀྱང་དུས་གཞན་བྱ། །
མཁས་པའི་ཁྲིམས་ལ་ཉེ་རིང་མེད། །

如果自己成法王，
依靠法律惩诸敌，
尽管暂时造损害，
贤王法律无亲疏。

849

ཁྲིམས་ཡོད་པ་ཡི་ས་ཕྱོགས་སུ།། 依法治理之地方，
ཆོས་བཞིན་བྱེད་རྣམས་བག་ཕེབས་ལ།། 如法行者心安宁，
ཆོས་མིན་བྱེད་རྣམས་བག་ཡོད་འགྱུར།། 非法行者皆小心，
ཁྲིམས་བཟང་འཇིག་རྟེན་མགོན་དང་སྐྱབས།། 善法就是众生主。

850

ཉེས་པ་ཅན་ལ་འོས་པ་ཡི།། 如果听到违法者，
ཆད་པས་བཅད་པ་ཐོས་ན་ཡང་།། 依靠法律来惩处，
སྐྱེ་བོ་བཟང་རྣམས་དབུགས་འབྱིན་ཅིང་།། 善士良民得安慰，
ངན་པ་རྣམས་ཀྱང་སྐྲག་པར་འགྱུར།། 恶劣之人亦生畏。

851

ཉེས་ཅན་ཆད་པ་མེད་ཐོས་ཚེ།། 如果恶者未受惩，
ཡ་རབས་རྣམས་ཀྱང་བག་ཟ་ཞིང་།། 高尚贤士会失望，
མ་རབས་རྣམས་ལ་བག་མེད་སྒོ།། 恶劣之徒就猖狂，
འབྱེད་པའི་ཉེར་བསྒོགས་བཞིན་དུ་འགྱུར།། 犹如打开罪恶匣。

852

ཉེས་མེད་ཆད་པས་བཅད་ཐོས་ན། །	若闻无辜受惩罚，
བཟང་པོ་རྣམས་ཀྱང་ཡིད་ཆད་ཅིང་། །	善良贤士皆失望，
རྒྱལ་པོ་གཡོན་ཅན་ཐ་ཆད་ཅེས། །	皆称卑劣之昏君，
ལྷ་གནས་སུ་ཡང་མི་སྙན་སྒྲོགས། །	恶名随之传天界。

853

ཉེས་མེད་ཉེས་པར་མ་སྦྱར་ན། །	若不加罪于无辜，
ཉེས་མེད་དེ་ཡི་རྒྱུས་ཤེས་རྣམས། །	熟悉无辜之民众，
རྒྱལ་པོའི་བསྔགས་པ་བརྗོད་བྱེད་ལ། །	皆会赞扬显明王，
ལྷ་དང་བཅས་པས་ཡི་རང་འགྱུར། །	天神也会起欢心。

854

གཞན་གྱི་སྲོག་ལ་འཚེ་བ་རྣམས། །	对于伤害他人者，
རང་གི་ལུས་ལ་དཔེ་བྱས་ཏེ། །	要以自身为参照，
བརྡུང་དང་བརྡེག་པའི་ཚུལ་སོགས་ཀྱིས། །	利用严刑拷打等，
ཕྱིན་ཆད་སྡིག་རྒྱུན་བཟློག་པར་བྱ། །	使其根除诸罪行。

855

གཞན་གྱི་ནོར་ལ་རྐུ་བ་རྣམས།། 对于盗窃财物者，
འཇལ་དང་སྟོང་གིས་བསབ་བྱ་ཞིང་།། 依照价格罚赔偿，
ཆུང་མ་བྲན་སོགས་འཕྲོག་པ་ཡང་།། 对于霸占妻佣等，
དེ་དེའི་ཚུལ་གྱིས་དགག་པར་བྱ།། 依照相应做处罚。

856

རྒྱལ་པོ་ཧ་ཅང་དེས་དྲགས་ན།། 如果国王过于柔，
མི་བསྲུན་པ་དང་རྐུན་པོ་འཕེལ།། 蛮横盗贼就泛滥，
རྒྱལ་ཁམས་མ་རུངས་གང་འགྱུར་བས།། 境内暴徒会猖狂，
རྒྱལ་པོ་སྙིང་རྗེ་ལྡན་ན་ཡང་།། 虽然国王有慈悲，
མི་བསྲུན་རྣམས་ལ་ཅི་འོས་པའི།། 对于蛮横无理者，
ཆད་པ་དུས་སུ་ལེགས་བཅད་ཅིང་།། 应凭依法做惩处，
ཉམ་ཐག་སྡུག་ཆགས་སྙིང་རྗེའང་བསྐྱེད།། 同样以慈待弱者，
ཅེས་པ་བདེན་སྨྲའི་མདོ་ལས་གསུངས།། 此为《真言经》所宣。

857

ས་སྙིང་འཁོར་ལོ་བཅུ་པའི་མདོར།། 《藏十轮经》中所言，
ཚངས་ཆེན་ལྷ་ཡི་སྙིང་པོ་ལ།། 犹如赐教梵天王，
བཅོམ་ལྡན་འདས་ཀྱིས་བཀའ་སྩལ་པ།། 释迦牟尼宣说道：
བསྟན་ལ་དད་པས་རབ་བྱུང་ནས།། 因信佛教而出家，
སྐྲ་དང་ཁ་སྤུ་བྲེགས་བྱས་ཏེ།། 剃去头发和胡须，

ངུར་སྨྲིག་ཆལ་བུ་གྱོན་པ་གང་།།	身着袈裟为何人，
ཚུལ་ཁྲིམས་ལྡན་ནམ་འཆལ་ཡང་རུང་།།	无论持戒或破戒，
དེ་ལ་ལྷ་དང་མི་དང་ནི།།	对其天神和人类，
ལྷ་མ་ཡིན་ལ་སོགས་པ་ཡི།།	以及各种及非类，
ཁྱིམ་པའི་ཚུལ་དང་འདྲ་བར་ནི།།	如同在家之俗人，
དམན་པར་སྨྱུར་དུའང་མི་གནང་ན།།	不以蔑视相看待，
དེ་ལ་ལྕག་གིས་གཞུར་བ་དང་།།	不用鞭子来抽打，
དབྱུག་པས་བརྡེག་ཅིང་བཙོན་དུ་འཆིང་།།	不会棍击关入狱，
གཤེ་དང་སྨྲོ་དང་ལུས་གཅོད་དང་།།	何况责骂断肢体，
གསོད་པར་བྱེད་པ་ལྟ་ཅི་སྨོས།།	以及杀害等处罚。

858

ཚུལ་ལྡན་མང་ཐོས་ཅི་སྨོས་ཀྱི།།	不信持戒广闻者，
རབ་ཏུ་བྱུང་ནས་ཚུལ་ཉམས་ཏེ།།	尽管出家弃戒律，
མི་དགེ་སྤྱོད་པས་ཁོང་རུལ་བ།།	习惯恶行染心智，
དགེ་སྦྱོང་མིན་ལ་དགེ་སྦྱོང་དུ།།	借假修善装沙门，
ཁས་འཆེ་མ་རུངས་པ་དེ་ཡང་།།	如此心怀叵测者，
ལྷ་དང་བཅས་པའི་འཇིག་རྟེན་གྱིས།།	也是天神及世间，
མཆོད་འོས་ཡོན་ཏན་གཏེར་དུ་འགྱུར།།	应予供养之宝藏，
སྟོན་པའི་ཆ་ལུགས་འཆང་ཙམ་ཡང་།།	尽管只见沙门相，
མཐོང་བས་སྟོན་དང་ཚུལ་ཁྲིམས་སོགས།།	也具生起思念诸，
རྗེས་སུ་དྲན་པའི་ཡོན་ཏན་འབྱུང་།།	尊师戒律等功德。

859

ཚུལ་ཉམས་མི་རོ་ལྟ་བུ་ཞེས། །	虽说破戒如死体，
གསུངས་ཀྱང་ཁྲུ་མཆོག་ཤི་བ་ལ། །	犹如水牛死亡后，
གི་ཝཾ་དང་ནི་གླ་བའི་རོར། །	留胆獐留麝香等，
གླ་རྩི་ཡོད་པ་ཇི་བཞིན་དུ། །	必然具有其他德，
ཡོན་ཏན་ལྷག་མའི་མཐུ་ཡོད་ཕྱིར། །	任何功德有其效，
དེ་ལ་ནན་ཏུར་བྱ་དགོས་ན། །	如果对其做惩罚，
དགེ་འདུན་མཐུན་པས་བསྐྲད་བྱ་ཡི། །	只有僧团来驱逐，
རྒྱལ་པོ་དང་ནི་བློན་པོའམ། །	国王以及大臣等，
དཔང་པོ་དག་གིས་སངས་རྒྱས་ལ། །	掌握各种权力者，
སྐྱབས་སོང་ཆ་ལུགས་འཆང་ཙམ་ཡང་། །	虽为仅持皈依相，
གཞུ་བ་དང་ནི་འཚོག་པ་སོགས། །	不宜使用殴打等，
ཆད་པས་གཅད་པར་མི་རུང་སྟེ། །	各种残酷之惩罚，
མཚམས་མེད་ལྔ་བྱས་མི་གང་ཞིག །	虽犯五种连续罪，
རྫུན་གྱིས་རབ་བྱུང་ཆ་ལུགས་སུ། །	伪装成为出家相，
གནས་པ་དེ་ལའང་རྒྱལ་པོ་ཡིས། །	佛陀从未承认过，
གཞུ་ཞིང་འཚོག་པ་སོགས་མ་གནང་། །	国王有权行酷刑。

860

མ་འོངས་རྒྱལ་རིགས་གདོལ་སྤྱོད་ཅན། །	王族未来暴行者，
ཆོས་ལྡན་དགེ་སྤྱོང་མི་བཀུར་བས། །	不敬修持佛法者，
དཀོན་མཆོག་གསུམ་གྱི་གདུང་སྨོད་བྱེད། །	恶语诋毁佛法僧，

དེ་ལ་ལྷ་རྣམས་ཁྲོས་ནས་སུ།། 致使天神生愤怒，
ཡལ་བར་འདོར་བར་བྱེད་པར་འགྱུར།། 会遭天神之抛弃，
ཆོས་ལྡན་སྐྱོ་ནས་གཞན་དུ་བྱེར།། 善者厌他而逃遁，
ཕྱི་དང་ནང་གི་འཁྲུག་པ་འབྱུང་།། 内乱外侵频发生，
ཡུལ་དེར་སྡུག་བསྔལ་རྣམ་མང་ཞིང་།། 其国惨遭各种苦，
རྒྱལ་སྲིད་ཉམས་ཤིང་ནད་སོགས་འབྱུང་།། 政败频发诸疾病，
ཤི་ནས་ངན་སོང་འགྲོ་བར་འགྱུར།། 死后堕入恶趣中。

861

དགེ་སྦྱོང་སྡིག་སྤྱོད་རྒྱལ་པོ་ཡི།། 残害修善之国王，
ཕོ་ཉ་བྱེད་པས་སྔ་དྲངས་ནས།། 强派沙门作信使，
མ་འོངས་རྒྱལ་བློན་གདོལ་སྤྱོད་རྣམས།། 未来国王暴行者，
དགེ་སྦྱོང་ནོར་དང་མཆོད་རྟེན་དཀོར།། 随意剥夺沙门财，
དཀོན་མཆོག་རྫས་ལ་བག་མེད་སྤྱོད།། 擅自享用三宝财，
ཤིན་ཏུ་མི་བཟད་ཉེས་པ་དེས།། 依此所造之罪业，
ཚེ་འདིར་གསོ་དཀའི་ནད་བྱུང་ནས།། 今生传染难治症，
དམྱལ་བར་ཡུན་རིང་འཚེད་པར་འགྱུར།། 后世遭遇地狱苦。

862

སྔོན་ཚེ་ངུར་སྨྲིག་གོས་གྱོན་པས།། 昔日身着袈裟者，
གླང་པོར་དུག་མདས་བསྣུན་ན་ཡང་།། 虽向大象射毒箭，
གླང་པོའི་དབང་པོས་འདི་སྐད་དུ།། 大象之王如是道：

འདི་དག་བསླུ་བའི་སེམས་ཡོད་ཀྱང་། །	尽管其有欺骗心，
ཆ་ལུགས་སངས་རྒྱས་སློབ་མ་འདྲ། །	具有佛子的相貌，
འཚོ་བའི་སྲོག་དང་བྲལ་ཀྱང་བླའི། །	因此愿意舍性命，
སྡིག་པའི་སེམས་ནི་བསྐྱེད་མི་རིགས། །	不该生起恶劣心，
ཞེས་བརྗོད་བྱོལ་སོང་སྐྱེས་པས་ཀྱང་། །	尽管转生为畜生，
ཆ་ལུགས་ཙམ་ལ་དེ་ལྟར་དགའ། །	也会喜欢该相貌。

863

མ་འོངས་རྒྱལ་རིགས་གདོལ་བ་ཅན། །	未来恶劣之国王，
སངས་རྒྱས་རྗེས་འཇུག་འཚེ་བྱེད་པ། །	残害追随佛陀者，
དུས་གསུམ་སངས་རྒྱས་བཀའ་ལུང་དང་། །	由此就和三世劫，
འགལ་བ་ཉིད་དུ་གྱུར་པས་ན། །	所有佛经相违背，
དམྱལ་བ་ཆེན་པོར་གཞོལ་བར་འགྱུར། །	最终堕入炼狱中。

864

སྔོན་ཚེ་རྒྱལ་པོར་གྱུར་པ་ནི། །	昔日有个称之为，
དགྲ་ལས་རྒྱལ་ཞེས་བྱ་བ་ཡིས། །	战胜敌人之国王，
མི་ཞིག་གསད་པར་བྱ་བའི་ཕྱིར། །	为了残杀某一人，
དུར་ཁྲོད་སྲིན་མོའི་གནས་བཏང་ཚེ། །	抛在尸林女魔处，
སྐྲ་བྲེགས་ངུར་སྨྲིག་ཚལ་བུ་ཞིག །	见其剃发颈系有，
མགུལ་དུ་བཏགས་པ་དེ་མཐོང་ནས། །	沙门法衣布条后，
ལྔ་སྟོང་འཁོར་གྱིས་བསྐོར་བ་ཡི། །	五千眷属围绕之，

སྲིན་མོ་མཚོན་ཆའི་མིག་སོགས་ཀྱིས། ། 女魔兵器目众眷，
བསྟི་སྟངས་བཅས་ཏེ་ཐལ་སྦྱར་བཏུད། ། 合掌虔行叩拜礼。

865

རང་གི་བུ་རྣམས་ལ་སྨྲས་པ། ། 郑重宣告诸弟子：
སངས་རྒྱས་གང྄གཱའི་བྱེ་སྙེད་ཀྱི། ། 犹如恒河沙数佛，
རྣམ་གྲོལ་རྒྱལ་མཚན་གོས་གྱོན་པ། ། 身着解脱殊胜衣，
འདི་ལ་མི་དགེའི་སེམས་བསྐྱེད་ན། ། 如果对其生恶心，
མཚམས་མེད་དམྱལ་བར་ငེས་པར་ལྷུང་། ། 定堕无间地狱中，
ཞེས་སྨྲས་སྲིན་མོ་མང་པོ་ཡིས། ། 因此即使罗刹女，
མི་དེ་བཏང་བར་གྱུར་པ་དང་། ། 也会自愿释放他，
དེ་ཚུལ་རྒྱལ་པོ་ལ་བསྙད་པས། ། 此情禀报国王后，
རྒྱལ་པོ་འཁོར་དང་བཅས་པ་རྣམས། ། 胜敌国王及眷众，
ངོ་མཚར་རྨད་དུ་བྱུང་གྱུར་ནས། ། 无限惊奇之同时，
སངས་རྒྱས་སློབ་མ་ཚུལ་ལྡན་ནམ། ། 不论修者有戒否，
ཚུལ་ཉམས་ཐ་ན་ཆ་ལུགས་ཙམ། ། 甚至修者破戒律，
འཆང་ལ་ཀུལ་ཀ་ཙམ་དུ་ཡང་། ། 如果具有修者相，
ཕྱིན་ཆད་གནོད་པ་མི་བྱ་བའི། ། 今后不再做惩罚，
ཁྲིམས་སུ་བསྒྲགས་པར་བྱས་གྱུར་ཏོ། ། 以此作为法执行。

866

ཡི་དྭགས་སྲིན་མོ་གདུག་པས་ཀྱང་། ། 如果饿鬼罗刹女，
ངུར་སྨྲིག་འཛིན་པ་མཆོད་བྱེད་ན། ། 也会敬仰修行者，
མ་འོངས་ཡུལ་བདག་མི་བསྲུན་པ། ། 未来野蛮诸国王，
སྲིན་པོ་ལས་ཀྱང་གདུག་སེམས་ཅན། ། 比起罗刹更残忍。

867

གླེན་ཞིང་གཏི་མུག་གྱུར་རྣམས་ཀྱིས། ། 所有愚昧无知者，
སངས་རྒྱས་རྗེས་སུ་ཞུགས་རྣམས་ལ། ། 不仅不敬随佛者，
མི་བཀུར་གཤེ་བརྡེག་གནོད་པ་བྱེད། ། 还会辱骂及殴打，
དེ་ཕྱིར་རབ་བྱུང་ནོར་ཕྲོགས་སམ། ། 并以掠夺僧人财，
གཤེ་དང་ཆད་པས་མནར་བྱེད་ན། ། 责骂惩罚来残害，
དཀོན་མཆོག་གསུམ་ལ་དགའ་བ་ཡི། ། 因此喜爱三宝之，
ལྷ་རྣམས་གཞན་དུ་ཕྱོགས་འགྱུར་ཞིང་། ། 天神通过迁其地，
ཆད་པས་གཅོད་པའི་ཡུལ་ཁམས་དེར། ། 惩罚使其国境内，
མི་བདེ་མང་ཞིང་རྒྱལ་པོ་ལ། ། 滋生各种灾难事，
མི་བཟད་ནད་ནི་སྣ་ཚོགས་འབྱུང་། ། 其王会患难医疾。

868

ཏིལ་མར་འཚིར་དང་སྨད་འཚོང་དང་།།
ཆང་འཚོང་ཤན་པའི་གནས་རྣམས་ནི།།
བཅུ་འགྱུར་འགྲེས་ཀྱི་སྡིག་ལྕི་བ།།
སྡིག་པ་མི་བཟད་དེ་ལས་ཀྱང་།།
རྒྱལ་པོ་གདོལ་ཅན་ཉེས་ཆེ་ཞིང་།།
ཤིན་ཏུ་སྨད་པའི་གནས་སུ་མཛད།།

从事卖淫榨芝麻，
贩酒屠宰等行业，
还重十倍之罪孽，
不仅不会减罪恶，
暴君罪恶更深重，
降至极其卑劣处。

869

རྒྱལ་པོས་ དུར་སྨྲིག་འཛིན་པ་དག །
བསྲུངས་པར་བྱས་ན་དཀོན་མཆོག་ལ།།
མཆོད་པ་རྒྱ་ཆེན་ཉིད་འགྱུར་ཕྱིར།།
ཡོན་ཏན་བསྔགས་པ་བགྲང་ལས་འདས།།

如果国王善护持，
身着袈裟修法者，
成为供养三宝善，
所获赞颂无限多。

870

ཞེས་གསུངས་འདི་དང་ཆ་མཚུངས་སུ།།
ནམ་མཁའི་སྙིང་པོའི་མདོ་ལ་སོགས།།
མདོ་སྡེ་རྣམས་སུ་སྟོན་པ་ཡིས།།
རབ་བྱུང་ཆད་པས་བཅད་པ་བཀག །

如同此经中所说，
佛在虚空藏经等，
诸多佛经就明确，
禁止惩罚修法者。

871

སངས་རྒྱས་རྗེས་སུ་ཞུགས་པ་རྣམས།། 如果惩治随佛者，
ཆད་པས་བཅད་ན་བསོད་ནམས་མཐུ།། 不仅损失其福德，
ཉམས་ནས་རྒྱལ་སྲིད་འཇིག་པ་ཡི།། 还会成为损国政，
རྩ་བ་དག་ཏུ་གསུངས་པས་ན།། 甚至毁国之根源。
སྙིགས་དུས་རབ་ཏུ་བྱུང་རྣམས་ཀྱང་།། 浊世出家行者中，
ཤིན་ཏུ་མི་བསྲུན་མང་བའི་ཕྱིར།། 多有桀骜不驯者，
དགེ་འདུན་མཐུན་པའི་ཆོས་ཁྲིམས་ཀྱིས།། 依靠僧团诸律条，
མི་ཐུབ་རྒྱལ་པོས་འདུལ་དགོས་པ།། 无法调伏其行为，
དུ་མ་མཆིས་པར་འགྱུར་ན་ཡང་།། 需要加以惩治时，
རྒྱལ་པོ་མཁས་ཤིང་དོན་ལྡན་པས།། 如果国王有智慧，
སྟོན་པའི་བཀའ་འདི་དྲན་བྱས་ནས།། 就会念及佛教言，
སོ་སོའི་འདུས་སྡེའི་ཁྲིམས་ལ་སྐྱུར།། 通过僧团诸戒律，
དགེ་འདུན་མཐུན་པས་སྐྱུང་དུ་གཞུག། 留给僧众共处理。

872

དེས་ཀྱང་ཁས་ལེན་མ་བཏུབ་ན།། 如果不能承认此，
དགེ་འདུན་དང་བཅས་སྟོན་པའི་བཀའ།། 就以僧众和佛陀，
དཔང་པོར་བྱས་ལ་རྒྱལ་པོ་ཡིས།། 教言作为其证据，
དགེ་འདུན་རྣམས་ལ་བཀའ་སྐྱུར་ནས།། 命令寺院及僧众，
གནས་ནས་དབྱུང་བ་ལ་སོགས་བྱ།། 驱逐恶劣之僧人，
དགེ་འདུན་དག་ལས་ཕྲོགས་པའི་ནོར།། 并将所夺之财物，

དགེ་འདུན་གསོས་སུ་སླར་སྦྱིན་བྱ། ། 如数还作供养品，
དེ་ལྟར་བྱས་ན་སྟོན་པ་ཡི། ། 如此行法之国王，
བསྟན་པ་གཅེས་པར་བྱས་ནས་སུ། ། 既尊佛陀及其法，
མཆོད་ཅིང་རྗེད་པར་བྱས་པ་སྟེ། ། 也是恭敬供佛法，
བསྟན་ལ་གནོད་པར་འགྱུར་མ་ཡིན། ། 不会有违于佛法。

873

སངས་རྒྱས་བསྟན་པ་མི་ཉམས་ཕྱིར། ། 避免佛法遭衰败，
ཁྱིམ་པ་སུན་འབྱིན་སྐྱེ་བོ་རྣམས། ། 消除排斥世俗者，
བསལ་ཞིང་ཆོས་ཀྱི་ཁྲིམས་བསྒོམས་པ། ། 依靠佛法立规范，
ཆོས་ལྡན་ཆོས་ཀྱི་རྒྱལ་པོ་ཡིན། ། 就是具法之法王。

874

དེ་འདྲའི་རྒྱལ་པོས་དུས་གསུམ་གྱི། ། 此种国王在三世，
དཀོན་མཆོག་གསུམ་པོ་མཉེས་བྱེད་ཅིང་། ། 亲近佛法僧三宝，
དེ་ཡི་བསོད་ནམས་དཔལ་དང་གཟིས། ། 依其福德和威望，
རྒྱལ་ཁམས་བདེ་བས་ཁྱབ་པར་འགྱུར། ། 国内充满诸安乐。

875

རྒྱལ་ཁྲིམས་གསེར་གྱི་གཉའ་ཤིང་ནི།།
སུས་ཀྱང་འདའ་བར་མི་ནུས་པས།།
སྐྱེ་རྒུ་ཀུན་གྱི་ཕྲག་པ་ལ།།
ལྕི་ཞེས་བྱ་བར་བཤད་པ་སྟེ།།

国法犹如金木轭，
谁也无法逾越它，
置于众生肩膀时，
皆会怨言很沉重。

876

ཡ་རབས་ལུགས་དང་ལྡན་པ་དག །
རང་བཞིན་བཟང་པོའི་ལམ་གནས་ལ།།
ནམ་ཡང་ཁྲིམས་ཆད་མི་འབབ་པས།།
དེ་དག་རྣམས་ལ་ཡང་ཞེས་བྱ།།

遵纪守法贤良者，
时常秉持善道行，
因此不受被制裁，
对其而言极轻微。

877

ཁྲིམས་ནི་སྐྱེ་རྒུ་བདེ་ཐབས་ཏེ།།
མཁས་པ་རྣམས་ཀྱིས་དེ་ཉིད་ལ།།
ཁུར་དུ་ལྕི་བར་མི་འཛིན་ཞིང་།།
བགྱི་བར་དཀའ་བ་མེད་ཕྱིར་རོ།།

法为众生安乐因，
所有智者绝不会，
将其视为重负担，
依法行事无困难。

878

དེ་ཕྱིར་རང་དོན་གྱིས་བཞག་པའི། །
ཆོས་མིན་ཁྲིམས་སུ་མ་བཅས་པས། །
ལུགས་དང་མཐུན་པའི་ཁྲིམས་དེ་ནི། །
ཡ་རབས་རྣམས་ལ་ཤིན་ཏུ་ཡང་། །

因此不能为私利，
制定各种非理法，
若是合理之法律，
对于贤者极轻微。

879

སྐྱེ་རྒུ་ལས་ཀྱིས་མནར་རྣམས་ལ། །
ཚེ་འདིར་རང་གིས་ཉེས་བྱས་ཀྱིས། །
ཁྲིམས་འདི་ཁུར་དུ་ལྟེ་བ་ཡི། །
ཚུལ་དུ་སེམས་པ་རང་སྐྱོན་ཡིན། །

业力所迫诸众生，
以为今生所行恶，
使其遭受诸制裁，
有此想法是己过。

880

མི་དགེའི་ལས་ལམ་འཇུག་རྣམས་ལ། །
ཚེ་འདིར་རྒྱལ་པོའི་ཁྲིམས་ལས་ནི། །
བརྒྱ་སྟོང་འགྱུར་དུ་ལྷག་པ་ཡི། །
རྣམ་སྨིན་མྱོང་བ་རང་གིས་བྱས། །

习惯行持恶道者，
此生将会接受之，
比起王法重百倍，
都由报果所造成。

881

དེ་ཕྱིར་ལུགས་དང་མཐུན་པ་ཡི།།	因此具有合理法，
རྒྱལ་ཁྲིམས་ལྕི་ལ་ཡང་ཞེས་བྱ།།	尽管轻重有区别，
དེ་འདྲའི་རྒྱལ་ཁྲིམས་ཡོད་པའི་ཕྱོགས།།	具备合理王法处，
སྐྱེ་བོ་མཐའ་དག་བདེ་བ་ཡིན།།	所有众生享安乐。

882

སྙིགས་དུས་རྒྱལ་རིགས་མི་བསྲུན་རྣམས།།	浊世王族恶劣者，
གཟུགས་འཚོང་སྨད་དང་སྒོག་གཏད་དང་།།	喜欢招娼牟利益，
རྗོན་བཀྱེ་སྙད་འཚོལ་ནོར་འཕྲོག་དང་།།	赌博找茬掠夺财，
ཚུལ་མིན་ལས་ལ་སྦྱར་ནས་སུ།།	所行皆在恶行中，
འོས་མེད་དཔྱ་དང་ལས་ཁྲལ་སོགས།།	无理强取税收等，
ཅུང་ཟད་འདས་ལའང་ཆེར་མནར་བ།།	稍有不慎遭折磨，
ཡ་རབས་མ་རབས་སུ་ལའང་།།	不管善恶皆负重，
ལྕི་ཕྱིར་ཁྲིམས་ལུགས་མིན་ཤེས་བྱ།།	应知其为非理法。

883

ཆོས་ཁྲིམས་དར་གྱི་མདུད་པ་ནི།།	法规犹如丝绸结，
དམ་ཞིང་ལྷོད་པའང་དེ་འདྲ་སྟེ།།	时紧时松属本性，
འདི་ཕྱིར་བདེ་བ་ཆོས་ཀྱི་ཁྲིམས།།	因此勤持安乐法，
དམ་ན་རང་རྒྱུད་གྲོལ་བར་བྱེད།།	就能解脱自相续，

884

གང་ཞིག་ལྷོད་ཅིང་བག་མེད་པ། །
དེ་ནི་འཆི་བ་མི་བཟད་བརྒྱུས། །
ཤིན་ཏུ་དམ་པོར་བཅིང་བ་དེ། །
ལྷོད་པོར་བྱེད་པ་ཆོས་ཁྲིམས་ཡིན། །

如果松弛并任性，
遭遇胜过死亡苦，
若对严酷诸桎梏，
稍作调整为善法。

885

དེ་ཕྱིར་ཡ་རབས་དམ་པ་རྣམས། །
ཆོས་ཀྱི་ཁྲིམས་འདིས་ལྷོད་པའམ། །
བདེ་བར་བག་ཕེབས་བྱེད་ན་ཡང་། །
འཆལ་བ་རྣམས་ཀྱིས་དམ་པོར་མཐོང་། །

因此智慧贤良者，
就在宽松法规中，
享受自由自在时，
劣者仍视其重负。

886

ཚུལ་མཐུན་གཙུག་ལག་ཟླུང་གི་ཁྲིམས། །
ཡ་རབས་རྣམས་ལ་གཉེན་དང་འདྲ། །
མ་རབས་རྣམས་ལ་དགྲ་འདྲ་ཡང་། །
ཁྲིམས་ཀྱི་སྐྱོན་མིན་རང་སྐྱོན་ཡིན། །

如果不违政教法，
对于善者如挚友，
对于恶者犹如敌，
亦属自己之过失。

887

དེ་སྐད་རྒྱལ་པོ་མཆོག་རྣམས་ཀྱིས། ।	因此诸位圣贤王，
གཙུག་ལག་ཟུང་དང་མི་མཐུན་པ། ।	对于有违政教之，
རང་འདོད་གདུག་པས་བཞག་པ་ཡི། ।	自作主张所立法，
ཁྲིམས་རྣམས་དུག་བཞིན་སྤང་བར་བྱ། ।	犹如法毒要抛弃。

888

འདི་ཕྱིར་ཕན་དང་བདེ་བ་ཡི། ।	若行今世和来世，
ལུགས་ཟུང་ཁྲིམས་ཚུལ་ལེགས་བསྐྱངས་ན། ।	皆利政教合一法，
རྒྱལ་པོ་རང་གི་བདེ་འབྱོར་དང་། ।	不仅王者获利益，
སྙན་གྲགས་འབད་མེད་ལྷུན་གྱིས་འགྲུབ། ।	荣誉也会自然成。

889

གང་ཞིག་འཇིག་རྟེན་ཚུལ་དང་དམ་པའི་ལམ། ।	何者如理奉行政教法，
མ་ཉམས་ལེགས་པར་སྲོལ་དུ་འཛུད་པ་ཡི། ।	并且促成优秀之传统，
ཁྲིམས་བཟང་ཉི་ཟླའི་ཁ་ལོ་བསྒྱུར་ནུས་པ། ।	其法普惠如日中天之，
མི་བདག་བསོད་ནམས་རླུང་གི་ཤུགས་སྟོབས་ཅན། ।	王者所具福泽等功德。

890

རྒྱ་སྐར་ལམ་གྱི་འཁོར་ལོ་ཇི་བཞིན་དུ།།	犹如浩空引力缘飓风，
ས་སྟེང་སྐྱེ་རྒུའི་སྤྱི་བོར་མངོན་མཛེས་ཤིང་།།	促成巨阳惠泽诸众生，
ལུགས་བཟང་ལྷུན་པོའི་ཁྲག་པར་རྟག་གནས་ཏེ།།	掌握殊胜善法之顶峰，
ས་རྣམས་ཀུན་ཏུ་ཕན་བདེའི་སྣང་བ་འགྱེད།།	洒向人间皆为安乐光，

རབ་ཏུ་བྱེད་པ་བཅོ་བརྒྱད་པ། ཐབས་ལ་མཁས་པའི་སྒོ་ནས་ཕྱོགས་ལས་རྣམ་པར་རྒྱལ་བའི་ཚུལ་བརྟག་པ།

第十八品　观察方便篇

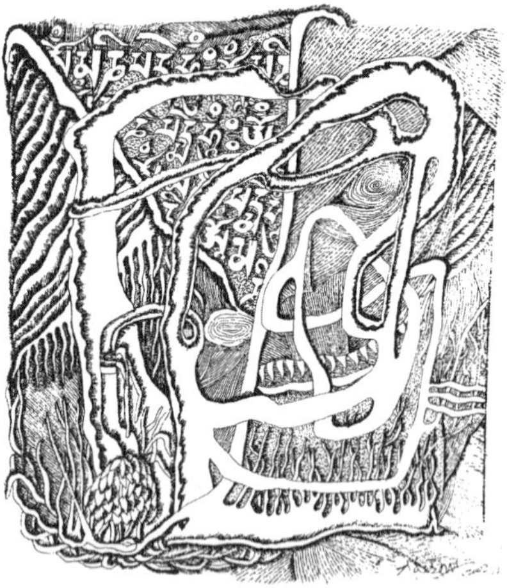

891

དེ་ལྟར་བདེ་བར་འཚོ་དང་ཁྲིམས་ཀྱིས་ནི།	如此国王安乐并依法，
རང་གི་སྐྱེ་རྒྱུ་ལེགས་པར་བསྐྱང་བ་ཡིས།	护持自己所辖诸民众，
སྟོབས་དང་བསོད་ནམས་འཕོར་འབངས་སྙན་གྲགས་བཞི།	威望福德以及美誉等，
ཕན་ཚུན་འགྲན་པ་བཞིན་དུ་འཕེལ་གྱུར་པ།	皆以相互竞争似增长，
མི་ཡི་བདག་པོ་གནོད་སྦྱིན་དབང་པོ་དང་།	世间贤主犹如善财神，
མཚུངས་པར་བསྔགས་འོས་ཐབས་ལ་མཁས་པ་དེས།	具备值得赞美诸妙法，
ས་རྣམས་མ་ལུས་དབང་དུ་བྱེད་འགྱུར་ཞིང་།	不仅巧获统领世界权，
མཐའ་དག་ཕྱོགས་ལས་རྣམ་པར་རྒྱལ་བར་ནུས།	更能成就世间最庄严。

892

ས་སྐྱོང་ཐབས་ལ་མཁས་པ་རྣམས།	具备善巧方便者，
སྟོབས་ཤེས་པ་དང་དུས་ཤེས་ཤིང་།	精通天时和地利，
བྱ་བའི་ཐབས་ཀྱང་ཤེས་པ་ཡིས།	以及所事诸方便，
དོན་རྣམས་བདེ་བླག་འགྲུབ་པར་འགྱུར།	因此能圆所有事。

893

བདག་ཉིད་སྟོབས་འབྱོར་ལྡན་པའི་ཚེ།	自己兼具富强时，
མཛའ་བ་མང་འགྱུར་དགྲ་མི་འབྱུང་།	促成亲多敌稀少，
འཕོན་སྙིང་ཞེ་ལ་ཡོད་རྣམས་ཀྱང་།	尽管以前有旧怨，
ཐལ་མོ་སྦྱར་ཞིང་ཕན་ཚུན་སྟོན།	也会合掌示利相。

894

བདག་ཉིད་དམས་པར་གྱུར་པའི་ཚེ།།
འཁོན་མེད་གྱུར་ཀྱང་དགྲ་ལྡང་མང་།།
དེ་བས་དགྲ་བོ་གཞོམ་འདོད་ན།།
ཐོག་མར་བདག་གི་སྟོབས་བསྐྱེད་བྱ།།

如果遭遇没落时，
虽无怨恨也成敌，
若想摧毁诸怨敌，
首先增强己势力。

895

བློ་དང་བརྩོན་པའི་སྟོབས་ལྡན་ན།།
ཕ་རོལ་གནོན་ལ་དཀའ་བ་ཅི།།
སྒྲ་ངན་དཔུང་ཚོགས་བཅུ་གཉིས་པོ།།
སྐྱ་བསེང་བུ་ཡིས་བཅོམ་པ་བཞིན།།

若具智慧及精进，
征服他者无难事，
犹如俱卢十二部，
就被般度子征服。

896

སྟོབས་མེད་གྱུར་ཀྱང་ཤེས་རབ་ཀྱིས།།
སྲུང་མཁས་གྱུར་ན་གནོད་མི་ནུས།།
རི་བོང་གིས་ནི་གླང་ཆེན་ཚོགས།།
བསྐྲད་ཅིང་སེང་གེ་བསད་པ་བཞིན།།

虽然不具强势力，
若有智慧可守国，
犹如山兔以妙法，
驱逐象群并杀狮。

897

རང་གི་ཕྱོགས་ཀྱི་སྟོབས་ཆུང་ལ།།
དགྲ་ཕྱོགས་སྟོབས་དང་ལྡན་པའི་ཚེ།།
བརྒལ་ཞིང་རྩོད་པར་མི་བྱ་བར།།
ཁ་རོག་འདུག་དང་བདེ་བ་འཐོབ།།

如果自己势力弱，
敌者具备强势时，
不宜挑战论是非，
保持沉默获安乐。

898

གཞན་གྱི་ཡུལ་ན་གནས་པ་དང་།།
གཞན་པའི་ཟས་ཀྱིས་འཚོ་བའི་ཚེ།།
བརྙས་ཐབས་བྱེད་ཀྱང་བཟོད་པར་བྱ།།
རྩོད་ན་རང་ཉིད་སླ་འབེབས་འཐོབ།།

如果居住在异地，
依靠他者生存时，
尽管受辱也得忍，
若起争论遭失败。

899

དགྲ་བོའི་བློ་དང་ནུས་པ་དང་།།
དུས་བབ་མཐུ་ནི་རྟོགས་བྱས་ཏེ།།
བློ་ལྡན་རྣམས་ཀྱིས་དུས་མིན་པར།།
འཐབ་ཅིང་རྩོད་པར་མི་བྱའོ།།

明察敌人智与势，
以及随机诸潜力，
智者时机未熟前，
不会挑起争端事。

900

བྱ་བ་གང་དང་ཅི་བསྒྲུབ་ཀྱང་།།	无论办理任何事，
དུས་སུ་བབ་ན་དཀའ་བ་མེད།།	时机成熟无困难，
དུས་ཤེས་པ་ནི་འཇུག་པ་དང་།།	若有时机则行动，
ཕྱོག་པའི་གནས་ལ་སྦྱོངས་མི་འགྱུར།།	应当精明于时机。

901

དྲང་སྲོང་ཆེ་རྣམས་ཀྱིས་བཤད་པའི།།	精于智者所说之，
སྐར་ནག་རྩིས་དང་དབྱངས་འཆར་གཞུང་།།	天文历法和星相，
མི་ཤེས་བྱ་བ་རྩོམ་བྱེད་པ།།	占卜数术后行动，
ལོང་བ་ནགས་སུ་རྒྱུ་དང་མཚུངས།།	否则犹如林中盲。

902

དུས་དང་དུས་མིན་མི་ཤེས་ལ།།	不明时机佳与否，
མིག་དང་འདྲ་བའི་གདམས་ངག་རྣམས།།	犹如眼睛似诀窍，
རྩོད་དུས་སྐྱེ་བོ་རྨོངས་པ་ཡིས།།	浊世众生皆茫然，
ག་ལ་ཚུང་བྱེད་པ་ཀྱི་མ་འབྲུལ།།	可叹该等迷惑相。

903

རྟེན་འབྲེལ་ལྟས་ཀྱི་རྣམ་པ་དང་། །
མགོན་མཛད་ལྷ་ཡི་བརྡ་རྟགས་ལས། །
བསོད་ནམས་ལྡན་པའི་མི་རྣམས་ཀྱིས། །
དུས་སུ་བྱ་བ་རྩོམ་པར་བྱེད། །

根据各种缘起兆，
犹如神示诸相中，
具备殊胜福德者，
选择时机行诸事。

904

ཁ་ཅིག་རྗེས་སུ་བཟུང་བས་ཏེ། །
གཞན་དག་ཚར་གཅོད་པ་ཡིས་འདུལ། །
ཐབས་ལ་མཁས་ན་སྐྱེས་བུ་དེས། །
ཚེགས་ཆུང་བྱ་བས་དོན་ཀུན་འགྲུབ། །

对于有些需护持，
有些必须要制伏，
精通妙法诸圣者，
少劳也能办大事。

905

བརྐམ་ཆགས་ཅན་ནི་ནོར་གྱིས་བསླུ། །
ཁེངས་ལ་ཐལ་མོ་སྦྱར་བས་ཏེ། །
གླུན་པོ་རྗེས་སུ་མཐུན་པས་སོ། །
ཐ་མལ་པ་ནི་ཟས་སྐོམ་གྱིས། །
དམན་ལ་ཅུང་ཟད་བྱིན་པས་ཀྱང་། །
ལྷ་དང་དྲང་སྲོང་སྐྱེས་བུ་མཆོག །
མཁས་པ་རྣམས་ནི་བདེན་པས་མགུ། །

贪者易被财引诱，
傲者能被恭敬欺，
愚者喜欢随大流，
劣者容易被食诱，
布施虽少卑者喜，
天神修者及圣人，
以及智者以真喜。

906

མི་རྣམས་ཡིད་ནི་གང་ཡིན་པ།། 若知他人之喜好，
ཤེས་ནས་དེ་མཐུན་སྤྱོད་པ་ཡིས།། 就应随和他人意，
པ་རོལ་ཡིད་ནི་དྲངས་གྱུར་ན།། 如果他人实诚恳，
རླུང་གིས་ཤིང་བལ་ཇི་བཞིན་དུ།། 犹如随风之棉絮，
གང་འདོད་འཁྲིད་ལ་དཀའ་བ་མེད།། 引入何处无难事。

907

ཇི་སྲིད་འཇིགས་པ་མ་བྱུང་བ།། 没有遭遇灾难前，
དེ་སྲིད་འཇིགས་ལ་འཇིགས་པར་བྱ།། 应当恐惧诸灾难，
འཇིགས་པ་མངོན་སུམ་བྱུང་ན་ནི།། 如果亲眼见灾难，
འཇིགས་མེད་ཚུལ་གྱིས་གཞོམ་པར་བྱ།། 应以无畏去摧毁。

908

བློ་གྲོས་ཆེ་ལྡན་ཁྲོ་བའི་ཤུགས་ལས་རྒྱལ།། 殊胜智者不怒能得胜，
སྐྱེ་བོ་ངན་པ་ཁྲོ་བའི་མོད་ལ་ཕམ།། 恶劣愚者愤怒时失败，
ཕམ་པས་ཕམ་པར་གྱུར་པའི་བློ་ངན་དག། 听到失败就败之愚者，
བློ་ལྡན་དག་དང་ལྷན་ཅིག་ཅི་ཕྱིར་འགྲན།། 焉有种同智者来竞争。

909

བཏུང་ན་ཆུ་བཞིན་འཇམ་མཉེན་འཁྲིལ་ཆགས་ལ། ། 若去饮用似水般柔软，
སྦར་ན་མེ་བཞིན་འཚིག་པར་ནུས་པ་གང་། ། 若去点燃火焰般猛烈，
མཚན་ལྡན་སྐྱེས་བུའི་ངང་ཚུལ་འདི་མཐོང་ཚེ། ། 看到智慧贤者诸相后，
མཚན་ཉིད་མེད་པའི་མི་རྣམས་བཞད་གད་རྒྱུ། ། 容易成为糊涂者笑料。

910

ས་གཞི་བཞིན་དུ་སྙིང་སྟོབས་བརྟན་ལ་ཡངས། ། 坚强意志犹如大地般，
བརྩོན་པ་དུས་མཐའི་རླུང་ལྟར་དྲག་གཡོ་བ། ། 猛烈精进如同末劫风，
གང་ལ་རྒོལ་བར་བྱེད་པའི་དགྲ་བོ་རྣམས། ། 攻打任何来犯之敌人，
ཐལ་བའི་ཕོང་བུ་བཞིན་དུ་འཇིག་པར་བྱེད། ། 犹如弹灰瞬间能摧毁。

911

རང་ཉིད་རྟག་ཏུ་དྲང་པོའི་ལམ་ལ་གནས། ། 自己时常保持正道行，
བདེན་པའི་སྟོབས་ཀྱིས་ལྷ་རྣམས་མགུ་བྱེད་ཅིང་། ། 依靠真诚之力令神喜，
ཚུལ་མིན་རྒོལ་བའི་གནས་ལ་ཚུལ་བཞིན་དུ། ། 如果敌人非法来侵犯，
ཁྲོ་བོའི་སྟོབས་ཀྱིས་རླག་པར་བྱེད་པ་མཚར། ། 以理愤怒灭之则称奇。

912

རྒྱབ་རྟེན་སྲུང་མའི་མཐུ་དང་བསོད་ནམས་ཀྱིས།།	时常依靠护法神威及，
སྲུང་བའི་གོ་ཆ་རྟག་ཏུ་བགོས་གྱུར་ཅིང་།།	福德犹如身披铠甲等，
རིག་སྔགས་དམོད་པ་དྲག་པོའི་མཚོན་ཆ་ཅན།།	持有明咒猛烈武器者，
མི་ཡི་སེང་གེ་ས་རྣམས་ཀུན་ལས་རྒྱལ།།	犹如人中狮子胜诸众。

913

དུས་སུ་བབ་ནས་རང་གི་སྟོབས།།	直到时机成熟前，
སྨིན་པའི་བར་དུ་བསྐུགས་བྱས་ཏེ།།	静待自己成势力，
སྙིང་སྟོབས་ལྡན་པས་བརྩམས་བྱས་ན།།	具有胆量者谋事，
དགྲ་ལ་བགྱི་བ་ཅི་ཞིག་དཀའ།།	对付敌人无难事。

914

ཚོད་ཤེས་པ་ཡི་སྐྱེ་བོས་ནི།།	把握分寸之贤士，
དུས་སུ་དགྲ་དང་འདུམ་པར་བྱ།།	有时需要与敌和，
དུས་སུ་བཤེས་དང་འཐབ་པར་བྱ།།	有时需要与亲斗，
རེས་འགའ་རྩོམ་འགྱུར་རེས་འགའ་བཤོལ།།	有时逼近有时退。

915

རེས་འགའ་ལྐུགས་པའམ་འོན་པ་ལྟ་བུར་གྱིས།། 有时保持沉默似聋哑，
དུས་ལ་བབ་ན་ས་བདག་བཞིན་དུ་སྨྲོས།། 时机成熟健谈如王者，
རེས་འགའ་གངས་རི་བཞིན་དུ་བསིལ་བར་གྱིས།། 有时情如雪山示冰凉，
དུས་ལ་བབ་ན་མེ་ལྕེ་བཞིན་དུ་སྦོར།། 时机成熟炽燃如烈火。

916

རེས་འགའ་རྩྭ་དང་འདྲ་བར་ཞུམ་པར་བྱ།། 有时示其弱相如绿草，
དུས་ལ་བབ་ན་རི་རབ་ལྟ་བུར་གྱིས།། 时机成熟稳固如山王，
རེས་འགའ་རྒྱལ་པོ་ལྟ་བུར་འབྱོར་བྱ་ཞིང་།། 有时勤聚财富如国王，
དུས་སུ་བབ་ན་ཐུབ་འདྲ་ནགས་སུ་སོང་།། 时机成熟赴林如仙人。

917

རེས་འགའ་དགའ་བའི་གླུ་གར་རྩེད་འཛོ་བྱ།། 有时应该享受歌舞等，
རེས་འགའ་རི་དྭགས་བཞིན་དུ་སྦ་བར་བྱེད།། 有时隐入深山如巨兽，
དུས་སུ་སེང་གེ་བཞིན་དུ་ཉམས་རྩལ་བསྟན།། 有时扬威如狮示猛烈，
དུས་དང་དུས་མིན་ཤེས་ནས་དེ་ལྟར་སྤྱོད།། 掌握时机就该如此行。

918

ཡུལ་དུས་མི་ཡི་ཁྱད་པར་ལས།།
དགྲ་སྡེ་ཤིན་ཏུ་སྟོབས་ལྡན་ལའང་།།
འགྲན་ཞིང་རྒོལ་བའི་ལས་བྱས་ན།།
ཡ་མཚན་རང་གིས་ལེན་པ་ཡོད།།

天时地利皆具足，
即使遭遇到强敌，
也能与其相抗衡，
同样自己获胜利。

919

རང་ཉིད་དཔུང་བཅས་སྟོབས་ལྡན་ཀྱང་།།
ཡུལ་དུས་དབང་པོའི་ཁྱད་པར་ལས།།
ཤིན་ཏུ་ཉམ་ཆུང་དགྲ་ལ་ཡང་།།
མི་བསྒོ་བག་ཟོན་བྱ་བའང་ཡོད།།

尽管自己具强势，
根据不同境时势，
即使势单力薄敌，
不宜宣战需警惕。

920

རེ་ཞིག་བསྒོ་བར་མི་འོས་གནད།།
མཐོང་ཚེ་བཏང་སྙོམས་བཞག་བྱས་ཏེ།།
གླང་ཆེན་ལྟ་སྟངས་ཚུལ་གྱིས་ནི།།
མ་ཤེས་བཞིན་དུ་གནས་པར་བྱ།།

觉察不宜作战时，
应当敏于持稳重，
犹如大象所持相，
显示无为而安住。

921

ཉུངས་མའི་རྩ་བཞིན་འཕེལ་བ་ཡི། །
སྤྱོལ་ངན་དགྲ་བོའི་རྒྱུན་སྲང་ལམ། །
ཆུང་ངུའི་དུས་ན་ནན་ཏུར་གྱིས། །
གཅོད་པར་བྱེད་པ་མཁས་པ་ཡིན། །

犹如芜菁速增的，
伪劣习俗犹如敌，
如果处于微小时，
及时根除是智者。

922

དེས་མཚོན་བྱ་བ་སྣ་ཚོགས་ལ། །
བགྱི་དང་མི་བགྱིའི་ཆག་ཚད་ནི། །
བློ་གྲོས་གསལ་བས་མཐོང་འགྱུར་གྱི། །
བླུན་པོས་འབད་ཀྱང་ཧེ་ལྷར་ཤེས། །

以上所示种种事，
为与不为有界限，
聪明智者能明察，
愚者时常犯糊涂。

923

ཤིན་ཏུ་བདེན་པའི་གཏམ་ཡིན་ཡང་། །
ཡུལ་དང་དུས་ལ་མ་བསྟུན་ན། །
གཞན་གྱི་རྣ་བར་མི་འཛེབས་པས། །
རན་པར་སྨྲ་བ་མཆོག་ཏུ་མཛེས། །

即使所言极真实，
若同时机相违时，
可能刺痛他人耳，
言词适宜显智慧。

924

ཤིན་ཏུ་ཕུན་སུམ་ཚོགས་གྱུར་ཀྱང་།། 尽管呈现为圆满，
དོགས་མེད་བག་བརྒྱང་མི་བྱ་སྟེ།། 无所怀疑不莽撞，
སྐྱེ་བོ་ལས་ཀྱི་རྗེས་འབྲངས་པས།། 众生均随所作业，
སྐྱིད་སྡུག་སྣ་ཚོགས་ད་གདོད་འབྱུང་།། 各种苦乐随业力。

925

ཤིན་ཏུ་ཉམ་ཐག་གྱུར་ན་ཡང་།། 尽管处在悲惨时，
བརྙས་ཐབས་འཁུར་བར་མི་བྱ་སྟེ།། 不应轻易受欺凌，
ནོར་འཛིན་ཡངས་པའི་ལྟོ་བ་རུ།། 广阔无垠大地上，
སུ་ཞིག་སུ་ཡི་བྲན་དུ་བཞག། 没判谁为他人奴。

926

ཤིན་ཏུ་ཕོངས་པར་གྱུར་ན་ཡང་།། 即使穷困潦倒时，
ཆོས་ལས་ལྡོག་པར་མི་བྱ་སྟེ།། 亦莫与法相违背，
ཆོས་བཞིན་བྱས་ན་རྒུད་པའི་ཕྱོགས།། 如法行事衰败相，
རྨི་ལམ་བཞིན་དུ་ཡལ་བར་ནུས།། 犹如梦境可速失。

927

ཤིན་ཏུ་སྟོབས་དང་ལྡན་ན་ཡང་། །
ཕ་རོལ་ཁྱད་དུ་མི་གསད་པར། །
ཇི་ལྟར་འོས་པར་རྗེས་བཟུང་ན། །
རང་གི་ཕུན་སུམ་ཚོགས་པ་འཕེལ། །

尽管具备强大势，
不宜轻视敌势力，
时机成熟时行动，
自然成就已圆满。

928

ལྟར་སྣང་བཟང་པོའི་རྐྱེན་ཕལ་ཆེར། །
ངན་པའི་གེགས་སུ་གྱུར་པ་མང་། །
ལྟར་སྣང་ངན་པའི་བྱ་བ་ཕལ། །
རང་ལ་ཕན་པར་གྱུར་པའང་ཡོད། །

表面所显顺缘相，
也有变成违缘者；
表面所显违缘相，
也有成为有利者。

929

ཤིན་ཏུ་འབྱེད་དཀའ་ཉམ་ང་བའི། །
གནས་ལ་གཞན་དྲིང་མི་འཛོག་པར། །
ཤེས་རབ་སྟོབས་ཀྱིས་འབྱེད་བྱེད་པ། །
དེ་དག་བློ་དང་ལྡན་པར་བགྲང་། །

虽然身在极难处，
不会依赖他人势，
依靠智慧来抉择，
则可颂称为智者。

930

བླུན་པོས་འབད་དེ་བྱིན་པ་བས།། 愚者勤勉作布施，
མཁས་པས་སྨྲོ་བ་ངོ་སོར་བཅེ།། 不如智者有情面，
མི་ངན་ཁྲོས་ཏེ་བརྡེག་པ་ལས།། 劣者动怒去殴打，
མཁས་པས་འཛུམ་པ་ཁྲུད་དུ་ཐོན།། 不如智者示微笑。

931

ཐབས་ལ་མཁས་པས་མནར་བྱས་ཀྱང་།། 若是遭遇智者欺，
ལྕགས་ཀྱུས་གླང་བཞིན་དེ་ཡིད་འགུགས།། 犹如铁钩驯大象，
མི་མཁས་སྐྱེ་བོས་བསྐྱངས་བྱས་ཀྱང་།། 如果获得愚者护，
རྐྱག་ལོག་ཟས་བཞིན་གཞན་ཡིད་ལྡོག། 犹如腐食起恶心。

932

འཇུག་པའི་ཚུལ་གྱིས་ལྡོག་བྱེད་ལ།། 假以采用来放弃，
ལྡོག་པའི་ཚུལ་གྱིས་འཇུག་བྱེད་པ།། 又以放弃来采用，
ཐབས་མཁས་ལྡན་པའི་བྱ་བ་ནི།། 善用智慧办事者，
གཞན་གྱིས་གཏིང་མི་དཔོག་བཞིན་འགྲུབ།། 他人不可窥其谋。

933

ཡིད་ལ་རི་མོར་བྲིས་པ་གང་། །	智者所谋诸事项，
ནམ་མཁའི་གཏེར་བཞིན་མི་མངོན་ཀྱང་། །	犹如空中所藏宝，
དུས་སུ་བབ་ཚེ་དོན་རྣམས་ཀུན། །	如果时机成熟后，
མ་འདྲིས་ཟ་འོག་རིས་བཞིན་གསལ། །	犹如锦缎显美丽。

934

སྒྱུས་ཀྱང་མཚང་དུ་ཤེས་ནུས་པའི། །	众所周知对狡诈，
གཡོ་ལ་ཐབས་མཁས་ཞེས་མི་བྱ། །	没人称之为智慧，
ཐབས་མཁས་ལྡན་པའི་བྱ་བ་ནི། །	真正智者办成事，
ཀུན་གྱིས་ངོ་མཚར་ཕྱུད་དུ་སྒྲོགས། །	众人称赞是神奇。

935

ལྷ་དང་དྲང་སྲོང་སྟོབས་ལྡན་རྒྱལ། །	天神诸仙具势王，
ཐབས་མཁས་བསོད་ནམས་ལྡན་པ་ཡི། །	具有福德及妙法，
ཚིག་ཙམ་གྱིས་ཀྱང་ཕན་གནོད་ཆེར། །	仅用言词造利害，
ནུས་ན་བྱ་བས་ལྟ་ཅི་སྨོས། །	何况实际去行动。

936

ཐོག་མར་འཇུག་པའི་གཞི་མཐོང་ནས།།	首先明察诸方案，
མི་ཤེས་སྐྱེ་བོས་དཔྱ་བྱེད་ཀྱང་།།	未明详情随遭嘲，
ཐ་མར་གྲུབ་འབྲས་མཐོང་བའི་ཚེ།།	最终显现成果后，
བློ་ལྡན་དེ་ལ་ཀུན་ཀྱང་སྨོན།།	众人仰慕其智慧。

937

དེ་ཕྱིར་ཕལ་པའི་སྤྱོད་ཡུལ་ལས།།	相对普通者所行，
འདས་པའི་བློ་གྲོས་ལྡན་རྣམས་ཀྱི།།	仅靠以往诸智慧，
བྱ་བའི་རྟོད་ཚད་མི་ཟིན་པས།།	难断眼前所遇事，
བྱས་པའི་ལག་རྗེས་བལྟ་བར་བྱོས།།	必须明察成功者。

938

ནགས་ལ་མེ་ཆེན་མཆེད་པ་ན།།	若在林中起烈火，
འཐོར་རླུང་ཆེ་ཡང་གྲོགས་སུ་འགྱུར།།	飓风亦会成助缘，
བློ་གྲོས་མཆོག་ཏུ་གྱུར་རྣམས་ལ།།	具有殊胜智慧者，
གནོད་པར་སྤྱོར་ཀྱང་ཕན་པར་འགྱུར།།	貌似伤害亦利他。

939

རྨོངས་པའི་ཁུར་དུ་ལྟི་བ་ཡི།། 愚者视为负担者，
བྱ་བ་ཕལ་ཆེར་མཁས་ལ་ཡང་།། 对于智者亦如此，
དུག་གིས་རྨ་བྱའི་ལུས་བཞིན་དུ།། 犹如毒物利孔雀，
ཐབས་མཁས་ལྡན་རྣམས་དགྲ་ཡིས་འཚོང་།། 巧妙方便引敌喜。

940

དཔུང་ལས་རྒྱལ་ན་དཔའ་བོ་སྟེ།། 沙场获胜称英雄，
ཆུང་མ་གསོད་ཀྱང་དཔའ་བོ་མིན།། 残杀妻子非勇敢，
ཉམ་ངའི་གནས་ལས་རྒྱལ་དགོས་ཀྱི།། 遭遇困难应度过，
འཁོར་ལ་འཁྲིད་ཚུལ་བསྟན་པས་ཅི།། 傲慢待眷无意义。

941

རྟ་དང་གླང་པོ་མི་རྣམས་ནི།། 大象骏马和人类，
ལྟར་སྣང་སོ་སོའི་རིས་སུ་མཉམ།། 以其表象似同类，
ནང་གི་ཡོན་ཏན་ཁྱད་པར་ཆེ།། 内在功德有差异，
ལས་ལ་སྦྱར་ཚེ་སྐྱེས་བུ་རྟོགས།། 施以行动更可辨。

942

གསུག་དང་རྒྱལ་པོའི་བཀའ་དྲིན་དང་།།
སྨད་འཚོང་སླ་དང་ལེགས་བརྗོད་དང་།།
གྲུ་ཡི་སླ་དང་གནས་ཀྱི་སྐལ།།
རིང་ན་མི་འཐོབ་དུས་དེར་སླང་།།

赌赂金和王者恩，
娼妓用资颂扬词，
船票住宿费用等，
该收之时不延迟。

943

དམ་པ་བསྟེན་དང་རིག་པ་བསླབ།།
བཟོ་གནས་སྦྱང་དང་ནོར་གསོག་པ།།
ལྷ་སྒྲུབ་ཏིང་འཛིན་སྒོམ་པ་སོགས།།
ངང་ཐུང་མི་བྱ་མཐར་གྱིས་བརྩོན།།

依靠圣贤学知识，
勤学工巧积财富，
修持神通入禅定，
不宜急躁需精进。

944

དྲག་པོའི་རྣོ་དབལ་མཚོན་གྱི་ཡུ་བ་ལ།།
དབང་གི་རྟ་དར་དམར་པོ་ཕྱུར་བ་ཡི།།
དགྲ་ལས་རྣམ་པར་རྒྱལ་བའི་བ་དན་ནི།།
བློ་མཆོག་དཔའ་བོའི་ལག་ན་རྣམ་པར་གནས།།

勇者所持锋利剑柄上，
系有象征权势红锦旗，
英勇制伏众敌所获幡，
常在智慧勇士手中握。

945

ཞི་ཞིང་དུལ་ལ་ཁྲོ་ན་བཟློད་པར་དཀའ།། 如果善者发怒很难息，
བསྟེན་ན་རྒྱལ་བྱེད་འཐབ་ན་ཕམ་པར་བྱེད།། 依靠善者则胜斗则败，
བཀུར་ན་རྗེས་འཛིན་འགྲན་ན་ཚར་གཅོད་པ།། 如果敬则收益争则灭，
མི་མཆོག་སྐྱེས་བུ་ངོ་མཚར་རྣམ་མང་ལྡན།། 殊胜圣王多谋创奇迹。

946

ཤིན་ཏུ་ཕྱི་ཐག་རིང་པོའི་མིག་རྒྱང་གིས།། 依靠极其远大之目光，
ཡོན་ཏན་རྒྱ་མཚོའི་ཕ་རོལ་བརྒལ་གྱུར་པས།། 能够超越浩瀚般福德，
གོ་འཕང་ཇེ་མཐོ་ཇེ་མཐོར་ཕྱིན་རྣམས་ཀྱིས།། 地位越来越能提升者，
ཚངས་པའི་གནས་ཀྱང་འོག་པོར་བགྱིད་ལ་ཕྱོགས།། 就是梵天神界也逊色。

947

དེ་ཡི་གྲགས་པ་ཤིན་ཏུ་རྒྱ་ཆེ་བས།། 圣贤王者广获殊胜誉，
ནམ་མཁའི་གཏོས་ཀྱང་རལ་བར་འགྱུར་སྙམ་དུ།། 因此浩瀚天空如发狂，
འཆི་མེད་ལམ་ན་རྒྱུ་བའི་རྒྱུ་སྐར་ཚོགས།། 空中所行无数颗星星，
དུས་སུ་འདར་བར་བྱེད་པ་དེ་མཐོང་ནས།། 犹如惊吓时而微微颤，
ནོར་འཛིན་བུ་མོའི་ཕང་བར་བརྟེན་པ་ཡི།། 装饰广袤无垠大地之，
མེ་ཏོག་གཞོན་ནུའི་ཚོགས་ཀྱང་མིག་ཕྱེ་ནས།། 无数鲜花童子睁开眼，
གེ་སར་གསར་པའི་སོ་ཕྲེང་ངོམ་བཞིན་དུ།། 露出新生花蕊似宝鬘，
གཅིག་ཏུ་དགོད་པར་བྱེད་པ་ཡིན་ནམ་སྙམ།། 恰似喜笑眼前所显景。

948

སླུ་བར་རྩོམ་པའི་གཡོན་ཅན་རྣམས།། 惯于试图骗人者，
ཚིག་ཙམ་སྨྲས་པས་ཤེས་བྱས་ཏེ།། 只言片语知其劣，
གཡོན་ཅན་གཡོན་གྱིས་རྫོངས་བྱས་ཀྱང་།། 奸者能以妄语骗，
དེས་མ་ཚོར་བ་མཁས་པའི་མཐུ།། 不易痴迷显智者。

949

བཀམ་ཆགས་ནོར་ལ་བཀམས་གྱུར་རྣམས།། 只贪财之贪婪者，
ནོར་གྱིས་བསླུས་ནས་རང་དབང་དུ།། 虽然最终被财困，
བཅིངས་པར་བྱས་ཀྱང་མི་ཤེས་བཞིན།། 妄为自在不知晓，
བྱས་པ་གཟོ་བ་མཁས་པའི་མཐུ།། 破此困局显智者。

950

སྡང་བའི་སེམས་ཀྱིས་གནོད་སྦྱོར་བ།། 愤怒之心加害人，
གནོད་པ་བོ་ལ་བཟློག་གྱུར་ཀྱང་།། 虽然遭遇强反制，
རང་གི་ཉེས་པས་བྱས་སླམ་དུ།། 却以己过来骗己，
དུལ་གྱུར་མཁས་པའི་ཚེ་འཕྲུལ་ཡིན།། 此乃非智属无知。

951

ང་རྒྱལ་ཅན་ལ་ང་རྒྱལ་གྱི།།	如从傲者心目中，
མཚོན་ཆ་ཁོང་ནས་བསླངས་བྱས་པས།།	取出蛮横之利刃，
ང་རྒྱལ་རི་བོ་འཇིག་བྱེད་པ།།	摧毁傲慢的山峰，
བློ་ལྡན་མཆོག་གི་ཆེ་བ་ཉིད།།	方能显示智者慧。

952

ཕྲག་དོག་ཅན་ལ་ཕྲག་དོག་ཡུལ།།	以于喜欢嫉妒者，
རང་གི་ཡོན་ཏན་སྟོབས་སྤེལ་ནས།།	可用功德去施压，
འཐབ་པ་མེད་པར་ཕ་རོལ་པོ།།	不用斗争摧妒者，
ཟིལ་དུ་ནྲག་བྱེད་ཐབས་མཁས་སྟོབས།།	方能显示智者势。

953

རང་གི་བགྱི་བ་གང་ཡིན་པའི།།	无论从事何种事，
བརྟག་པ་དག་ནི་མཐར་དབྱུང་སྟེ།།	降伏所有危害者，
ཕས་རྒོལ་ཕྱོགས་ལས་རྣམ་རྒྱལ་ཞིང་།།	强力胜过诸敌人，
རིས་སུ་གཏོགས་རྣམས་དབུགས་འབྱིན་བྱེད།།	能使众眷获安慰。

954

འདི་ལྟར་ཐབས་མཁས་ལྡན་པ་དེ།།	具备智慧谋略者，
འཁོར་ལོས་སྒྱུར་དང་ཉི་མ་བཞིན།།	似转轮王和明日，
ས་སྐྱིང་འདིར་ནི་གྲོགས་མེད་པར།།	不管有无相助者，
གཅིག་པུས་ས་འདི་ཟིལ་གྱིས་གནོན།།	孤身也能征服敌。

955

འདོད་ན་རྒྱལ་སྲིད་རང་གིར་ནུས།།	如愿轻易理国政，
མི་འདོད་རྒྱལ་སྲིད་ཐོབ་ཀྱང་འདོར།།	不愿国政亦可舍，
གཞན་གྱི་དྲིང་ལ་མི་འཇོག་པ།།	不用依赖任何人，
སྐྱེས་བུ་རྣམས་ཀྱི་ཁྱུ་མཆོག་འགྱུར།།	人中圣主似象王。

956

འདི་འདྲ་ཚུལ་འདིས་བྱའོ་ཞེས།།	具体如何积功德，
བརྗོད་པའི་ལམ་གྱིས་མཚོན་པར་དཀའ།།	仅靠语言难明示，
བསོད་ནམས་མཐུ་དང་བློ་གྲོས་སྟོབས།།	均以福德智慧力，
ལྷ་ཡི་བྱིན་རླབས་དཔལ་ལས་འབྱུང་།།	天神加持中获得。

957

སྐྱེས་བུ་འགྲན་པའི་ཟླ་མེད་རྣམས། ।	所有智慧无敌者，
རིགས་དང་རིས་ནི་གང་གཏོགས་པར། ।	无论属于何种姓，
བྱུང་ཡང་ཐ་མའི་དུས་ཀྱི་བར། ।	能在生命全过程，
བཟང་པོའི་བཅས་སུ་འགྱུར་བ་ཡིན། ।	始终保持上善行。

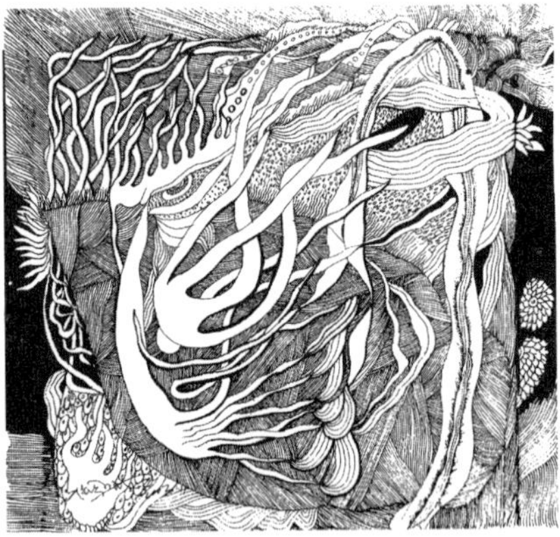

རབ་ཏུ་བྱེད་པ་བཅུ་དགུ་པ། ཆོས་ལ་སེམས་པའི་ཚུལ་བརྟག་པ།

第十九品　明察佛理篇

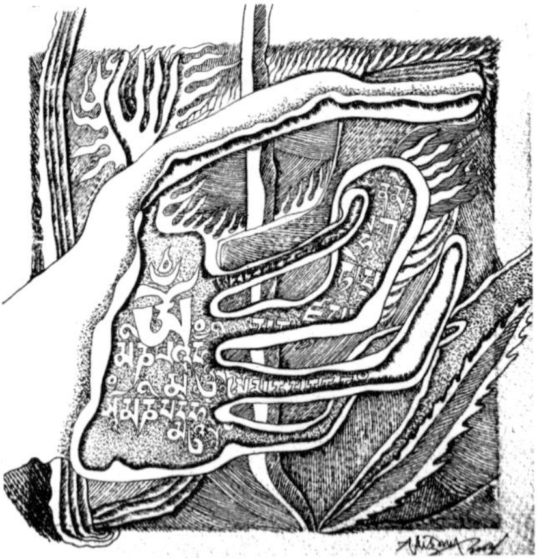

958

མི་བདག་བློ་གྲོས་མཆོག་ལྡན་རྣམས།།
གློག་གི་ཟློས་གར་དང་མཚུངས་པའི།།
ཚེ་འདི་ཉིད་ཀྱི་བདེ་ཐབས་ཙམ།།
གཙོ་བོར་བྱེད་པ་མ་ཡིན་ནོ།།

所有具智圣贤王，
不为犹如闪电般，
刹那易失今生福，
当作思谋之主体。

959

བྱིས་པ་གང་ཞིག་མི་མཁས་པ།།
ཡུད་ཙམ་གྱི་ནི་བདེ་བ་ལ།།
ཆགས་ནས་སྡིག་པའི་ལས་བྱས་པས།།
སྡུག་བསྔལ་མུ་མཐའ་མེད་པ་འཐོབ།།

所有幼儿及凡夫，
贪恋顷刻间安乐，
就此播下罪恶种，
结果遭受无边苦。

960

དམ་པའི་ཆོས་ལ་གནས་བྱས་ན།།
མི་ཡི་ཆོས་ལུགས་ཞར་ལ་འབྱུང་།།
དེ་ཡི་ཕུན་སུམ་ཚོགས་པ་དག།
ནམ་ཡང་འགྲིབ་མེད་འཕེལ་བར་འགྱུར།།

如果奉行殊胜法，
人间法规自然成，
若能获得此圆满，
其德不减反增长。

961

མི་ཡི་ཆོས་ལུགས་ལེགས་སྤྱོད་ན།།	如果善行人间法，
ལྷ་ཡུལ་བགྲོད་པ་ཐག་མི་རིང་།།	欲升天界在眼前，
ལྷ་དང་མི་ཡི་ཐེམ་སྐས་ལ།།	若登升天之阶梯，
འཛོགས་ན་ཐར་པ་གམ་ན་འདུག།	解脱之法在身旁。

962

རྙེད་དཀའི་དལ་འབྱོར་ཐོབ་དུས་འདིར།།	获得暇满人生时，
བག་ཡོད་པར་ནི་མ་བྱས་ན།།	如果放逸不谨慎，
འཆི་བདག་ཕོ་ཉ་བྱུང་བའི་ཚེ།།	阎王使者催命时，
འགྱོད་ཀྱང་བཅོས་སུ་ག་ལ་ཡོད།།	即便悔罪也无用。

963

ཀྱེ་མ་འདུ་བྱེད་རྣམས་མི་རྟག།	虽然常叹皆无常，
སྐྱེ་ཞིང་འཇིག་པའི་ཆོས་ཅན་ཡིན།།	是生是灭为法性，
སྐྱེ་བ་ཡོད་ན་འཆི་བ་ཡོད།།	若有生则必有死，
འདུས་པ་ཡོད་ན་འབྲལ་བ་ཡོད།།	若有聚集必有散。

964

གང་ཞིག་སྐྱེས་པ་དེ་ནས་བཟུམས། །	众生自从出生起，
རི་གཟར་གྱི་ནི་འབབ་ཆུ་བཞིན། །	犹如陡坡急水流，
སྐྱེ་རྒུའི་ཚེ་ནི་སྐད་ཅིག་ཀྱང་། །	即使刹那难停留，
མི་སྡོད་འཆི་བདག་དྲུང་དུ་འགྲོ། །	急促奔向死神前。

965

བྱ་བ་བྱས་དང་མ་བྱས་ཞེས། །	不管办成事与否，
འཆི་བདག་འདི་ནི་མི་སྡོད་པས། །	死神不会待其成，
བསོད་ནམས་བྱ་བ་གང་ཡིན་པ། །	因此辨明福德后，
དེ་རིང་ཉིད་དུ་བརྟུན་ཏེ་བྱ། །	必须即日就行动。

966

འབྱོར་པ་གཡོ་ཞིང་ལང་ཚོ་ཡུད་ཀྱིས་འཇིག །	财富难久年华瞬间失，
སྲོག་ནི་གཤིན་རྗེའི་སོ་ཕྲག་གནས་དང་མཚུངས། །	生命犹如暂留阎王齿，
འོན་ཀྱང་འཇིག་རྟེན་ཕ་རོལ་སྒྲུབ་ལ་ལྷོད། །	然而世人不易修佛法，
ཀྱེ་མ་མི་ཡི་སྤྱོད་པ་ངོ་མཚར་ཆེ། །	悲哉世人深陷诸幻觉。

967

འདུ་འཛི་ཀུན་ཏུ་སྤང་བར་གྱིས།། 放弃所有喧嚣事，
གལ་ཏེ་དེ་སྤོང་མ་ནུས་ན།། 如果不能全舍弃，
དམ་པ་དག་དང་འདྲེ་བར་གྱིས།། 应该依靠诸圣贤，
དེ་ཉིད་དེ་ཡི་སྨན་ཡིན་ནོ།། 依靠智者如妙药。

968

འདོད་པ་ཀུན་ཏུ་སྤང་བར་གྱིས།། 断除所有贪婪欲，
གལ་ཏེ་དེ་སྤོང་མ་ནུས་ན།། 如果不能全舍弃，
ཐར་པ་དག་ལ་འདོད་པར་གྱིས།། 应当勤于求解脱，
དེ་ཉིད་དེ་ཡི་སྨན་ཡིན་ནོ།། 此乃最为殊胜药。

969

གལ་ཏེ་འགྲོ་བ་འདི་ཀུན་གྱིས།། 如果众生皆能够，
འཆི་བདག་སྤྱི་བོར་གནས་མཐོང་ཚེ།། 明察死神在头顶，
ཟས་ཀྱང་ཡི་གར་མི་འོང་ན།། 即使饮食亦无欲，
བྱ་བ་གཞན་ལྟ་སྨོས་ཅི་དགོས།། 何况从事其他事。

970

དེ་འདྲའི་འཆི་བདག་དེ་ཡང་ནི།།
མདུན་ན་བསྒུག་པ་བཞིན་དུ་སྡོད།།
ཀླད་པར་གནམ་ལྕགས་བབ་པ་བཞིན།།
ནམ་འབྱུང་ངེས་པའི་ཆ་མེད་དོ།།

犹如死神阎罗王，
视之等在自身旁，
犹如霹雳临头时，
何时到来难断定。

971

མི་རྣམས་ཚེ་ནི་རབ་ཐུང་ལ།།
དེ་ཕྱེད་མཚན་མོས་འདས་པར་བྱས།།
ན་རྒ་ཉོན་མོངས་འཇིགས་སོགས་ཀྱིས།།
ཕྱེད་པོའང་བདེ་བར་སྤྱོད་དུ་མེད།།

人生只有短暂寿，
半数睡眠中度过，
病老烦恼恐怖等，
亦会消耗另一半。

972

ཡུད་ཙམ་གྱི་ནི་ཚེ་འདི་ལ།།
བག་མེད་རྣམ་གཡེང་གིས་བསླུས་ནས།།
དལ་འབྱོར་ཆུད་ཟར་གྱུར་པ་རྣམས།།
ཀྱི་མ་ངན་སོང་གནས་སུ་ལྷུང་།།

只有短暂之人生，
若为放逸所迷糊，
虚度暇满人生者，
悲哉堕入恶趣中。

973

འབར་བའི་མེ་ཡིས་བསྲེགས་པ་དང་།།	犹如烈火所燃烧，
གངས་ཀྱི་སྦྲུབས་སུ་ཚུད་པ་སོགས།།	又同寒冷积雪等，
ཤིན་ཏུ་ཚ་ཞིང་གྲང་བ་ཡི།།	极热极冷地狱中，
དམྱལ་བའི་སྡུག་བསྔལ་ཇི་ལྟར་བཟོད།།	所受痛苦岂能忍。

974

དེ་བཞིན་ལྟོགས་ཤིང་ཕོངས་པ་ཡི།།	犹如饥饿和贫困，
ཡི་དྭགས་ཀྱི་ནི་སྡུག་བསྔལ་དང་།།	迫害之众如饿鬼，
ཤིན་ཏུ་བླུན་ཞིང་ཕན་ཚུན་འཚེ།།	愚者喜欢相互害，
བཀོལ་སྤྱོད་སྤྱོང་བའི་དུད་འགྲོ་སྐྱེ།།	惨遭役使似畜生。

975

ངན་སོང་གསུམ་དུ་ལྷུང་བ་རྣམས།།	堕入恶趣诸众生，
ཡུན་རིང་སྡུག་བསྔལ་མི་བཟད་ཕྱིར།།	长期遭遇难忍苦，
གཡང་ས་དེ་ལ་བསམ་བཞིན་དུ།།	明知该地为悬崖，
སེམས་ཤེས་སུ་ཞིག་འཇུག་པར་ནུས།།	明者难有跃入者。

976

མི་ལ་སྐྱེ་རྒ་ན་འཆི་དང་། །　　人有生老病死苦，
ལྷ་ལ་འཕོ་ཞིང་ལྟུང་བ་སོགས། །　　天界亦有堕落苦，
མཐོ་རིས་ཀྱི་ནི་གནས་རྣམས་ལའང་། །　　即使善趣神界中，
སྡུག་བསྔལ་རྣམ་པ་མང་དང་ལྡན། །　　也有诸多痛苦相。

977

ངོ་བོ་ཉིད་ཀྱིས་སྡུག་བསྔལ་དང་། །　　由于本质所驱使，
བདེ་བར་སྣང་ཡང་འགྱུར་བ་དང་། །　　苦乐之间有迁移，
སྡུག་བསྔལ་ཕྱི་མའི་རྒྱུར་འགྱུར་ཕྱིར། །　　痛苦亦会变苦因，
སྡུག་བསྔལ་གསུམ་དང་འབྲེལ་བས་ན། །　　若同三苦有牵连，
མི་གཙང་འདམ་ལ་དྲི་ཞིམ་བཞིན། །　　犹如掉入脏泥中，
འཁོར་བའི་གནས་ན་བདེ་བ་མེད། །　　轮回之中无幸福。

978

མེ་འོབས་སྲིན་གླིང་འདྲ་བ་དེར། །　　犹如鬼地和火坑，
བྱིས་པའི་སྐྱེ་བོ་རྟག་ཏུ་འཁོར། །　　凡夫往返于轮回，
གང་ཞིག་མཐོ་རིས་ངན་སོང་དུ། །　　何者若在善趣中，
བདེ་སྡུག་སྤྱོད་བར་བྱེད་པ་ནི། །　　仍需感受乐和苦，
དགེ་དང་སྡིག་པའི་ལས་ཡིན་ཏེ། །　　皆为善恶业所报，
ལས་འབྲས་རང་ལ་སྨིན་པར་ངེས། །　　因果不灭为法性。

979

རྒྱལ་སྲིད་འབྱོར་པ་རྒྱ་ཆེ་ཡང་།། 即使国力很强大，
རྒ་དང་ན་དང་འཆི་བ་སོགས།། 生老病死等业果，
ཀུན་གྱི་ཐུན་མོང་ཡིན་པའི་ཕྱིར།། 均由众生共相造，
སུས་ཀྱང་འདི་ལས་ཇི་ལྟར་འདའ།། 任何人都无法越。

980

དུས་ཀྱིས་གཉེར་ཏེ་རྒྱལ་པོ་འགྲོ་གྱུར་ན།། 由于时摄国王亡故时，
ལོངས་སྤྱོད་མཛའ་དང་གཉེན་བཤེས་རྗེས་མི་འབྲང་།། 财富眷属不会随其后，
སྐྱེས་བུ་དག་ནི་གང་གནས་གར་འགྲོ་ཡང་།། 众生身在何处去何处，
ལས་ནི་གྲིབ་མ་བཞིན་དུ་རྗེས་སུ་འབྲང་།། 其所造业如影随身后。

981

ལུས་ཅན་དག་གི་ལས་རྣམས་ནི།། 所有众生多种业，
བསྐལ་པ་བརྒྱར་ཡང་ཆུད་མི་ཟ།། 经过百劫亦难毁，
ཚོགས་ཤིང་དུས་ལ་བབ་པ་ན།། 如果因缘聚合时，
འབྲས་བུ་ཉིད་དུ་སྨིན་པར་འགྱུར།། 必定呈现成熟果。

982

དེ་ཕྱིར་རྒྱུ་འབྲས་བསླུ་མེད་ལ།།	因果具有无欺性，
ཡིད་ཆེས་པར་ནི་གྱུར་པ་གང་།།	生起坚定之信念，
འཇིག་རྟེན་ཡང་དག་ལྟ་བ་སྟེ།།	就是世间无欺见，
དཀར་པོའི་ཆོས་ཀུན་རྩ་བ་ཡིན།།	所有善法之根本。

983

འཇིག་རྟེན་པ་ཡི་ཡང་དག་ལྟ།།	世间殊胜正如见，
ཆེན་པོ་སུ་ལ་ཡོད་གྱུར་པ།།	任何圣者所拥有，
དེ་ནི་ཚེ་རབས་སྟོང་དུ་ཡང་།།	虽会轮回千世代，
ངན་འགྲོར་འགྲོ་བར་མི་འགྱུར་རོ།།	亦不堕入恶趣界。

984

རྒྱུ་འབྲས་རྟེན་འབྲེལ་ཟབ་མོའི་ཚུལ་མཁྱེན་ནས།།	明察因果缘起甚深理，
ཐར་པའི་ལམ་ནི་འགྲོ་བའི་བླ་མས་བསྟན།།	解脱圣道皆由师明示，
དྲང་སྲོང་ཆེན་པོ་སྐྱབས་ཀྱི་མཆོག་གྱུར་པ།།	如果正道修者为怙主，
སྟོན་པ་དེ་དང་མཚུངས་པ་གཞན་ཡོད་མིན།།	功德如同佛陀无区别。

985

གང་དེའི་ཐུགས་སུ་ཆུད་ནས་ལེགས་བསྟན་པ། །	佛陀通达诸法后所示，
འཕགས་ལམ་ཡན་ལག་བརྒྱད་ཀྱི་རང་བཞིན་ཅན། །	犹如佛法智慧八圣道，
ཞི་བསིལ་བདེ་བ་བདུད་རྩིའི་སྤྲིན་ཆེན་པོ། །	皆为安乐甘露似彩云，
ཆོས་མཆོག་དེ་དང་མཚུངས་པ་གཞན་དུ་མེད། །	世间绝无如此殊胜法。

986

ཆོས་ཀྱི་བདུད་རྩིས་བདག་རྒྱུད་ཚིམས་བྱས་པས། །	正法甘露圆满相续者，
ཞིང་གི་དམ་པ་དག་པའི་ཟླ་འདྲ་བ། །	犹如佛土圣贤挚交友，
ཡོན་ཏན་གཞིར་གྱུར་དགེ་འདུན་རིན་པོ་ཆེ། །	以善为本殊胜僧伽宝，
ཚོགས་ཀྱི་ནང་ན་དེ་དང་འདྲ་གཞན་མེད། །	众生群中难寻同量者。

987

རིན་ཆེན་རྣམ་གསུམ་གྲགས་པའི་གདུགས་དཀར་པོ། །	佛法僧为可依白伞宝，
སྲིད་ཞིའི་དགེ་ལེགས་ཀུན་གྱི་འབྱུང་གནས་ལ། །	成就生死涅槃诸善妙，
ཡིད་ཆེས་དད་པས་སྟེན་པར་བྱེད་པ་རྣམས། །	若以诚挚信念做皈依，
བདེ་ནས་བདེ་བར་བྱང་ཆུབ་མཆོག་ཏུ་འགྲོ། །	能从乐中获得极乐果。

988

འཇིགས་པས་སྐྲག་པའི་མི་རྣམས་ནི།།	所有遭遇恐惧者，
ཕལ་ཆེར་རི་དང་ནགས་ཚལ་དང་།།	大多寻找荒山林，
ཀུན་དགའ་ར་དང་མཆོད་གནས་ཀྱི།།	具有殿堂神树等，
ལྗོན་ཤིང་ཆེ་ལ་སྐྱབས་འགྲོ་སྟེ།།	修法居处为皈依，
སྐྱབས་དེ་གཙོ་བོ་མ་ཡིན་ཞིང་།།	此等非为根本依，
སྐྱབས་དེ་ལ་ནི་བསྟེན་ནས་སུ།།	如果皈依如此者，
སྡུག་བསྔལ་ཀུན་ལས་མི་གྲོལ་གྱི།།	不能摆脱诸痛苦。

989

གང་ཚེ་གང་ཞིག་སངས་རྒྱས་དང་།།	因此必依圆觉者，
ཆོས་དང་དགེ་འདུན་སྐྱབས་སོང་སྟེ།།	佛法圣僧做依止，
སྡུག་བསྔལ་སྡུག་བསྔལ་ཀུན་འབྱུང་དང་།།	就能获得诸集谛，
སྡུག་བསྔལ་ཡང་དག་འདས་པ་དང་།།	若要摆脱诸苦因，
འཕགས་ལམ་ཡན་ལག་བརྒྱད་བདེ་བ།།	只有修持八正道，
མྱ་ངན་འདས་པར་འགྲོ་གྱུར་གང་།།	如要趋向于涅槃，
འཕགས་པའི་བདེན་པ་བཞི་པོ་དག།	勤修佛法四圣谛，
ཤེས་རབ་ཀྱིས་ནི་ལྟ་བྱེད་པ།།	只将智慧现观景，
སྐྱབས་དེ་གཙོ་བོ་ཡིན་པ་སྟེ།།	作为修佛根本依，
སྐྱབས་དེ་ལ་ནི་བསྟེན་ནས་སུ།།	如果依止如此者，
སྡུག་བསྔལ་ཀུན་ལས་གྲོལ་བར་འགྱུར།།	能够脱离诸苦难。

990

མཚུངས་མེད་སྟོན་པ་མཆོག་དེས་འགྲོ་བ་ཀུན།།	无敌殊胜佛陀为众生，
བྱམས་བརྩེའི་ཐུགས་ཀྱིས་བདག་གིར་བཞེས་པས་ན།།	无量慈悲功德做护持，
གཞལ་མེད་ཡོན་ཏན་མཆོག་གི་གནས་ཐོབ་ཕྱིར།།	为了获得无上殊胜位，
བདག་ཀྱང་དེ་ཡི་ཚུལ་ལ་བསླབ་པར་བྱ།།	吾会勤勉闻修此圣道。

991

གང་ཞིག་ཐོག་མེད་དུས་ནས་ཡང་དང་ཡང་།།	何者自从无始劫以来，
ཕ་དང་མར་གྱུར་འགྲོ་བའི་ཚོགས་འདི་དག།	反复成为父母诸众生，
དབང་མེད་སྡུག་བསྔལ་གསུམ་གྱིས་མནར་བ་ལ།།	不由自主遭遇三苦时，
སེམས་ཤེས་སུ་ཞིག་སྙིང་རྗེ་བསྐྱེད་མི་འགྱུར།།	智者没有不生慈悲者。

992

ནམ་མཁའི་མཐའ་ཀླས་གྱུར་པའི་ཡིད་ཅན་རྣམས།།	为了遍布虚空诸众生，
ཕན་དང་བདེ་བའི་གནས་ལ་སྦྱོར་བའི་ཕྱིར།།	能够获得利益和安乐，
བྱང་ཆུབ་མཆོག་ཏུ་སེམས་ནི་བསྐྱེད་བགྱིས་ན།།	发起殊胜利他菩提心，
ཡོན་ཏན་རྒྱ་མཚོའི་ཕ་རོལ་འགྲོ་བར་འགྱུར།།	就能获得如海般功德。

993

བྱང་ཆུབ་གཞིར་གྱུར་པ་ཡི་རང་བྱུང་སེམས།།	诸善根本殊胜菩提心，
ཐོག་མ་ཉིད་དུ་བསྐྱེད་པ་གང་ཡིན་པ།།	何者最初能够发此心，
དེ་ཡི་ཡོན་ཏན་བསྔགས་པ་མཐའ་ཡས་ཏེ།།	便能获得无量善功德，
མཚུངས་མེད་ཀྱིས་ཀྱང་ཡོངས་སུ་བརྗོད་མི་སྤྱོད།།	智者很难颂尽其功德。

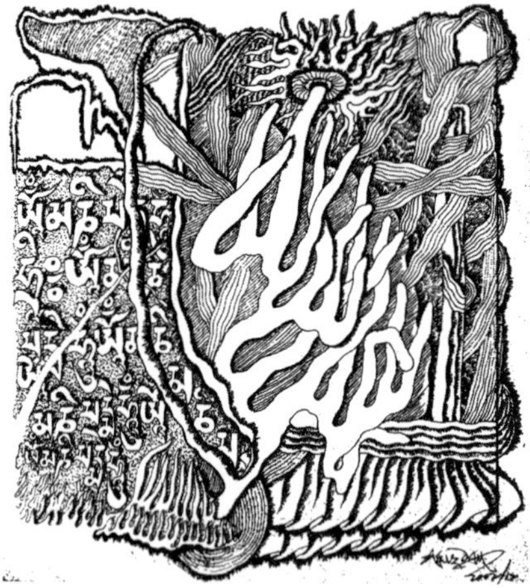

རབ་ཏུ་བྱེད་པ་ཉི་ཤུ་པ། བསོད་ནམས་བྱ་བའི་དངོས་པོ་བརྟག་པ།

第二十品 观察福德篇

994

ཡབ་གཅིག་འདི་ཉིད་ལས་ཀྱི་ས།།
འདི་ནས་ཕ་རོལ་འབྲས་བུའི་ས།།
འདིར་ནི་གང་ཞིག་བྱས་གྱུར་པ།།
དེ་ཉིད་གཞན་དུ་ངེས་པར་སྤྱོད།།

佛说今生造业地，
也是来世果报地，
今生何地所造业，
来世必定受果报。

995

དགེ་དང་སྡིག་པ་ཆུང་ངུ་ཡང་།།
འབྲས་བུ་རྒྱ་ཆེར་སོ་སོར་འཕྱིན།།
ལས་ཀྱི་ས་པར་སྐྱེས་བཞིན་དུ།།
དགེ་བའི་ས་བོན་ཅིས་མི་གདབ།།

即使轻微善恶业，
所报果实亦巨大，
转生业力所控地，
应该播下善业种。

996

དམ་པས་སྡིག་པ་ཆུང་ཡང་སྤོང་།།
ངན་པ་རྣམས་ནི་ཆེ་ཡང་མིན།།
མིག་ནི་རྡུལ་ཀྱང་འཛེམ་བྱེད་ལ།།
ལག་པས་མེ་ལྕེར་རེག་པར་བྱེད།།

罪恶虽小圣者弃，
恶人罪重亦不畏，
犹如眼睛避灰尘，
双手能触炎热火。

997

ལུས་ནི་ཆུ་ཡི་ཆུ་བུར་ལྟ་བུ་སྟེ།། 身体犹如水中所起泡，
དཔལ་དང་འབྱོར་པ་སྟོན་ཀའི་སྤྲིན་ལྟར་གཡོ།། 财富亦似秋季浮彩云，
ཡིད་བརྟན་མི་རུང་འཁོར་བའི་ཕུན་ཚོགས་ཀྱི།། 不宜依赖世间诸财富，
རང་བཞིན་ཤེས་ནས་གཏོང་ལ་མོས་པར་བྱ།། 通达物性理应勤布施。

998

བསགས་ཤིང་མི་སྤྱོད་པ་ཡི་ནོར།། 只积不用诸财富，
སུ་ཡི་ཡིན་པ་གཏོལ་མེད་ལ།། 最后属谁难断定，
བཏང་ན་འབྲས་བུ་རྒྱ་ཆེན་པོ།། 若能布施积硕德，
འཇིག་རྟེན་གཞན་དུ་རྗེས་སུ་འབྲང་།། 就能携至未来界。

999

ནོར་རྣམས་ཆུད་མི་ཟ་བ་ཡི།། 若想珍惜诸财物，
གཏེར་ཆེན་དག་ཏུ་བསྐྱིལ་འདོད་ན།། 不断积累成宝藏，
བསགས་ཤིང་འཇུངས་པར་མི་བྱ་བར།། 不宜由财起贪婪，
གཏོང་ཞིང་རྗེས་སུ་ཡི་རང་བྱ།། 应当勤勉做布施。

1000

ལོངས་སྤྱོད་ཆེ་ཡང་ཕན་པ་ཆུང་། །　　消费虽多利益小，
གཏོང་བ་ཆུང་ཡང་འབྲས་བུ་ཆེ། །　　布施虽少果报大，
བྱིན་ན་འཕེལ་བའི་སྒོ་ཡིན་ཀྱང་། །　　布施虽为增财剂，
བླུན་པོ་རྣམས་ཀྱིས་ཟད་པར་དོགས། །　　愚者却惧散尽财。

1001

གང་ལ་བྱིས་པ་མངོན་ཆགས་པ། །　　孩童特别爱之物，
དེ་ལ་མཁས་རྣམས་ཆགས་མི་འགྱུར། །　　智者不会生贪心，
རྒྱལ་པོའི་ཤིང་རྟ་བཀྲ་བ་ལྟར། །　　犹如国王乘车时，
ལུས་འདི་རྟག་ཏུ་བལྟ་བར་གྱིས། །　　时常以此观身体。

1002

གང་ལ་འཇུངས་པ་རྣམ་ཆགས་པ། །　　贪婪之人所恋物，
དེ་ལ་མཁས་རྣམས་ཆགས་མི་འགྱུར། །　　智者不会有眷恋，
སྦྲང་མས་བསགས་པའི་སྦྲང་རྩི་བཞིན། །　　犹如蜜蜂所积蜜，
ནོར་འདི་རྟག་ཏུ་བལྟ་བར་གྱིས། །　　时常关照诸财产。

1003

མི་བདག་བཟང་པོ་པདྨའི་ཚལ་ལྟ་བུ།།　圣贤国王犹如莲花苑，
གཏོང་བའི་དྲི་བསུང་ཕྱོགས་སུ་ཁྱབ་པ་ན།།　周围弥漫布施之芳香，
ས་གཞིའི་སྐྱེ་བོ་མེ་ཏོག་ཟས་ཅན་རྣམས།།　该域民众犹如采蜜群，
དགའ་བའི་གར་གྱིས་འདུ་ཞིང་དགའ་བར་འགྱུར།།　时常围绕其周翩翩舞。

1004

ཚེ་དང་འབྱོར་པ་སྙན་པར་གྲགས་པ་དང་།།　若为寿命财富及荣誉，
འདི་དང་ཕྱི་མའི་བདེ་བ་རྒྱ་ཆེ་བ།།　今生来世殊胜诸安乐，
གཏོང་བའི་ཐབས་མཆོག་གཅིག་གིས་འགྲུབ་ནུས་ཀྱང་།།　依靠无畏布施能圆满，
བློ་ངན་རྫས་ལ་ཆགས་པས་མི་ནུས་སོ།།　愚者贪恋财富毁此德。

1005

ངང་གིས་གཡོ་ཞིང་སྙིང་པོ་མ་མཆིས་ལ།།　缥缈不定亦无根本意，
དམ་དུ་བཟུང་ཡང་ནམ་ཞིག་འདོར་ངེས་པའི།།　虽然攥在手中依然失，
ལོངས་སྤྱོད་ཆུ་ཡི་ལྦུ་བ་ལྟ་བུ་ལ།།　物质财富犹如流水沫，
སྙིང་པོ་ལེན་ཕྱིར་གཏོང་བར་ཅིས་མི་འབད།།　若为根本就要全舍得。

1006

སྦྱིན་པ་འཇིག་རྟེན་རྒྱན་ཡིན་ཏེ། །
སྦྱིན་པས་ངན་འགྲོ་ལྡོག་པར་བྱེད། །
སྦྱིན་པ་མཐོ་རིས་སྐས་ཡིན་ཏེ། །
སྦྱིན་པ་ཞི་བྱེད་དགེ་བའོ། །

施为世间最庄严，
施能免遭堕恶趣，
施是步入善趣梯，
也是入寂善妙法。

1007

མི་ཟད་ལོངས་སྤྱོད་འཐོབ་འདོད་ན། །
གཏོང་ལ་སློས་པ་རྒྱ་ཆེར་བྱ། །
དེ་ཡི་རྣམ་སྨིན་ལྟ་ཞོག་གི །
ཚེ་འདིར་ཕན་པ་མ་མཐོང་ངམ། །

若想获得广大财，
理应勤行广布施，
不仅来世显报果，
今生就能见其果。

1008

བླུན་པོ་རྣམས་ཀྱིས་ལུས་བཀོལ་ནས། །
ནོར་གསོག་པ་ཡིས་ཚེ་གཏུགས་ཏེ། །
སྡུག་བསྔལ་འབའ་ཞིག་འཐོབ་འགྱུར་ཞིང་། །
རྒས་ནས་འདོད་པས་ཅི་ཞིག་བྱ། །

愚者尽其所有力，
积累财产中度日，
只有获得诸痛苦，
人老贪欲毫无用。

1009

ཟད་བྱུང་འབྱོར་པ་ཤིན་ཏུ་ཡིད་འོང་ཞིང་།། 拥有珍稀财富促欢心，
ན་ཆུང་ཚོགས་དང་ལྷན་ཅིག་རྩེ་བ་ཡི།། 亦同佳丽共舞呈浪漫，
མི་ཡི་བདག་པོའི་སྤྱོད་ཡུལ་ཉམས་དགའ་བ།། 如此王者虽具快乐相，
མིག་འཕྲུལ་ལྟད་མོས་བྱིས་པ་སྒྱུ་དང་འདྲ།། 智者视如魔术属虚幻。

1010

དེ་ཕྱིར་ནོར་ལ་མ་ཆགས་པར།། 因此不宜贪财物，
མཆོད་དང་སྦྱིན་པ་ཅི་ནུས་བྱ།། 尽量勤勉供与施，
མགོན་མེད་སྐྱེ་བོ་རྣམས་ལ་ནི།། 对于众多无怙者，
མི་འཇིགས་སྐྱབས་ཀྱི་སྦྱིན་པ་དང་།། 身如其境施无畏，
འཇིག་རྟེན་ལོང་བ་ལྟ་བུ་ལ།། 世间犹如诸盲人，
ཤེས་རབ་མིག་ནི་རྣམ་འབྱེད་ཕྱིར།། 能够睁开智慧眼，
ཆོས་ཀྱི་སྦྱིན་པ་དྲི་མེད་པ།། 只有恩赐诸法施，
ས་བདག་རྣམས་ཀྱིས་བསྐུལ་བར་བྱ།། 由此应该勤布施。

1011

རྨོངས་པའི་དབང་གིས་འཁོར་བ་འདིར།། 因无明在轮回中，
དབང་མེད་སྡུག་བསྔལ་མྱོང་རྣམས་ལ།། 无法摆脱苦难者，
རང་གི་ལུས་དང་ལོངས་སྤྱོད་སོགས།། 若由身体财富等，
བདོག་པའི་དངོས་པོ་ཐམས་ཅད་ཀྱིས།། 诸多暂时存在物，
ཇི་ལྟར་སྡུག་བསྔལ་ཀུན་བསལ་ནས།། 能够消除其苦难，

བདེ་བར་འགྱུར་བར་བྱ་སྐམ་དུ།། 亦能创造福乐时，
ཕྱོགས་དང་དུས་ཀྱི་མཐར་ཀླས་པའི།། 不该在意地与时，
སྐྱེས་བུ་ཆེན་པོའི་འདུ་ཤེས་བསྐྱེད།། 广发殊胜菩提心。

1012

དུས་སུ་གསོ་སྦྱོང་ལེན་པ་འམ།། 随时修持诸戒律，
རྒྱུན་གྱི་ཁྲིམས་དང་གང་ལྡན་པའི།། 时常遵守诸法律，
མི་བདག་དེ་ནི་མཐོ་རིས་སུ།། 因此王者升善趣，
ལྷ་ཡི་རྒྱལ་སྲིད་ཡང་དག་བྱེད།། 也能成就天神王。

1013

རྒྱུ་དང་མི་རྒྱུའི་དངོས་པོ་རྣམས།། 犹如有情无情物，
ས་ལ་བརྟེན་ཏེ་གནས་པ་ལྟར།། 皆依大地来生存，
སྲིད་དང་ཞི་བའི་ཡོན་ཏན་ཀུན།། 生死涅槃诸功德，
ཚུལ་ཁྲིམས་ཉིད་ལ་བརྟེན་པར་གསུངས།། 佛说均靠持戒律。

1014

ངག་རྣམས་སྲུང་ཞིང་ཡིད་ནི་ལེགས་བསམས་ཏེ།། 恪守口德秉持诸善念，
ལུས་ཀྱིས་མི་དགེ་བ་དག་སྤྱོད་མི་བྱ།། 虔诚履行各种善行为，
ལས་ལམ་གསུམ་པོ་འདི་ནི་རྣམ་སྦྱང་ན།། 能够常持三种善德性，
དྲང་སྲོང་གསུངས་པའི་ལམ་ནི་འཐོབ་པར་འགྱུར།། 不难获得修者所宣道。

1015

རང་ཉིད་དགེ་བ་བཅུ་ཡི་ཚུལ་ལ་གནས།།	不仅自己严持十善法，
འཁོར་གྱི་སྐྱེ་བོ་ཀུན་ཀྱང་དེ་ལ་འགོད།།	亦引他者步入善法地，
རྣམ་པ་སྣ་ཚོགས་ཕན་དང་བདེ་བའི་ཐབས།།	成就诸多福利和安乐，
དབང་ཕྱུག་ཆེ་ལྡན་མི་དབང་རྣམས་ཀྱིས་བགྱིད།།	皆为自在国王所行事。

1016

སྦྲུལ་གདུག་ལྟ་བུར་རང་བཞིན་གྱིས།།	禀性犹如巨毒蛇，
ངང་ཚུལ་ངན་པའི་མི་བསྲུན་པ།།	始终显现恶劣相，
སྙིགས་མའི་སྐྱེ་བོའི་ཁྲོད་ན་མང་།།	浊世群中呈多数，
དེ་ཀུན་སུ་ཡིས་གཞོམ་པར་ནུས།།	谁能断除此类人。

1017

རང་གི་ཁྲོ་བ་གཅིག་སྤངས་ན།།	断灭自己一愤怒，
དགྲ་རྣམས་མཐའ་དག་ཚོམས་དང་མཚུངས།།	犹如降伏所有敌，
དཀའ་ཐུབ་ཀུན་གྱི་ནང་ན་ནི།།	各种苦行戒持中，
བཟོད་པ་ཕུལ་དུ་བྱུང་བར་བསྔགས།།	忍者赞为最殊胜。

1018

ཁྲོ་བའི་རྐྱེན་གྱིས་བསྐུལ་ནས་སུ།།　若是愤怒所诱发，
རང་དབང་མེད་པར་འཚེ་བྱེད་ལ།།　不由自主起害心，
དངོས་པོའི་རང་བཞིན་ཤེས་པ་རྣམས།།　通达诸法自性者，
ཅུང་ཟད་ཁྲོ་བར་མི་འགྱུར་རོ།།　绝不生起愤怒情。

1019

གསེར་གྱི་མདོག་ལྟར་ལྟ་ན་སྡུག་པའི་ལུས།།　优美身躯犹如黄金色，
པདྨ་གཞོན་ནུའི་ངང་ཚུལ་འཛིན་པ་ཡིས།།　纯洁无瑕亦如白雪莲，
ལྷར་བཅས་འཇིག་རྟེན་མིག་གི་རྒྱན་གྱུར་པའི།།　成就天神等界庄严及，
མཚུངས་མེད་ལུས་མཆོག་བཟོད་པས་སྒྲུབ་པར་བྱེད།།　殊胜妙身亦由忍获得。

1020

སྡུག་བསྔལ་མ་ལུས་ཁྱད་དུ་བསད་ནས་སུ།།　藐视所有苦难事，
དོན་ཆེན་སྒྲུབ་ལ་ཞུམ་པ་མེད་གྱུར་ཅིང་།།　毫不退缩办大事，
ཟབ་མོའི་ཆོས་ཉིད་བློ་ཡིས་བཟོད་གྱུར་པ།།　忍受甚深诸法性，
སེང་གེ་བཞིན་དུ་འཇིགས་པ་མེད་པར་རྒྱུ།།　犹如猛狮无畏惧。

1021

འཇིག་རྟེན་འཇིག་རྟེན་འདས་པ་ཡི། །
ཕུན་སུམ་ཚོགས་པའི་དཔལ་མ་ལུས། །
བརྩོན་འགྲུས་ལྡན་པས་བསྒྲུབས་བྱས་ན། །
མི་འགྲུབ་པ་ནི་གང་ཡང་མེད། །

世间以及出世间，
所有圆满及福德，
若以勤奋去办理，
无论何事会圆满。

1022

ཡང་དག་གནས་ལ་སྤྲོ་བའི་བློ། །
མེ་ལྕེ་བཞིན་དུ་མཆེད་གྱུར་ན། །
བགྱི་བར་དཀའ་བའི་དངོས་རྣམས་ཀྱང་། །
བུད་ཤིང་བཞིན་དུ་གྲོགས་སུ་འགྱུར། །

追求真理坚毅心，
犹如烈火般爆发，
所有艰难复杂事，
亦如柴火成助缘。

1023

དབང་ཕྱུག་དམ་པས་དབང་བགྱིད་རྣམས། །
མཐུ་དང་རྩལ་ནི་མི་དམན་པས། །
ཕྱིན་དྲུག་བསྡུ་བའི་དངོས་པོ་བཞི། །
མཁའ་དང་མཚོ་ལྟར་རྒྱ་ཆེར་བྱ། །

获得殊胜加持者，
具备强大诸威力，
六度四摄等功德，
广如虚空深如海。

1024

དགྱེས་པའི་མིག་ཟུར་གྱིས་བལྟས་པའང་། ། 欢喜傲视群雄者，
དབུལ་བའི་རྒྱུན་ནི་མ་བཅད་ན། ། 若未中断诸贫穷，
དབང་ཕྱུག་དམ་པ་མིན་ཞེས་བཤད། ། 不宜誉为殊胜王，
དེས་ན་ལག་རྗེས་ཆེ་བར་བྱ། ། 因此勤做大贡献。

1025

ཡི་གེ་འབྲི་མཆོད་སྦྱིན་པ་དང་། ། 誊写佛经勤供施，
ཉན་དང་ཀློག་དང་ལེན་པ་དང་། ། 聆听恭颂细领悟，
འཆད་དང་ཁ་ཏོན་བྱེད་པ་དང་། ། 宣讲常持念诵经，
དེ་སེམས་པ་དང་སྒོམ་པ་ཡི། ། 同时虔行思修等，
ཆོས་སྤྱོད་རྣམ་པ་བཅུ་པོ་དེ། ། 构成弘法十种善，
བསོད་ནམས་ཕུང་པོ་དཔག་མེད་ཕྱིར། ། 也是无量福德蕴，
མི་བདག་རྣམས་ཀྱིས་འབད་ནས་སུ། ། 因此诸王靠勤勉，
རྒྱལ་བའི་དམ་ཆོས་གཟུང་བར་བྱ། ། 秉持佛陀诸正法。

1026

རང་གི་བགྱི་བར་ཀུན་ཀྱང་འདྲ། ། 尽管自己办成事，
གཞན་ལ་བགྱིད་དུ་གཞུག་པ་ལ། ། 鼓励他人办诸事，
རྒྱལ་པོ་རྣམས་ནི་དབང་ཆེ་བས། ། 王者拥有殊胜权，
རླབས་ཆེན་དགེ་བའི་སྲོལ་འཛུགས་བྱ། ། 因此树立善规矩。

1027

སེམས་ནི་རྣམ་པར་གཡེང་བའི་མི།། 内心缺乏定力者，
ཆུ་བོའི་རླབས་ཀྱིས་ཁྱེར་བ་བཞིན།། 犹如波浪般卷席，
ཉོན་མོངས་སྡུག་བསྔལ་ཚོགས་ཀྱིས་དཀྲུགས།། 常由烦恼所困扰，
རང་དབང་བདེ་བ་ནམ་ཡང་དཀའ།། 难获自在和幸福。

1028

ངལ་བ་བརྒྱ་ཡིས་གཙེས་པ་ཡིས།། 多种劳累所困扰，
ལུས་དུབ་པ་ཡིས་ཅི་ཞིག་བྱ།། 疲惫身体有何用，
བྱེད་པོ་སེམས་ནི་དུལ་བ་ན།། 若能调柔己心灵，
ཐར་པ་གམ་ན་གནས་དང་མཚུངས།། 解脱之路在身旁。

1029

ཡིད་ནི་དུལ་བར་མ་གྱུར་ན།། 如果不能调内心，
ངུར་སྨྲིག་མཛེས་པའི་བླ་གོས་དང་།། 虽然身着庄严衣，
ཚངས་སྐུད་ཀུ་ཤའི་ཆུན་པོ་ཡིས།། 装模作样行梵事，
རྟོག་ངན་ཇི་ལྟར་ཞི་བར་ནུས།། 不能息灭诸恶意。

1030

དམ་པ་གྲོང་ན་གནས་ཀྱང་དུལ།།	圣贤居市也温和，
མི་བསྲུན་དགོན་པར་གནས་ཀྱང་གྱོང་།།	恶人住寺亦蛮横，
གྲོང་གི་རྟ་མཆོག་དུལ་བ་དང་།།	闹市良马显温顺，
ནགས་ཀྱི་གཅན་གཟན་ཁྲོ་བ་བཞིན།།	林中野兽显凶相。

1031

སེམས་ནི་གློག་དང་སྤྲིན་དང་རླུང་དང་མཚུངས།།	心如闪电亦如云彩飘，
རྒྱ་མཚོ་ཆེན་པོ་ཡི་ནི་རླབས་དང་འདྲ།།	也如大海滚滚翻波浪，
སྒྱུ་ཅན་འདོད་རྒྱུའི་ཡུལ་ལ་མངོན་དགའ་བ།།	奸者绞尽脑汁牟私利，
གཡོ་ཞིང་འཕྲུན་པ་ངེས་པར་གདུལ་བར་བྱ།།	因此当断愁山闷海意。

1032

སེམས་ནི་ལས་སུ་རུང་བར་གྱུར་པ་ན།།	如果能够及时调整心，
དྭངས་པའི་མཚོ་ལ་ཟླ་སྐར་ཇི་བཞིན་དུ།།	犹如清澈湖面现月影，
མངོན་པར་ཤེས་པ་ལྔ་སོགས་ཡོན་ཏན་ནི།།	能够显现五种神通等，
ཤིན་ཏུ་རྣམ་པ་མང་པོ་འཆར་བར་འགྱུར།།	各种各样殊胜诸功德。

1033

ཟབ་ཅིང་རྒྱ་ཆེ་ཐེག་པ་ཆེན་པོའི་གཞུང་།། 广大甚深大乘佛法典，
རྣ་བའི་བདུད་རྩིར་ངོམས་པ་མེད་འཐུང་བས།། 犹如甘露竭力求博闻，
མང་དུ་ཐོས་པའི་ལུས་སྟོབས་རབ་རྒྱས་ཏེ།། 依靠广闻所获雄辩才，
སྨྲ་བའི་སེང་གེའི་མཚན་གྱི་ཅོད་པན་འཛིན།། 犹如雄狮吼声无匹敌。

1034

ཐོས་པའི་དོན་ལ་རིགས་པ་བཞིས་དཔྱད་པས།། 若能依靠四理辨精要，
བསམ་པ་ལས་བྱུང་ཤེས་རབ་སྒྲོན་མེའི་འོད།། 依靠思得智慧如灯光，
བློ་ངན་མུན་པའི་འཐིབས་པོ་སེལ་བྱེད་པ།། 既能迅速消除诸意暗，
ཡིད་ལ་ཉིན་མོར་བྱེད་པ་བཞིན་དུ་འཆར།། 也使心智明净如昼日。

1035

ཡང་དག་དོན་ལ་རྩེ་གཅིག་མཉམ་བཞག་པས།། 若能心无旁骛入禅定，
ཞི་གནས་ལྷག་མཐོང་ཟུང་དུ་འབྲེལ་བ་ཡི།། 专注修止慧眼双运作，
ཁྱད་བྱུང་ཤེས་རབ་སྤྱན་གྱིས་ཆོས་ཀུན་གྱི།། 既能获得殊胜智慧眼，
ཆོས་ཉིད་བདེན་པ་མངོན་དུ་གཟིགས་པར་འགྱུར།། 也能现观诸法真实性。

1036

མདུན་ན་དཔལ་གནས་ཁྱིམ་པ་རྣམས་ཀྱིས་ཀྱང་།། 众多前途光明在家人，
ཤེས་རབ་སྟོབས་ཀྱིས་འཁོར་བའི་རྒྱ་མཚོ་ཆེ།། 依智能使轮回浩瀚海，
གནག་རྗེས་ཆུ་བཞིན་མྱུར་དུ་བསྐམས་བྱས་ཏེ།། 犹如牛迹之水速干后，
ཡང་དག་ཐར་པ་མཆོག་གི་གནས་སུ་འགྲོ།། 迅速步入圣谛解脱道。

1037

ཇི་ལྟར་ཆུ་བུར་མཐོང་བ་དང་།། 犹如看见水泡沫，
ཇི་ལྟར་སྨིག་རྒྱུ་མཐོང་བ་ལྟར།། 亦如看见诸幻影，
དེ་བཞིན་འཇིག་རྟེན་ལྟ་བྱེད་པ།། 如果理同世间行，
འཆི་བདག་རྒྱལ་པོས་མཐོང་མི་འགྱུར།། 不被阎王所注意。

1038

ཤེས་རབ་ཟབ་མོས་ཤིན་ཏུ་ལེགས་བསྟན་པའི།། 殊胜智慧所示精妙慧，
འཕགས་པའི་བདེན་པ་སུ་དག་རྣམ་བསྒོམ་པ།། 何者能够勤修诸圣谛，
འཇིག་རྟེན་འདི་ན་གང་ཞིག་མཆིས་པ་ཡི།། 世间随时可能遭遇之，
འཇིགས་པ་ཀུན་གྱིས་དེ་ལ་འཇིགས་མི་ནུས།། 任何恐怖亦难成威胁。

1039

ཕུང་པོ་འདི་དག་སྒྱུ་མའི་གྲོང་ཁྱེར་བཞིན།། 五蕴之体犹如幻化城，
ཉོན་མོངས་རྣམས་ཀུང་སྤྲིན་གྱི་འདུ་འགོད་འདྲ།། 诸多烦恼亦如雾密布，
སྐྱེ་ཞིང་འཕོ་མེད་སྣོམ་པ་མེད་མཐོང་བ།། 如理通达生死流转法，
བདུད་བཞིའི་གཡུལ་ལས་རྣམ་པར་རྒྱལ་བར་འགྱུར།། 就能战胜轮回四恶魔。

1040

རྨི་ལམ་སྒྱུ་མ་ཆུ་ཟླའི་ཚུལ་བཞིན་དུ།། 犹如梦幻水中所显月，
ཇི་ལྟར་སྣང་བའི་ཀུན་རྫོབ་འདི་ཤེས་ཤིང་།། 万物终究只有现象性，
གང་ཡང་ཡོངས་སུ་བཟུང་བ་མ་མཆིས་པའི།། 任何存在均无根本性，
ནམ་མཁའ་ལྟ་བུའི་དོན་དམ་ཡོངས་སུ་ཤེས།། 通达性空犹如观虚空。

1041

སྣང་དང་སྟོང་པ་གཉིས་སུ་མེད་པ་ཡི།། 缘起性空不宜视为二，
བདེན་གཉིས་དབྱེར་མེད་མཉམ་པ་ཉིད་ཀྱི་དབྱིངས།། 二谛具有平等无别性，
རང་བྱུང་འོད་གསལ་དག་པའི་བྱང་ཆུབ་སེམས།། 自然光明纯洁菩提心，
གང་གིས་རྟོགས་པ་བྱང་ཆུབ་མཆོག་འཚང་རྒྱ།། 促成殊胜菩提及涅槃。

1042

འཇིག་རྟེན་འདིར་ནི་སངས་རྒྱས་རྣམས། ། 针对此世诸佛陀，
འབྱུང་བ་ལས་ཀྱང་དཀོན་པ་ཡི། ། 出现更为难得者，
འབྲས་བུ་གསང་སྔགས་རྡོ་རྗེའི་ཐེག ། 就属密法金刚乘，
དེང་སང་ཉི་མ་བཞིན་དུ་འབར། ། 犹如旭日显灿烂。

1043

མིག་འཕྲུལ་ལྟ་བུར་བདེ་མྱུར་དུ། ། 犹如幻化刹那间，
གྲོལ་བར་བྱེད་པའི་ལམ་མཆོག་ལ། ། 获得解脱密乘法，
བློ་ལྡན་མི་ཡི་བདག་པོ་གང་། ། 若由具善众生怙，
སྐལ་བཟང་རྣམས་ཀྱིས་བསྟེན་བྱས་ན། ། 虔诚供奉为所依，
རྒྱལ་པོ་ཨིནྡྲ་ནཱུ་ཏི་བཞིན། ། 其德犹如宝石王，
འདོད་པའི་ཡོན་ཏན་ལྔ་རྣམས་ལ། ། 因此如愿享受诸，
ཚེ་བདེ་བར་ནི་རོལ་བཞིན་དུ། ། 五欲之乐之同时，
ཟུང་འཇུག་མཆོག་གི་འབྲས་བུ་འཐོབ། ། 获得殊胜双运果。

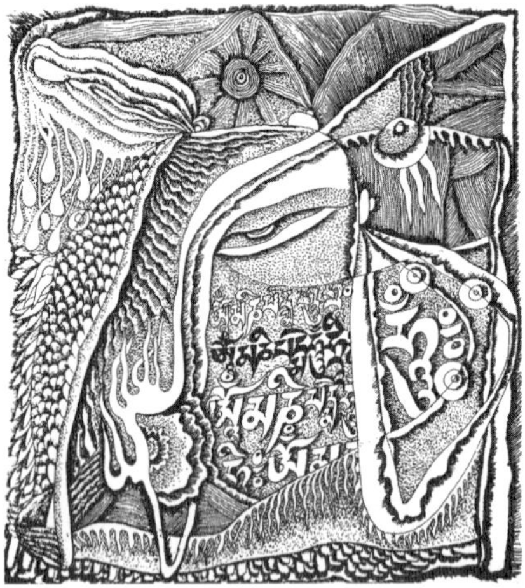

རབ་ཏུ་བྱེད་པ་ཉེར་གཅིག་པ། ལུགས་ལ་གནས་པ་དང་ལུགས་ཀྱི་བསྟན་བཅོས་ཀྱི་ཡོན་ཏན་བརྟག་པ།

第二十一品　观察论德篇

1044

གང་ཞིག་ཇི་སྐད་བཤད་པ་ཡི། །
ལུགས་ལ་གནས་པའི་རྒྱལ་པོ་རྣམས། །
ས་ཡི་སྙིང་ན་ཉི་མ་བཞིན། །
ཀུན་གྱི་རྒྱན་དུ་ལེགས་པར་འགྱུར། །

矜持以上所宣之，
所有以理持法王，
犹如明日照大地，
成为殊胜妙庄严。

1045

སྙིགས་དུས་ཡོན་ཏན་འདི་དག་དང་། །
ལྡན་པའི་རྒྱལ་པོ་འབྱུང་བར་དཀའ། །
གལ་ཏེ་བྱུང་ན་དེ་གཅིག་པུས། །
ས་རྣམས་མཐའ་དག་དབང་དུ་འགྱུར། །

浊世具足此德之，
具德国王很稀有，
如果出现如此王，
就能统治全世界。

1046

གོང་དུ་ཇི་སྐད་བཤད་པ་ཡི། །
ཡོན་ཏན་ཕལ་ཆེར་ཚང་གྱུར་ཀྱང་། །
དཔལ་དང་འབྱོར་པ་སྙན་གྲགས་སྒྲ། །
འབྲུག་གི་ང་བཞིན་ཅིས་མི་སྒྲོག །

以上所说功德中，
虽然只具大多数，
福德财富和誉声，
犹如雷鸣震四方。

1047

ཚུལ་བཞིན་ལུགས་ལ་གནས་པ་ཡི། །
མི་བདག་གང་དུ་བྱུང་བ་དེར། །
འཁོར་ལོས་སྒྱུར་དང་ནོར་བུ་བཞིན། །
ཡོན་ཏན་རྣམ་པ་མང་པོ་སྡུད། །

如理如法诸国王，
无论出现在何处，
犹如转轮王和宝，
汇集更多之功德。

1048

ཆོས་ལྡན་རྒྱལ་པོ་ལྷ་ཡི་སྲས། །
མི་རྣམས་ཀུན་གྱི་རྗེར་གྱུར་པ། །
འབངས་ཀྱི་ཕ་དང་སྐྱེ་དགུའི་གཉེན། །
རིས་མེད་འགྲོ་བའི་མཆོད་སྡོང་ཡིན། །

依法国王如神子，
成为众人至尊者，
民父众生挚亲友，
不分种族共敬仰。

1049

རིན་ཆེན་རི་དབང་ཇི་བཞིན་དུ། །
སྐྱེ་བོའི་དབུས་ན་ཡོན་ཏན་གྱིས། །
མངོན་པར་འཕགས་པའི་རྒྱལ་པོ་དེ། །
ཕྱོགས་དུས་གང་དུ་བྱུང་གྱུར་ཀྱང་། །
ཡ་རབས་རྣམས་ཀྱིས་སྨོན་བྱེད་ལ། །
མ་རབས་རྣམས་ཀྱང་བག་འཁུམ་འགྱུར། །

犹如珍宝所积峰，
诸贤之中以功德，
彰显殊胜之国王，
出自何时与何地，
赢得圣者仰慕情，
亦使劣者生畏惧。

1050

ཆེད་དུ་འབད་པ་མེད་པར་ཡང་། ། 虽未有意显勤相，
ཕྱོགས་རྣམས་ཀུན་ལ་ངང་གིས་ཕན། ། 也能利益诸民众，
ཐོས་ཀྱང་བསྔགས་ཤིང་དཔེར་བྱེད་ན། ། 博闻赞美作比喻，
མཐོང་ན་དགའ་བས་ཅིས་མི་བལྟ། ། 见者怎能不喜悦，
གཞན་གྱིས་ལྷ་ཞིང་རྫེད་བྱེད་ལ། ། 他人喜悦并敬仰，
འབངས་ཀྱིས་བསྙེན་པ་ཅི་ཞིག་མཚར། ། 民众供养有何奇，
སྐལ་བཟང་སྐྱེ་བོ་དགར་འགྱུར་ལ། ། 佳时贤者喜欢者，
ཕྲག་དོག་ཅན་ནི་འཁུ་ན་ཡང་། ། 虽然遭遇妒者恨，
དེ་ཡི་ཡོན་ཏན་ཆེ་བ་ཡིས། ། 依靠所具大功德，
བསྡིགས་པ་མེད་པར་ཟིལ་གྱིས་གནོན། ། 毫无威胁能降伏。

1051

རྒྱལ་བ་རྒྱལ་སྲས་འཇིག་རྟེན་སྐྱོང་། ། 诸佛佛子及护神，
ཀུན་གྱིས་དགྱེས་ཤིང་མཐུ་བཙལ་བས། ། 心生欢喜且加持，
རྒྱལ་པོ་དེ་ཡི་སྟོབས་དང་ཤུགས། ། 国王依靠其威力，
ལོ་རེ་བཞིན་ཡང་རྒྱ་ཆེར་འཕེལ། ། 逐年能够增功德。

1052

མེ་ཏོག་སྨན་དང་འབྲུ་ལ་སོགས། །
འཕེལ་ཞིང་སྐྱེད་པའི་འཛིན་མ་བཞིན། །
ས་སྐྱོང་དེ་ཡི་མངའ་རིས་སུ། །
དགེ་མཚན་རྣམ་པ་དུ་མ་འབྱུང་། །

犹如鲜花药物及，
粮食所依之大地，
智慧国王所属地，
呈现各种善妙相。

1053

དཔའ་མཛངས་མཛེས་པའི་མི་རྣམས་དང་། །
ཡིད་དུ་འོང་བའི་ལོངས་སྤྱོད་བཅས། །
བདེ་དང་སྐྱིད་པ་ངོ་མཚར་དཔལ། །
འགྲན་པ་བཞིན་དུ་རྣམ་པར་འཕེལ། །

英雄贤者美人及，
催生悦意财富等，
安乐幸福诸功德，
争先恐后猛增长。

1054

བསྡུས་པ་མེད་པར་ལོངས་སྤྱོད་དང་། །
སྐྱེ་བོའི་འདུ་བ་སྤྲིན་བཞིན་རྒྱས། །
ས་གཞི་སྐྱོང་འདི་ཡུན་རིང་དུ། །
འཚོ་བར་གྱུར་ཅེས་ཀུན་གྱིས་སྨོན། །

虽然未曾刻意集，
财富属民如云聚，
举国上下共祈祷，
愿其国王永驻世。

1055

སྙན་གྲགས་དྲི་མེད་བཻཌཱུརྻ། ।	美誉犹如蓝宝石，
རྒྱ་མཚོ་ཆེན་པོའི་ཁོར་ཡུག་དང་། ।	不仅成为大海及，
རི་ཡི་དབང་པོའི་རྩེ་མོར་ཡང་། ।	巍峨须弥山顶等，
ཕྱོགས་ཀྱི་བུ་མོའི་རྣ་རྒྱན་འགྱུར། ।	所有饰中最庄严。

1056

ཉིན་རེ་བཞིན་ཡང་བདག་དང་གཞན། ।	逐日勤为自他利，
བསོད་ནམས་གནས་ལ་མངོན་སྦྱོར་བས། ।	积累各种殊胜德，
ཆུ་དང་རིན་ཆེན་མི་ཟད་པའི། ।	犹如吸引诸江河，
རྒྱ་མཚོ་ཆེན་པོ་བཞིན་དུ་འགེངས། ।	无数珍宝聚如海。

1057

བསོད་ནམས་མཐུ་ཡིས་འདོད་པའི་དོན། ।	依靠福德诸愿望，
འབད་པ་མེད་པར་ཤུགས་ཀྱིས་འགྲུབ། ।	未经耗力亦如愿，
ཡུལ་འཁོར་རྟག་ཏུ་སྐྱིད་པ་དང་། ।	域内稳定民安乐，
འཇིག་རྟེན་ཕ་རོལ་ཏུ་ཡང་བདེ། ।	来世亦能享福乐。

1058

ལེགས་པའི་བློ་དང་མངའ་ཐང་དཔལ།།	殊胜智慧及福泽，
བསོད་ནམས་མཐུ་ཡིས་ཆེར་འཕེལ་ཞིང་།།	依靠福德获增长，
ཚུལ་དེའི་སྒོ་ནས་བསོད་ནམས་ཀྱང་།།	依靠此径其福德，
གོང་ནས་གོང་དུ་སྤེལ་བར་བྱེད།།	亦能逐步呈增势。

1059

ཉི་མ་འཆར་དང་ཆུ་ཀླུང་རྒྱུན།།	犹如旭日和河流，
བསྐལ་པའི་མེ་དང་རླུང་གི་ཤུགས།།	末劫烈火及风力，
ཆོས་ལྡན་རྒྱལ་པོའི་གཟི་བྱིན་རྣམས།།	具法国王所具威，
སུས་ཀྱང་དགག་ཏུ་མེད་པར་འགྱུར།།	任何人都难抵挡。

1060

ཆོས་དང་སྲིད་ཀྱི་ལེགས་ཚོགས་ཀུན།།	所有法政诸善德，
འཕེལ་ཞིང་ཉུབ་པ་མེད་པ་དང་།།	逐日获增不减损，
བདེ་ནས་བདེ་བར་འགྲོ་བ་འདི།།	若从安乐趋更乐，
ལུགས་ལ་གནས་པའི་ཡོན་ཏན་ཡིན།།	唯有依靠善功德。

1061

ལུགས་ཀྱི་བསྟན་བཅོས་རྣམ་མང་པོའི། །	汇集诸多法规论，
ལེགས་བཤད་ཆུ་ཀླུང་ཀུན་འདུས་པ། །	汇成善说如江河，
མི་བདག་ཀླུ་དབང་ཚོགས་རྣམས་ཀྱི། །	所有国王及龙王，
རྟེན་གནས་རྒྱ་མཚོ་ཆེ་འདི་རྨད། །	依此大海显高贵。

1062

བླང་དོར་བྱ་བར་ཚད་མེད་ཀྱང་། །	取舍之事虽无量，
ཁ་ཅིག་དངོས་སུ་བསྟན་པས་གསལ། །	既有直言明宣的，
འགའ་ཞིག་ཤུགས་ལས་རྟོགས་འགྱུར་ཞིང་། །	也有间接通达的，
གཞན་དག་འདི་ཡིས་མཚོན་ནས་ཤེས། །	其余由此明宣说。

1063

གང་ཞིག་འདི་ལས་ཚིགས་བཅད་གཅིག །	何者通晓并实修，
ཤེས་ཤིང་ལག་ཏུ་བླངས་ན་ཡང་། །	此论任何一偈颂，
བཅུད་ཀྱིས་ལེན་པའི་སྨན་བཞིན་དུ། །	犹如服用营养药，
ཡོན་ཏན་ལང་ཚོ་གསར་དུ་འཆར། །	重现功德如返童。

1064

རྒྱལ་པོའི་རིགས་སུ་མ་སྐྱེས་ཀྱང་།།　　虽然未生在王族，
གྲོང་དང་ཁྱིམ་གྱི་གཙོ་བོ་ཚུན།།　　包括村长及家长，
ཆོས་ལུགས་འདི་ལ་ལེགས་སྤྱད་ན།།　　如果能够行此法，
ས་ལ་དབང་བ་བཞིན་དུ་མཛེས།།　　犹如国王显庄严。

1065

གཅིག་པུར་གྲོགས་མེད་གནས་པས་ཀྱང་།།　　即使孤单自由身，
རྒྱལ་པོའི་ཆོས་བཞིན་རང་བསྲུངས་ནས།།　　如同王者持洁行，
སེམས་ཀྱིས་སྐྱེ་རྒུ་ལེགས་བསྐྱངས་ན།།　　发心善护诸众生，
ནམ་ཞིག་ཆོས་ཀྱི་རྒྱལ་པོར་འགྱུར།།　　终有成就法王时。

1066

དེ་ཕྱིར་གཞུང་འདི་སུས་བསླབས་པ།།　　因此何者学此论，
རིགས་ཀྱི་རྒྱལ་པོ་མ་ཡིན་ཀྱང་།།　　尽管不是国王族，
ཡོན་ཏན་རྒྱལ་པོའི་རྒྱལ་སྲིད་ལ།།　　依靠所宣诸功德，
ངེས་པར་དབང་བ་ཉིད་དུ་འགྱུར།།　　定能获得王者位。

1067

ལྷར་བཅས་འཇིག་རྟེན་མཐའ་དག་ཀུན།། 神等所有轮回者，
རྟག་ཏུ་སྐྱོང་བར་བྱེད་པ་ཡི།། 若想随时获护持，
ཆོས་ཀྱི་རྒྱལ་པོ་བཅོམ་ལྡན་འདས།། 必依法王佛陀及，
སྲས་དང་བཅས་པའི་བཀའ་བཞིན་དུ།། 佛子所宣诸教诲，
རྒྱལ་པོ་ལུགས་ཀྱི་བསྟན་བཅོས་གང་།། 如此王侯美德论，
ས་སྟེང་འདིར་ནི་རྒྱན་གྱུར་པ།། 成为人间庄严饰，
རྒྱལ་སྲས་དམ་པའི་བཀས་བསྐུལ་ལྟར།། 遵照圣者所嘱托，
ཀུན་ལ་ཕན་ཕྱིར་བདག་གིས་བཤད།། 为利众生由吾宣。

1068

ཐོས་ན་དགའ་སྐྱེད་ལྷ་ཡི་ཛ།། 若闻犹如神鼓声，
བསམས་ན་དོན་བཟང་བདུད་རྩིའི་བཅུད།། 细思妙意如甘露，
སྒོམས་ན་དཔལ་འཕེལ་ལྷའི་ནོར་བུ།། 若修增德如天宝，
མི་ཡི་ལྷ་རྣམས་རྒྱན་གྱི་མཆོག། 此论犹如人天饰。

1069

རྒྱལ་སྲིད་སྐྱོང་བའི་སྐྱེས་བུ་རྣམས།། 所有护持国政者，
འཇིག་རྟེན་དཔལ་གྱིས་མངོན་མཐོ་ཞིང་།། 世间福德与日增，
ཆོས་ཀྱི་ལམ་ལས་མི་ཉམས་པར།། 不失佛法诸正道，
ཡང་དག་འབྲས་བུ་འདིས་འཐོབ་བྱེད།། 凭此能获真实果。

1070

གང་ཞིག་ལྷ་དང་ལྷ་མིན་འཐབ་པའི་ཚོ།། 若在天与非天起战事，
ལྷ་ཡི་རྔ་བོ་ཆེ་ཡི་སྒྲ་བཞིན་དུ།། 犹如天神击鼓般巨响，
གཞུང་འདིས་ཡ་རབས་རྣམས་ནི་གཟིངས་བསྟོད་ཅིང་།། 此论能够获得圣者赞，
ཐོས་པ་ཙམ་གྱིས་མ་རབས་ཞུམ་པར་བྱེད།། 仅靠听闻也能降恶众。

1071

འཆི་བ་སློང་བར་བྱེད་པ་བདུད་རྩིའི་བཅུད།། 能够起死复生此甘露，
ཁོང་དུ་འཐུང་བ་ལྷ་ལས་གཞན་པ་སུ།། 能够饮者唯属天神种，
དེ་བཞིན་བསྐལ་པ་བཟང་པོའི་གང་ཟག་གིས།། 由此善时诸多善缘士，
ཚུལ་འདི་ལེན་ཀྱུར་སྐལ་དམན་རྣམས་ཀྱིས་སྤོང་།། 接受此理要弃诸恶行。

1072

ལྷ་རྫས་ནོར་བུས་གང་གི་ལུས་བརྒྱན་པ།། 依此天宝明珠饰身者，
དེ་ལ་དཔལ་རྣམས་སྤྲིན་བཞིན་འདུ་བ་ལྟར།། 积累福德犹如聚彩云，
གང་ཞིག་འདི་དོན་ཉམས་སུ་ལེན་པ་ལ།། 何者如实坚行此要义，
ཆོས་དང་སྲིད་ཀྱི་ལེགས་ཚོགས་ངེས་པར་འདུ།། 定能获得法政皆圆满。

1073

དེ་ཕྱིར་རྟ་དང་གླང་པོ་རིན་ཆེན་ཚོགས། །
བརྒྱ་སྟོང་ཚར་དུ་དངར་བའི་བཀོད་པས་ཀྱང་། །
མི་མཆོན་རིན་ཐང་བྲལ་བའི་ལེགས་བཤད་སྐྱེས། །
རྒྱལ་སྲས་ཁྱེད་ལ་དང་བའི་སེམས་ཀྱིས་འབུལ། །

因此骏马大象等宝物，
排列成群亦无匹敌者，
就属此著所述智慧礼，
纯洁之心奉献佛子您。

1074

ཀུན་ལ་ཕན་འདོད་ཐུགས་བརྩེ་ལྡན་པ་ཡི། །
མི་མཆོག་གཞོན་ནུ་ཁྱོད་ཀྱིས་མ་འོངས་པའི། །
ཆོས་ལྡན་རྒྱལ་པོའི་ཚོགས་ལ་ལེགས་བཤད་འདིའི། །
བདུད་རྩིའི་བགོ་བཤའ་དག་ཀྱང་འགྱེད་པར་མཛོད། །

欲利众生并具慈悲心，
殊胜童子您在未来时，
视此善说犹如甘露源，
应与诸多圣王共享用。

1075

ཁྱེད་དང་ད་ལྟར་བཞུགས་དང་མ་འོངས་པའི། །
རྒྱལ་རིགས་རྣམས་དང་གཞན་ཡང་སྐྱེ་བོའི་ཚོགས། །
གང་གིས་གཞུང་འདི་མཐོང་ཐོས་སེམས་རྣམས་ལ། །
འདིར་བཤད་ཡོན་ཏན་ཀུན་གྱིས་འབྱོར་གྱུར་ཅིག །

您和现世生存及将来，
所有王族及其诸民众，
何者目睹阅读思此论，
愿依此言功德获成就。

1076

རྒྱལ་དང་རྒྱལ་བའི་སྲས་པོ་མཁས་རྣམས་ཀྱི། ।	统摄佛与佛子及智者，
ལེགས་བཤད་རིན་ཆེན་བསྡུས་པའི་ཕྲེང་བ་འདི། ।	所有善说结成此宝鬘，
རྒྱལ་རིགས་རྣམས་ཀྱི་མགུལ་དུ་ཐོགས་བྱས་ནས། ।	作为圣贤王者颈装饰，
ཉིན་རེ་བཞིན་ཡང་བཀླགས་ཤིང་བསམ་པར་བྱ། ।	日日翻阅同时勤思考。

1077

སྙིགས་མའི་མུན་པ་ཆེས་ཆེར་བདོ་ན་ཡང་། ।	虽然浊世黑暗黑黢黢，
ལྷག་བསམ་ཟླ་བའི་འོད་བཟང་ཉམས་མི་འགྱུར། ।	不会减少净心明月光，
བསྐུལ་དང་རྩོམ་པའི་བསམ་སྦྱོར་འདི་ཉིད་ཀྱང་། ।	谏者著者所具诸意乐，
དུས་སུ་བསྟན་དང་འགྲོ་ལ་ཕན་གྱུར་ཅིག ।	祈求始终如愿利众生。

1078

ཆོས་ལྡན་རྒྱལ་པོའི་རྒྱལ་སྲིད་རྣམ་པར་འཕེལ། ।	具法王者国政获兴旺，
དེ་མཐུས་བསྟན་དང་འགྲོ་བའི་དཔལ་འཕེལ་ཞིང་། ।	其威促成弘法利众业，
དེ་ཡིས་མཁའ་ཁྱབ་སྐྱེ་རྒུའི་ཚོགས་རྣམས་ཀྱང་། ।	依此遍布空虚诸众生，
ཆོས་རྗེ་རྒྱལ་བའི་རྒྱལ་སྲིད་འཐོབ་པར་ཤོག ।	获得犹如法王般国政。

1079

ལེགས་སྨོན་བསོད་ནམས་དུས་སུ་སྨིན་གྱུར་ནས།། 善愿促成福德成熟时，
བྱིས་པའི་དུས་ནས་བཟང་པོའི་བག་ཆགས་སད།། 苏醒儿时本具善习气，
མི་ཡི་རྗེ་བོར་ལྷ་ཡིས་ལེགས་བཀོད་ཁྱོད།། 人间圣王天神所护者，
འཚོ་གཞེས་བཞེད་པའི་དོན་ཀུན་འགྲུབ་གྱུར་ཅིག། 伴随享年成就诸功德。

1080

དམར་སེར་ཉི་མ་འཆར་ཁའི་ལང་ཚོ་ཅན།། 拥有金黄旭日般韶华，
རྒྱལ་ཀུན་མཁྱེན་པའི་གཏེར་ཁྱེད་རྒྱལ་རྣམས་ཀྱིས།། 遍知诸佛智慧宝藏者，
རྒྱལ་རིགས་འདུལ་བའི་མགོན་དུ་ལུང་བསྟན་བཞིན།། 曾经授记降伏诸王般，
གཞུང་འདི་འཛིན་ལ་བློ་གྲོས་དཔལ་སྩོལ་ཅིག། 祈求恩赐持此者智慧。

1081

ཟླ་གཞོན་བྱེ་བའི་མཛེས་པ་ཟིལ་གནོན་པ།། 能与千万满月竞光明，
མིག་མི་འཛུམ་པ་སྙིང་རྗེའི་དབང་ཕྱུག་ཉིད།། 绝不闭目慈悲自在主，
གནས་འདིའི་ཚུལ་གྱིས་བརྩེ་བའི་འོད་བཟང་བཅས།། 犹如此论所述慈悲光，
སྐྱེ་དགུའི་ཡིད་ལ་བདེ་སླག་འཇུག་གྱུར་ཅིག། 如愿催生众生诸安乐。

1082	
གནམ་སྔོན་ཞུན་མར་འཁྱིལ་འདྲ་བཟོད་དཀའི་སྐུ།།	犹如蓝天溶液所铸身，
བདུད་སྡེ་མཐར་བྱེད་ཡེ་ཤེས་རྡོ་རྗེ་ཅན།།	制伏妖魔智慧金刚持，
འདི་འཛིན་རྣམས་ཀྱི་ཡིད་ལ་སྤོབས་པ་དང་།།	赐予诸多修持此论者，
ཕྱོགས་ལས་རྣམ་པར་རྒྱལ་བའི་སྟོབས་སྐྱེད་ཅིག།	勇气以及致胜诸魄力。
1083	
གསེར་ཞུན་མདངས་འདྲ་དཔལ་གྱི་འོད་ཟེར་ཅན།།	犹如黄金溶液尽显光，
ས་ཡི་སྙིང་པོར་རབ་གྲགས་མགོན་པོ་དེས།།	地藏怙主之称扬名者，
གཞུང་འདི་གང་དུ་དར་བའི་ས་ཕྱོགས་སུ།།	祈愿此论盛行在何处，
དཔལ་དང་འབྱོར་པའི་གཏེར་ཆེན་རྒྱས་པར་མཛོད།།	均能成就福财大宝藏。
1084	
སྲས་བཅས་རྒྱལ་བ་ཀུན་གྱི་བྱིན་རླབས་ཀྱིས།།	依靠诸佛佛子殊胜持，
ཚུལ་འདི་མཐོང་ཐོས་དྲན་རེག་འཛིན་པ་རྣམས།།	祈愿见闻忆触此著者，
བཀྲ་ཤིས་བདེ་ལེགས་ཕུན་སུམ་ཚོགས་པ་དང་།།	不仅圆满诸多吉祥业，
ཆོས་མཐུན་བསམ་པ་ཡིད་བཞིན་འགྲུབ་གྱུར་ཅིག།	同样如法圆满诸愿望。

ཅེས་རྒྱལ་པོ་ལུགས་ཀྱི་བསྟན་བཅོས་ས་གཞི་སྐྱོང་བའི་རྒྱན་ཞེས་བྱ་བ་འདི་འང་། རྒྱལ་བའི་སྲས་པོ་གང་ཞིག་རྒྱལ་རིགས་ཤིང་སྐྱ་ལ་ཆེན་པོ་ལྟ་བུར་སྨོན་ལམ་གྱི་དབང་གིས་སྐུ་འཁྲུངས་པ། ཆུང་ངུའི་དུས་ནས་དམ་པའི་ངང་ཚུལ་མ་སྦྲས་པར་གསལ་ཞིང་། ཡ་རབས་ཀྱི་ལུགས་ལ་ཤིན་ཏུ་གཞོལ་བ། དམ་པའི་ཆོས་དོན་དུ་གཉེར་བ་ལ་མི་ལྡོག་པའི་འདུན་བརྩོན་དང་། མཁྱེན་རབ་ཀྱི་སྤྱན་རས་མཆོག་ཏུ་ཡངས་པ། རིས་སུ་མ་ཆད་པའི་བསྟན་པ་དང་སེམས་ཅན་ལ་ཕན་པའི་ཐུགས་བསྐྱེད་མཆོག་ཏུ་དཀར་བ་སོགས་བསྔགས་འོས་ཀྱི་ཡོན་ཏན་རྒྱ་མཚོས་མཛེས་ཤིང་། དཀར་ཕྱོགས་སྐྱོང་བའི་ལྷ་རྣམས་ཀྱིས་འཇིགས་མེད་སེང་གེའི་ཁྲི་ལ་མངའ་གསོལ་བ། མདོ་ཁམས་སྡེ་དགེ་ས་སྐྱོང་བླ་མ་ངག་དབང་འཇམ་དཔལ་རིན་ཆེན་གྱི་ཞལ་སྔ་ནས་ལྷ་རྫས་བཟང་པོའི་གནང་སྐྱེས་དང་བཅས་ཏེ་རྒྱལ་པོ་ལུགས་ཀྱི་བསྟན་བཅོས་དོན་འདུས་ལ། ཡིག་ཚོགས་མང་བ་ལ་མི་འཛེམ་པར་མཆོག་དམན་སུས་ཀྱང་ཤིན་ཏུ་གོ་སླ་བ་ཞིག་བྲིས་ན་སྙིགས་དུས་ཀྱི་སྐྱེ་འགྲོ་རྣམས་ལ་ཕན་པའི་གསོས་སུ་འགྱུར་བའི་སླད་དུ་སྤར་དུ་དགོད་རྒྱུའི་ཐུགས་འདུན་གྱིས་བསྐུལ་མ་ནན་ཏན་མཛད་པ་ལས། མདོ་རྒྱུད་རིག་གནས་དང་བཅས་པའི་གཞུང་ལ་ཐོས་བསམ་གྱི་མིག་ཐོབ་པས། ལེགས་པར་བཤད་པ་ཀུན་ལ་མི་འཇིགས་པའི་སྤོབས་པ་དགེ་བ་ཅན། བསྟན་འགྲོའི་དོན་ལ་ལྷག་བསམ་མི་དམན་ཞིང་། ལྷག་པའི་ལྷ་ཡི་ཞབས་པད་གྲུས་པའི་གཙུག་གིས་ལེན་པ་མི་ཕམ་རྣམ་པར་རྒྱལ་བའམ། འཇམ་དཔལ་དགྱེས་པའི་རྡོ་རྗེ་ཞེས་

བྱ་བས། འཕགས་པ་གསེར་འོད་དམ་པ་དང་། ས་སྙིང་འཁོར་ལོ་བཅུ་པ། མདོ་སྡེ་དྲན་པ་ཉེར་བཞག བྱང་ཆུབ་སེམས་དཔའི་སྤྱོད་ཡུལ་ལ་ཐབས་ཀྱིས་རྣམ་པར་འཕྲུལ་བ་བསྟན་པའི་མདོ། ཀླུ་ཡི་རྒྱལ་པོ་ཛ་སྲའི་ཚིགས་བཅད་སོགས་དེ་བཞིན་གཤེགས་པའི་བཀའ་དུ་མ་དང་། སློབ་དཔོན་ཀླུ་སྒྲུབ་ཀྱིས་མཛད་པའི་ལུགས་ཀྱི་བསྟན་བཅོས་ཤེས་རབ་བརྒྱ་པ། ཤེས་རབ་སྡོང་བུ། སྐྱེ་བོ་གསོ་བའི་ཐིགས་པ་རྣམས་དང་། གཞན་ཡང་རིན་ཆེན་ཕྲེང་བ་སོགས་གཏམ་ཚོགས་སྐོར་དང་། སློབ་དཔོན་མ་ཏི་ཙི་ཏྲས་རྒྱལ་པོ་ཀ་ནིས་ཀ་ལ་སྤྲིངས་པ་དང་། སངས་རྒྱས་གསང་བས་བོད་རྒྱལ་བློན་ལ་སྤྲིངས་པ་སོགས་སྤྲིངས་ཡིག་དང་གཏམ་ཚོགས་ཀྱི་སྐོར་རྣམས་དང་། ཉི་མ་སྦས་པའི་ཚིགས་སུ་བཅད་པའི་མཛོད། མཆོག་སྲིད་ཀྱི་ཚིགས་བཅད་བརྒྱ་པ། མ་སུ་རཀྵས་བྱས་པའི་ལུགས་ཀྱི་བསྟན་བཅོས། ཙ་ཎ་ཀའི་རྒྱལ་པོ་ལུགས་ཀྱི་བསྟན་བཅོས། དོན་ཡོད་འཆར་གྱི་དྲིས་ལན་རིན་པོ་ཆེའི་ཕྲེང་བ། དཔལ་ལྡན་ས་སྐྱ་པཎྜི་ཏའི་ལེགས་པར་བཤད་པ་སོགས་རྒྱ་བོད་མཁས་པས་བརྩམས་པའི་ལུགས་ཀྱི་བསྟན་བཅོས་དུ་མ་དང་། བོད་ཡུལ་ཆོས་རྒྱལ་རྣམས་ཀྱི་བཀའ་ཆེམས་སོགས་གཞུང་སྣ་ཚོགས་ལས་གསུངས་པའི་ལུགས་དང་ལུགས་མིན་རྣམ་པར་འབྱེད་པའི་དོན་མཐའ་དག་གཅིག་ཏུ་བསྡུས་ནས། ཆོས་སྲིད་ལུགས་བརྒྱའི་འདུན་ས་ཆེན་པོ་དཔལ་ལྡན་ལྷུན་གྲུབ་སྟེང་དུ་གྲགས་པ་ཆོས་ཀྱི་རྒྱལ་པོའི་རྒྱལ་ཁབ་ཕོ་བྲང་ཆེན་པོའི་གནས་ག་ལ་བར། རབ་ཆོས་ཤིང་མོ་ལུག་གི་ལོའི་ཆོ་འཕྲུལ་ཟླ་བའི་ཡར་ཚེས་བཅུ་བཞི་གཟའ་སྐར་མཆོག་ཏུ་དགེ་བ་ལ་དབུ་བརྩམས་ནས། ལེགས་སྨོན་གྱིས་འབྲེལ་བའི་དབང་གིས་གཞུང་འདི་སྐུལ་བ་པོ་ལྷ་སྲས་ས་དབང་བླ་མ་རིན་པོ་ཆེ་ངག་དབང་འཇམ་

དཔལ་རིན་ཆེན་སོགས་ལ་བྱམས་ཆོས་སྐོར་གཞུང་བཤད་བགྱིས་པའི་ཐུན་གསེང་རྣམས་སུ་བྲིས་ཏེ། ཕྱི་མ་དཔོ་ཉྙ་བའི་དཀར་ཕྱོགས་ཀྱི་དགའ་བ་གཉིས་པ་གཟའ་སྐར་ལེགས་ཤིང་དུས་དགེ་བའི་ཚར་གྲུབ་པར་བགྱིས་པའི་ཡི་གེ་པ་ནི་ཡིག་རིས་དང་། རིག་བྱེད་ཀྱི་གཞུང་རྣམས་ལ་བློ་གྲོས་གསལ་བ་མདུན་ན་འདོན་བསོད་ནམས་དཔལ་གྲུབ་ཀྱིས་བགྱིས་པ་སྟེ། འདིས་ཀྱང་ནམ་མཁའ་ཇི་སྲིད་དུ་བསྟན་པ་དང་སེམས་ཅན་ལ་ཕན་པ་རྒྱ་ཆེན་པོ་འབྱུང་བའི་རྒྱུ་བྱེད་པར་གྱུར་ཅིག། །མངྒ་ལཾ།

此《王侯治国护民庄严论》者，由宏愿如婆罗宝树似的诞生在王族中，自幼表现特别神奇的圣者气质，对殊胜功德有着浓厚兴趣，对殊胜佛法有着独特勤勉正量，具有极高的智慧秉性，广发弘扬佛法兼利益众生的菩提心发心，以诸护持善法天神的加持登上无畏狮子王座的，多康德格上师阿旺嘉华仁钦，敬献珍贵哈达和殊胜礼品，请求著一不拘文字、智愚兼顾、利益众生的《王侯治国护民庄严论》，及其刻版印刷发心等为缘起的著作。在佛法经续闻思学问方面具有广泛阅历，在善语言教方面具有无畏善心，对殊胜佛法持有虔诚之心，对殊胜尊者勤勉供奉于行者，米庞南布杰瓦或嘉华杰白多杰（文殊喜金刚），以《金光明经》《地藏十轮经》《正法念处经》《菩萨行境方便幻化经》《龙王鼓声经颂》等诸多如来圣教，以及龙树菩萨所著国王论《智慧百论》《慧树论》《养生篇》《宝鬘论》等教言，阿阇黎玛德则札所著《致国王嘎讷嘎书》、佛护论师所著《致藏王臣书》等书信和教言，尼玛白巴大师所著《颂词篇》、赛却尊者所著《百颂》、玛色日加大师所造《法规论》、扎那嘎大师所著《国王法规论》、雍丹洽所著《答辩宝鬘论》、萨迦班智达所著《格言宝藏论》等印藏智者所著诸多国王论，以及藏地诸法王遗教等各种典籍所涉辨别是非取舍要义，并编辑整理为蓝本，在法政圆满的胜地——隆珠丁境内，著名法王的华丽宫殿中，木羊年吉祥神变月十四日开始撰写。因为善愿合和，利用为劝请者佛子上师阿旺嘉华仁钦等人传授弥勒五论的间歇所写，于次月上旬（二月六日）的良辰吉日完稿，是由精通文法绘画、智慧广大的侍者索南华智撰成文字。愿此论成为广如浩瀚众生弘法利生事业的善因。吉祥！

སྟོབས་བཅུའི་དཔལ་གྱིས་མཛེས་པའི་ཉི་མ་ཆེ། །	十力福德庄严如明日，
འཇིག་རྟེན་མགོན་དུ་བྱེད་པའི་དཔྱིད་གཅིག་གིས། །	成就世界怙主圆满者，
ལེགས་གསུངས་ནོར་བུའི་ཕུང་པོ་འདུས་པའི་དབྱིག །	所宣智慧教言如意宝，
ལུགས་མཁྱེན་ཡོངས་ཀྱི་ཐུགས་མཚོར་མངོན་གཏམས་པ། །	智者心中犹如海中月。
འཕགས་བོད་ནོར་བུ་འཛིན་མའི་ཁྲོན་ཡངས་རྣམས། །	此书取材印藏宝地的，
མཛེས་བྱེད་མཁས་མཆོག་དུ་མས་བསྐྲུར་བ་ཡི། །	殊胜智者犹如宝鬘者，
བསྟན་བཅོས་ཨུ་དུམྦཱ་རའི་དགའ་ཚལ་ཕུལ། །	所著殊胜典籍昙花苑，
བདག་ལེགས་འདོད་པ་རྣམས་ཀྱི་དོན་དུ་སྤྲུལ། །	撰写实为成就自我者。
དེ་དག་ཀུན་གྱི་དགོངས་དོན་གཟིགས་དང་བཅས། །	通达此著所宣精要者，
སྨྲ་བའི་སེང་གེ་ཐུགས་ཀྱི་འཁོར་ལོའི་དབུས། །	就在诸多善言群雄中，
བརྗིད་ཆགས་མི་ཕམ་རྣམ་པར་རྒྱལ་བའི་སྙེས། །	拥有庄严不败殊胜誉，
ལེགས་བཤད་མཆོད་སྦྱིན་བརྒྱ་པའི་ཟ་གསང་བསྒྲགས། །	持以释天鼓声做宣说。
དེ་ཉིད་སྐུལ་བྱེད་ས་སྐྱོང་བླ་མ་ཆེ། །	为了祈求成就此著的，
རྒྱལ་སྲས་རྒྱ་མཚོའི་རྣམ་ཐར་འཛིན་བཟོད་པས། །	称作上师佛子嘉措者，
ཟླ་མེད་བྱང་ཆུབ་སྤྱོད་པའི་རྒྱུན་འབེབས་ཕྱིར། །	速能成就无敌菩提心，
ཆོས་སྦྱིན་ཕྱི་མོ་རྫོགས་ལྡན་སྤྲིན་ཕུང་གཏིབས། །	犹如圆劫妙雨似赐教。

རྩོད་དུས་རྒྱལ་བསྟན་ལྔ་བརྒྱ་ཐ་མའི་སྐབས། །	净时佛法后期五百年，
སྐྱེ་འགྲོའི་བསམ་སྤྱོད་ཕྱིན་ཅི་ལོག་པའི་སྒོ། །	众生思行严重违佛法，
འགོགས་བྱེད་ས་གཞི་སྐྱོང་བའི་རྒྱན་གྱི་ཕུལ། །	断此可成圣王殊胜饰，
བློ་ལྡན་ཡོངས་ཀྱིས་དང་དུ་ལེན་པར་རིགས། །	所有智者应纳如此行。
འདི་ལས་བྱུང་བའི་དགེ་ཚོགས་གངྒཱའི་རྒྱུན། །	此生诸善犹如恒河流，
རྣམ་མཁྱེན་རྒྱ་མཚོར་བསྐྱིལ་དང་ལྷན་ཅིག་ཏུ། །	汇聚遍智大海之同时，
ས་གསུམ་བཀྲ་ཤིས་ཉི་མ་ཀུན་ཁྱབ་པས། །	犹如普照三界的太阳，
བརྟན་གཡོ་ཇི་སྙེད་བདེ་ལེགས་རྒྱས་གྱུར་ཅིག །	成就器情所有善妙事。
གནམ་སའི་དབང་ཕྱུག་སྡེ་བཞིའི་ཆུ་གཏེར་རྒྱས། །	天地四大自在如浩海，
དགེ་བཅུའི་བཀའ་ཁྲིམས་དབུ་རྗོག་དགུང་དུ་བཙན། །	十善佛法犹如顶庄严，
ལྷར་བཅས་སྐྱེ་རྒུ་ཡོངས་ཀྱིས་བཏུད་བཞིན་དུ། །	神等众生纷纷示敬仰，
མངའ་ཐང་སྲིད་པའི་ས་མཐར་བརྡལ་གྱུར་ཅིག །	祈求以此善势铺遍地。
མཐའ་ཀླས་གཙུག་ལག་མ་ལུས་འདུས་པའི་གཞུང་། །	此作涵盖经典如浩瀚，
སྲིད་ཞི་ཀུན་ཁྱབ་བྲི་གང་བྲལ་བའི་དངོས། །	明示生死涅槃殊胜径，
སྔོན་མེད་ལེགས་བཤད་བདེ་འབྱུང་གཙུག་རྒྱན་འདི། །	亦如诸著庄严此新作，
ནམ་མཁའ་ཇི་སྲིད་ནུབ་པ་མེད་གྱུར་ཅིག །	祈求如同空虚长存世。

ཅེས་སྤར་བྱང་སྨོན་ལམ་ཚིགས་སུ་བཅད་པའི་མེ་ཏོག་བཀྲ་ཤིས་རྟགས་ཀྱི་གྲངས་ལྡན་འདིའང་འཇམ་མགོན་བླ་མ་རིན་པོ་ཆེ་དང་། ས་སྐྱོང་མ་ཧཱ་པ་ཎྜི་ཏ་མཆོད་ཡོན་གྱི་བཀའ་དྲིན་ཆེན་པོས་བསྐྱངས་པའི་གུས་འབངས་འཇམ་དབྱངས་དགེ་ལེགས་ཆོས་འཕེལ་ལམ། བསོད་ནམས་དཔལ་གྲུབ་ཀྱིས་ལྷུན་གྲུབ་སྟེང་གི་རྒྱལ་ཁབ་ཆེན་པོར་སྦྲས་པ་ཛ་ཡནྟུ།།

以上具足吉祥八数的印刷祈愿，是由幸喜获得文殊上师仁波切及怙主玛哈班智达眷属等护持的，虔诚信仰者嘉央格勒，或称之为索南华智者书于隆珠当大地。祝福！

以上文本根据青海民族出版社 2006 年版《藏族格言大观 · 劝谏篇》译成。